U0867871

数字环境下知识产权法与反不正当竞争法的冲突与协调研究

李艳 著

Northwest University of Politics & Law
西北政法大学
经济法学院
School of Economic Law

长安经济法学文库
19

梁肇汉爱国主义教育基金资助

法律出版社
LAW PRESS · CHINA
北京

图书在版编目(CIP)数据

数字环境下知识产权法与反不正当竞争法的冲突与协调研究 / 李艳著. -- 北京 : 法律出版社, 2022(2023.6 重印)
(长安经济法学文库)
ISBN 978 - 7 - 5197 - 7241 - 3

Ⅰ. ①数… Ⅱ. ①李… Ⅲ. ①知识产权法-研究-中国②反不正当竞争-经济法-研究-中国 Ⅳ. ①D923.404②D922.294.4

中国版本图书馆 CIP 数据核字(2022)第 200170 号

数字环境下知识产权法与反不正当竞争法的冲突与协调研究
SHUZI HUANJING XIA ZHISHI CHANQUANFA YU FAN BUZHENGDANG JINGZHENGFA DE CHONGTU YU XIETIAO YANJIU

李 艳 著

策划编辑 沈小英
责任编辑 沈小英 王美懿
装帧设计 贾丹丹

出版发行 法律出版社
编辑统筹 法治与经济出版分社
责任校对 王 丰 李景美
责任印制 吕亚莉
经 销 新华书店

开本 710 毫米×1000 毫米 1/16
印张 13.25 **字数** 226 千
版本 2022 年 12 月第 1 版
印次 2023 年 6 月第 2 次印刷
印刷 北京虎彩文化传播有限公司

地址:北京市丰台区莲花池西里 7 号(100073)
网址:www.lawpress.com.cn
投稿邮箱:info@lawpress.com.cn
举报盗版邮箱:jbwq@lawpress.com.cn

销售电话:010 - 83938349
客服电话:010 - 83938350
咨询电话:010 - 63939796
版权所有·侵权必究

书号:ISBN 978 - 7 - 5197 - 7241 - 3
定价:88.00 元

凡购买本社图书,如有印装错误,我社负责退换。电话:010 - 83938349

顾问　（以姓氏笔画为序）

刘文华　李昌麒　杨紫烜
肖乾刚　吴志攀　张士元
徐　杰　盛杰民　漆多俊

编审委员会

主任 强　力

委员 （以姓氏笔画为序）

义海忠　王全兴　王兴运
甘培忠　卢代富　史际春
冯彦君　朱慈蕴　刘大洪
刘丹冰　孙昊亮　李永宁
李集合　杨　巧　杨　松
杨为乔　吴　弘　时建中
邱　本　张守文　张炳淳
岳彩申　施天涛　顾功耘
徐孟洲　郭　捷　郭富青
黄　勇　曹　燕　符启林
程信和　傅　瑜　谢德成
强　力

经邦济世　长治久安

（总序）

长安，作为一个地理名词，是指位于渭河平原中部，东经108.9°、北纬34.2°的关中平原地区。西汉至北周时期的长安城，位于今天西安市西北侧的龙首原，而隋唐长安城则坐落在今天的西安市区。长安，对于华人来说，似乎天然地带着浓厚的历史印记，成为一种中华文明的图腾与中国古代历史象征。这不仅仅是因为曾有13个古代王朝在这里定都，延续近千年的古都历史；更在于这自秦岭北坡向渭河平原上铺展开来的历史长卷中浸透的周秦风骨与汉唐血脉，在当时历史背景下所能达至的人类思想文化的交流、包容的自由境界，以及以文景之治、贞观之治、开元之治为代表的社会文明、安定、经济繁荣的程度。正如古斯塔夫·拉德布鲁赫所言："每一种法律思想都不可避免地带有它得以型塑的'历史气候'的标记，大多从一开始就被不知不觉地限定在历史可能性的界限之内，正是在此意义上它们与事物的性质相关联。"长安也不例外，我们无意人为地去美化和拔高长安在历史文化上的地位和意义，然而，就与其紧密联系的特定历史时期而言，我们应当肯定古人的历史格局与视野。因此，我们在将这套丛书命名为“长安经济法学文库”时便带有了这种单纯的自傲与深深的自省。

西北政法大学创立于战火纷飞的1937年的红都延安,1949年南迁西安,即历史文化古城长安。一路走来,历经陕北公学、延安大学、西北人民革命大学、中央政法干校西北分校、西安政法学院、西北政法学院,今天的西北政法大学有新、老2个校区。老校区坐落于古城西安大雁塔旁的长安南路上,谓之雁塔校区;新校区位于秦岭北麓的长安区韦郭路上,谓之长安校区。经济法学院是西北政法大学12个学院之一,创建于1985年8月,原名经济法系,是经司法部批准的全国首批设立的经济法系之一。1999年5月更名为法学二系(经济法方向)。2006年11月学校更名为大学之后成立经济法学院。经济法学院现有教职员工67人,其中专业课教师54人,教辅人员14人;教授9人,副教授22人;博士8人,博士在读14人。我院现设有1个法学(经济法方向)本科专业和经济法学、环境与资源保护法、知识产权法学、劳动与社会保障法学4个硕士学位点;设经济法学、知识产权法学、环境与资源保护法学、财税金融法学、劳动与社会保障法学、企业法与合同法学6个教研室;经济法学、房地产法学、金融法学、知识产权法学、环境与资源保护法学、法律经济学、劳动与社会保障法学、动物保护法学等22个研究中心。目前,已形成了在国内法学界具有重要影响的7个研究方向,即劳动与社会保障法研究方向、知识产权法与科技法研究方向、环境与资源保护法研究方向、金融法研究方向、房地产法研究方向、企业法研究方向、动物保护法学方向。目前,从综合实力上来讲,西北政法大学经济法学院已经成为全国有重要影响力的法学院。

“长安经济法学文库”是西北政法大学经济法学院遴选本院教师的优秀研究成果,资助出版的一套学术丛书。其选题涵盖了目前我院的经济法、劳动与社会保障法、环境资源法、知识产权法及企业公司法5个学科。这套丛书的出版,首先,得益于经济法学院近年来在科研学术水平上的不断提高和积累。学术研究是学校教学的基础,而创新则是学术研究的灵魂所在。经济法学院教师在学术研究中努力前行,追求创新,成果颇丰。在最近5年中共发表学术论文500多篇,其中被核心期刊、中国人民大学书报资料中心《复印报刊资料》等刊物转载、转摘计123余篇;出版学术专著17部;获省部级奖励及其他获奖共29项;目前承担科研项目共55项,其中国家级项目7项,省部级项目16项,厅级、校级项目26项。同时,我院教师出版教材26部,获省部级优秀教学成果奖2项。其次,丛书的出版也得益于经济法重点学科的建设。近年来,经济法学院始终把学科建设作为龙头工作来抓,取得了良好的效果。我院经济法学学科1995年被评为司法部重点学科,2001年被评为省级重点学科。经济法学课程2003年被评为陕西省首届省级精品课程,金融法学、知识产权法学课程2006年被评为省级精品课程,劳动和社会保障法学课程在2010年5月被评为国家级精品课程,是当时全国唯一的劳动与社会保障法学的精品课程。再次,丛书的出版也得益于经济法学院的人才培养计划。经济法学院实施传、帮、带的人才培养模式,支持、鼓励青年教师学业和教学科研水平提升。近3年来,专业教师中获得博士学位的有6名,博士在读的有14名。收入本文库的部分著作就是他们的博士学位论文中的精品。最后,丛书的出版也得益于法律出版社对西北政法大学经济法学院的支持和帮助。

经济法学是经世济民、安邦致用的学科,经济法学院则应是培养人才、创新学术和服务社会的园地。故而"经邦济世法魂系之,智识无涯学脉永续"是我们的办院宗旨。"长安经济法学文库"汇聚近年来西北政法大学经济法学院的科研成果,展示了经济法学院教师的教学科研能力,正是对我们学院宗旨的诠释。

公元前200年(汉高祖七年)2月,西汉朝廷正式迁入长安,"长安"之用意在于"欲其子孙长安都于此也"。而在2200多年后的今天,当我们编纂这套"长安经济法学文库"时,已经没有了封建帝王千秋万代家天下的美梦黄粱,取而代之的是现代社会主义法律人对于"经邦济世、长治久安"和谐社会的期冀。我想这是对"长安经济法学文库"最美好的祝福,也是对伟大祖国的最美好的祝福。

强　力*

长安静雅斋

2010年7月1日

* 西北政法大学经济法学院院长,教授。

院教师出版教材26部,获省部级优秀教学成果奖2项。其次,丛书的出版也得益于经济法重点学科的建设。近年来,经济法学院始终把学科建设作为龙头工作来抓,取得了良好的效果。我院经济法学学科1995年被评为司法部重点学科,2001年被评为省级重点学科。经济法学课程2003年被评为陕西省首届省级精品课程,金融法学、知识产权法学课程2006年被评为省级精品课程,劳动和社会保障法学课程在2010年5月被评为国家级精品课程,是当时全国唯一的劳动与社会保障法学的精品课程。再次,丛书的出版也得益于经济法学院的人才培养计划。经济法学院实施传、帮、带的人才培养模式,支持、鼓励青年教师学业和教学科研水平提升。近3年来,专业教师中获得博士学位的有6名,博士在读的有14名。收入本文库的部分著作就是他们的博士学位论文中的精品。最后,丛书的出版也得益于法律出版社对西北政法大学经济法学院的支持和帮助。

经济法学是经世济民、安邦致用的学科,经济法学院则应是培养人才、创新学术和服务社会的园地。故而"经邦济世法魂系之,智识无涯学脉永续"是我们的办院宗旨。"长安经济法学文库"汇聚近年来西北政法大学经济法学院的科研成果,展示了经济法学院教师的教学科研能力,正是对我们学院宗旨的诠释。

公元前200年(汉高祖七年)2月,西汉朝廷正式迁入长安,"长安"之用意在于"欲其子孙长安都于此也"。而在2200多年后的今天,当我们编纂这套"长安经济法学文库"时,已经没有了封建帝王千秋万代家天下的美梦黄粱,取而代之的是现代社会主义法律人对于"经邦济世、长治久安"和谐社会的期冀。我想这是对"长安经济法学文库"最美好的祝福,也是对伟大祖国的最美好的祝福。

强　力*

长安静雅斋

2010年7月1日

* 西北政法大学经济法学院院长,教授。

目　录

导　论

从对世界多国立法、司法实践及国际公约的研究可知，狭义的知识产权法与反不正当竞争法的关系是对知识产品进行平行保护的关系。但是司法领域理论上的认识不够清晰导致知识产权法与反不正当竞争法在适用方面产生了冲突，而数字技术使冲突表现得更突出、更具典型性，增强了解决冲突的迫切性。在数字环境下，著作权法与反不正当竞争法的适用冲突的典型情形具体表现在聚合链接行为、电子竞技游戏赛事直播画面、体育赛事网络转播行为和网页这几个方面；商标法与反不正当竞争法适用冲突的典型情形具体表现在域名与商标、竞价排名和新型的网络商业标识这几个方面；专利法与反不正当竞争法适用冲突的典型情形具体表现在保护创新的商业模式还是保护竞争者的利益之间的选择问题，以及电子界面的专利法与反不正当竞争法的适用冲突这几个方面。通过对知识产权单行法（著作权法、商标法、专利法）与反不正当竞争法具体冲突的表现进行提炼总结，笔者在本书中提出数字环境下知识产权法与反不正当竞争法适用冲突的总体的协调思路以及相应的立法建议。

本书认为，在解决这种冲突时要坚持平行保护说，制定合理有效的冲突的协调原则和措施。第一，明确协调冲突的前提条件是界定清楚数字环境下的技术问题的实质；第二，明确协调冲突的基本措施，即要先在知识产权法的范围内解决问题。有些虽然看似是知识产权法与反不正当竞争法的适用冲突的问题，但实际上是因为知识产权法的立法不能迅速应对数字技术带来的新的问题，因此在司法实践中就借助《反不正当竞争法》第 2 条的一般条款解决这种新问题。只是这种处理方式将反不正当竞争法勉强适用于本不属于反不正当竞争法处理的情形，从而将问题复杂化，使知识产权法与反不正当竞争法的关系变得不稳定。反不正当竞争法成了一个“箩筐”，知识产权法不能保护的内容，往往可以通过反不正当竞争法的一般条款来保护。这无形之中增加了反不正当竞争法的职能，使知识产权法的作用不能充分发挥出来。

知识产权法因为无法适应新的技术发展而产生的滞后性，不能通过适用反不正当竞争法解决问题。正确的做法应当是：首先，及时修订知识产权单行法，在知识产权法的范围内解决问题。其次，增加数字环境下不正当竞争行为的具体类型。如果知识产权法没有规定，但是在反不正当竞争法的具体类型化条款中规定为不正当竞争行为的，则适用反不正当竞争法中的具体条款，而不宜适用反不正当竞争法的一般条款。最后，给予公共领域的适用空间。知识产权法不予保护的内容，在反不正当竞争法中也没有具体条款保护时，就进入公共领域。在知识产权法中明确不予保护的内容，并不属于反不正当竞争法所兜底保护的领域。对于任何法律制度和法律规则来说，最重要的就是公私领域的区分。对于知识产权法领域里的立法、司法决策和学术研究来说，公共领域和私人利益的平衡问题一直是一个不变的主题，因此，划定清楚知识产权法领域和公共领域之间的界限至关重要。

第一章　知识产权法与反不正当竞争法关系的基本理论

第一节　知识产权法与反不正当竞争法概述

一、知识产权、制止不正当竞争及公共领域的概念界定

（一）知识产权的范围界定：广义与狭义

知识产权，是指智力的创造者对其智力成果享有的权利。知识产权是一个集合的概念，由多种权利构成。知识产权有广义和狭义之分。广义的知识产权的范围颇广，其中，1967 年《建立世界知识产权组织公约》（Convention Establishing the World Intellectual Property Organization）列举了 8 种知识产权形式，其中第 7 种是与不正当竞争有关的权利。因此，广义的知识产权的概念不仅包括著作权、专利权和商标权，还包括与不正当竞争有关的权利等内容。狭义的知识产权包括著作权、专利权和商标权。著作权主要是指权利人对文学艺术作品所享有的权利。专利权保护的是能够在工商业等领域进行实际应用的发明创造和工业品外观设计。商标权保护的则是在商业流通领

域使用的商标标识所体现的商誉。① 世界多国对于这3种狭义知识产权的保护分别进行立法,即著作权法、专利法、商标法。本书研究的范围是狭义的知识产权法(上述3部知识产权单行法)与反不正当竞争法之间的关系。

(二)制止不正当竞争

与制止不正当竞争有关条款最早出现在《保护工业产权巴黎公约》(Paris Convention for the Protection of Industrial Property,以下简称《巴黎公约》)中,重点体现在《巴黎公约》第10条之二,规定了与反不正当竞争有关的原则性条款和具体情形。《与贸易有关的知识产权协议》(Agreement on Trade-Related Aspects of Intellectual Property Rights,以下简称TRIPs)在其划定的知识产权范围中包括未披露的专有信息,即商业秘密。1996年世界知识产权组织(World Intellectual Property Organization ,WIPO)制定了《反不正当竞争示范条款》(Anti-unfair Competition Model Clause,以下简称《示范条款》),规定了混淆可能、贬损、误导、损害商誉或声誉、商业秘密5种不正当竞争行为。② 与制止不正当竞争有关内容与传统的知识产权(著作权、专利权和商标权)相比,并不具有财产权的属性,制止不正当竞争包括的范围也不确定。例如,随着互联网技术的发展,对域名的保护也被纳入与制止不正当竞争的范围中来。根据国际上对反不正当竞争规则的逐渐确认和保护,许多国家随之纷纷制定本国的反不正当竞争法,③因为传统知识产权法所保护的内容与反不正当竞争法所规制的内容有交叉之处,所以在如何适用传统知识产权法和反不正当竞争法时带来了很多问题和冲突,尤其是在数字环境下,这种矛盾和冲突越发明显。因此本书的研究重点在于在数字环境下知识产权法(3部单行法)与反不正当竞争法在适用方面有哪些冲突,以及如何协调的问题。

(三)知识产权与公共领域

知识产权界有这样一句名言:“智力性成果处于公共领域是原则,而知识产权保护则为例外”,意思是说,人类发展的历史长河中创造的人类智慧的结晶绝大多

---

① 参见王迁:《知识产权法教程》(第5版),中国人民大学出版社2016年版,第4页。

② 在本书第三章具体阐述。

③ 英美普通法国家主要通过判例法的规则来规制不正当竞争行为。

数都处于公共领域中，为人类所公用，然后创造出更加辉煌的人类文明。对于某些智力成果来说，以知识产权的方式保护只是例外情形。换言之，对知识产权的保护与公共领域的维护，总是需要通过立法，尤其是知识产权法处于平衡的状态。例如，对于著作权、专利权、商标权的保护期的规定就是这种平衡方式的体现。再如，著作权法中的合理使用制度、法定许可制度以及专利法中的强制许可制度等，也是为了处理权利人的私权与公众使用智力成果的关系而制定的。现有的知识产权法比较好地处理了知识产权与公共领域的关系。但是在处理知识产权法与反不正当竞争法关系时也需要考虑到公共领域的问题。尤其是针对知识产权法明确不予保护的内容时，反不正当竞争法需要对其兜底保护，还是应当将其纳入公有领域，这是一个比较复杂和棘手的问题。本书将根据数字环境下的不同情形逐一进行具体分析，对这一学术难题进行解答，理清知识产权法、反不正当竞争法与公有领域的关系。

二、知识产权法与反不正当竞争法的价值目标

（一）知识产权法的价值目标

1. 鼓励创新，保护智力成果的创造者

知识产权法保护的客体即智力性成果，可以对于智力性成果赋予排他性的权利。专利权是对技术创新的激励措施，由于专利权的保护水平高，专利权人对市场的垄断性强，所以对技术的进步起到强烈的激励作用。对著作权来说，通过赋予著作权人人身权和财产权，鼓励作者创造出更好的文学艺术作品。因此，知识产权法被比喻为“用人类的利益之火点燃创造之薪”。

2. 维护权利与公共领域的平衡

在鼓励创新的同时，也需要维护知识产权与公共领域的平衡。因为智力性创造必须是在吸取前人智力创造基础上的创造，所以知识产权法在制度设计方面专门规定了对公共领域的保护空间。例如，对专利权、著作权、商标权赋予保护期的限制，保护期满则进入公共领域。《专利法》中的专利权的限制制度，给公众留有在一定条件下使用专利的自由。《著作权法》中规定的对著作权的限制（合理使用、法定许可和强制许可），使公众可以在一定条件下具有使用作品的自由。3 部

知识产权单行法中设置的权利保护期，到期则为公共领域之内而自由使用。《商标法》中的商标由于很多来自公共领域，因此商标权强调对商标的商标性使用，从而将指示性使用、比较广告等排除在商标权所保护的范围之外，给公共领域的自由使用留有空间。

3. 维护公平的竞争秩序

知识产权法也担负着维护公平的竞争秩序的立法目的。例如，《商标法》的立法目的就是保护竞争者在商誉上的竞争利益，如果这种利益受损害，则可以通过商标侵权诉讼保护竞争者的利益。专利法中专利的使用者通过许可并支付许可使用费利用专利技术。专利权人将其专利技术作为竞争的手段，获得因发明创造及获得专利付出的智力、资金的相应的经济回报，符合市场公平竞争的要求。著作权人通过要求他人对其作品的使用支付报酬，获得对其智力创作的经济回报，通过作品使用的许可参与市场竞争。当然，知识产权法所维护的公平竞争秩序的前提在于首先保证知识产权人对于智力性成果的权利，维护知识产权人的经济利益，使用需许可且支付报酬或许可使用费，唯有如此，方可体现公平的理念。反之，未经知识产权人的许可使用智力性成果，则构成侵权行为，不仅知识产权人的权利会受到损害，同时会对竞争秩序造成损害。虽然知识产权法不是直接维护竞争秩序，但其是通过惩治侵权行为，保障权利人利益的，最终起到推动公平竞争秩序形成的作用。

（二）反不正当竞争法的价值目标

反不正当竞争法的整体目标是“推动建立竞争者之间的市场竞争的最低正当标准”①。为了实现这一整体目标，特定的法律规则通过不同方式寻求整体目标的实现。这些具体的法律规则包括不正当竞争规则、市场道德或者贸易中的正当行为。市场竞争在于市场主体通过在市场交易中获得交易机会或者交易上的优势。因此，市场竞争往往遵循市场运行的规律，即优胜劣汰，但是优胜劣汰必须符合一定的标准或者准则。反不正当竞争法确立和维护这些标准和准则必须能够鼓励

---

① ［德］弗诺克·亨宁·博德维希主编：《全球反不正当竞争法指引》，黄武双等译，法律出版社2015年版，第773页。

竞争者的竞争行为,有利于创新,从而对社会的进步起到良好的促进作用。同时这些标准和准则之下的行为往往对竞争对手产生恶意的竞争行为,为了追求利润而不计后果。反不正竞争法的作用还在于将违反竞争规则、违背市场道德的行为作为不正当竞争的行为予以制裁,使竞争者共同遵循反不正当竞争法所确定的标准和准则。

这些标准或者准则是以怎样的方式确立的,可以从两个方面来理解:一是抽象的原则,即反不正当竞争法的立法精神;二是具体的行为规范。"准确把握好立法精神方能更好地理解具体的法律条款,以至于准确地理解、适用乃至制定法律。"①反不正当竞争法的立法精神总结起来就是,维护商业伦理和商业道德,竞争者在竞争中遵循诚实信用原则,②积极革新,充分竞争。反不正当竞争法的根本目的是对过度竞争进行限制,限制的手段是要求竞争者遵循基本的商业道德。反不正当竞争法只有在特定的条件下,利用他人的智力成果才会构成不正当行为;一般情况下,仍旧在刺激革新和鼓励竞争方面,以模仿自由为原则。因此,反不正当竞争法中的一般条款是对立法精神的宣示并通过具体条款得以体现。

(三)知识产权法与反不正当竞争法的共同的价值目标

从前文提及的知识产权法的价值目标和反不正当竞争法的价值目标可以看出,"反不正当竞争法与知识产权法关系密切,因为二者有着不扭曲竞争并促成效能竞争的共同目标"③;这二者有着共同的价值取向。

知识产权法和反不正当竞争法从正反两方面调整知识创新与不正当竞争之间的冲突关系。从正面来看,对知识产权的保护是由各专门法通过扩大权利客体来强化的;从反面来看,反不正当竞争法则从反面对模仿行为进行区分,认定哪些行为为不正当竞争行为,并科以惩戒。通过的3部知识产权单行法与反不正当竞

---

① 孔祥俊:《反不正当竞争法原理》,知识产权出版社2005年版,第37页。

② 所谓的诚实信用原则反映在《反不正当竞争法》第2条中,该条规定:"经营者在生产经营活动中,应当遵循自愿、平等、公平、诚实的原则,遵守公认的商业道德。"《反不正当竞争法》第2条被称为一般条款。

③ [德]弗诺克·亨宁·博德维希主编:《全球反不正当竞争法指引》,黄武双等译,法律出版社2015年版,第10页。

争法的协调配合,起到既能鼓励创新,又能规制模仿的双向调节作用。[①] 例如,商标法通过商标侵权的认定保护竞争者的商誉;反不正当竞争法通过对仿冒行为的规制等保护经营者的经济利益,维护市场竞争秩序。因此知识产权法与反不正当竞争法都在保护知识产品,保护正当的竞争秩序,促成效能竞争的共同目标的实现。

第二节 知识产权法与反不正当竞争法关系的域外考察

一、英国

英国没有反不正当竞争法的称谓,仿冒法相当于反不正当竞争法。因此,在英国,商标法与仿冒法的关系恰是知识产权法与反不正当竞争法的关系之体现。在英国,两法的关系处于平行的地位,商标注册的效力不会影响仿冒诉讼的进程,仿冒诉讼按照仿冒法上的原则处理,二者不存在交叉影响的情况,商标法上的权利不能成为仿冒诉讼的抗辩理由。

1994 年英国《商标法》可以视为处理商标法和仿冒法关系的立法方面的综合反映。1994 年英国《商标法》第 2 条第 2 款明确规定,商标法不对仿冒法产生任何的影响,这种表述比 1938 年英国《商标法》更明晰,这一条款表明了商标法对仿冒法不会产生影响的基本立法态度。20 世纪初以来,商标权通过注册获得,仿冒法上的权利基于使用获得。虽然有时这二者的关系并不稳定,但是关于这两个体系相互分离的观点从未受到质疑。

从以上英国商标法与仿冒法的关系可以看出,商标法与仿冒法分离意味着,权利人在选择诉讼手段维权时,仿冒之诉与商标侵权之诉皆可进行。就仿冒之诉而言,只要满足仿冒的 3 要件(满足原告具有商誉、被告具有虚假表示的行为、被告的行为会给原告造成损害),原告就可以提起仿冒之诉,无论虚假表示所使用的

---

① 参见郑有德:《知识产权与公平竞争的博弈:以多维创新为坐标》,法律出版社 2011 年版,第 350 页。

标识是否为注册商标。但是对商标侵权来说,只能针对注册商标提起侵权诉讼。就同样的商标问题有两种不同的解决途径,说明商标法与仿冒法适用的原则本质上相同,二者都是对商誉的保护。商标一旦注册,当事人选择提起商标侵权之诉而非仿冒之诉,其原因在于商标法具有证据方面的优势。由于商标注册产生了表面上的权利,说明商标权人的商誉的推定存在,所以原告无须举证具有商誉。相反的,若提起仿冒之诉,必须在个案中由原告举证。换句话说,商标注册使商标权人获得了更便利的保护方式,并且在商标的转让方面具有更强的公信力。就未注册的商标而言,通过仿冒诉讼获得权利的确定,适用的保护原则与注册商标法提供给注册商标的保护应该是等同的,只是举证更复杂。

二、美国

(一)商标法与反不正当竞争法

与前述英国的仿冒法与商标法是同源的一样,美国亦是如此。在商标法和仿冒法发展的过程中,美国法院使用了另一个名词——反不正当竞争法。美国反不正当竞争法的发展可以大致分为两个时期,第一个时期是反不正当竞争法等同于仿冒法;第二个时期是反不正当竞争法的外延扩大,除了包含仿冒法与商标法外,还包括规范其他不正当竞争行为的法律原则,尤其是引入了盗用商誉作为反不正当竞争法的一部分。在美国,商标法是成文法,即《兰哈姆法》,而反不正当竞争法属于州法的判例法。

在"布鲁克斯兄弟公司案"①中,法官提出,商标法是成文法,并进而阐述了商标法与反不正当竞争法之间的联系与区别。法官认为,在商标案件和不正当竞争案件的适用原则上有一些基本的区别。反不正当竞争法是司法的创制。② 商标法虽然是成文法,但是商标注册不能给商标所有人创造新的权利。但是,通过商标注册可以推断出一定的有价值的权利存在,可以起到证明注册者的权利以及注册商标推定有效的作用。反不正当竞争法源于衡平法,试图保证人们在商业中免受

① Brooks Bros. v. Brooks Clothing of Calif. 60 F. Supp. 442;[1945] U. S. Dist.

② 在美国,反不正当竞争法属于州法,以判例法的形式存在,因此被称为司法的创制。

他人的不正当竞争行为的侵害。

有些商标侵权的案例适用的原则不适用于不正当竞争案例。例如,对于损害赔偿来说,不正当竞争案例要求提供真正的经营损失的证据,而商标侵权的损失可以从商标的使用和销售的证据推断出来。不正当竞争行为可以在不具有商标法上要求的商标的特征的情形下存在。因此,当商标侵权与不正当竞争的界限并不分明的时候,则会产生混淆。另有原则认为,可以交叉适用这两部法,因为这两部法起源相同,也就是说商标法与反不正当竞争法均立足于保护经营者的经营或者商誉。这种混淆使在诉讼中不能从证据方面清晰地区分二者。在此种情形下,法院往往咨询原告的意见,希望他减少诉讼的渠道,放弃不正当竞争而只提出商标侵权。这种交叉使被告认为,商标案件与不正当竞争案件联系紧密,并且更宽泛的原则是可以使被称为不正当竞争的案件包含商标侵权案件。反不正当竞争法在英国和美国发展了近一个世纪(注意在英国只称为仿冒法,而不称反不正当竞争法),法院的主要观点是保护经营者的商誉不受不正当行为的侵害。根据个案的事实和理由的不同,该法有时侧重保护个人的利益,有时侧重保护公众免受欺骗的危害。但最后的结论是,法院试图在每个案例中确定某个个体的行为在营业中是否是正当的行为。就这方面来说,每个案例应遵循各自的情形判断。法院还认为,商标法和反不正当竞争法具有共同适用的原则——都采用第二含义。商标只是用来指示商品来源的,它不可以独立存在。对商标提供法律保护主要依据经营者的使用而非商标本身所体现的原创性或创造性。最重要的一点是,禁止他人对商标的使用是为了保护商标所有人的商誉免受他人将自己的商品当作商标所有人的商品进行销售所造成的损害。因此,法院在处理商标和不正当竞争的案例时会判决商标的第一个使用者受到保护,其后的使用者即使使用的商标是自己的姓名,但是如果与第一个使用者使用的商标相同,也会被禁止使用。对于侵权案件来说,潜在的购买者可能会受到误导。因此,经营者应确保其所使用的商标能够使潜在的购买者识别出其所提供的产品或服务。这个原则对于不正当竞争案件和商标案件都适用,无论商标是否注册。

综上所述,美国的商标法是成文法,保护的是商标注册者的利益。商标注册的作用不是使商标所有人创造新的权利,但商标的注册发挥证明注册者的权利和注册的商标假定有效成立的作用。反不正当竞争法源于衡平法,是保证人们不会受到不公平行为的侵害。在损害赔偿方面,商标法的原则不适用于反不正当竞争法,反不正当竞争法要求实际损失的证据,而商标侵权损害可以从商标的使用和销售的证据推断出来。反不正当竞争法不要求被仿冒的商标具有商标法上的商标特征。

(二)专利法与反不正当竞争法

美国联邦最高法院在对待穷尽知识产权保护之后,是否可以再通过反不正当竞争法保护智力成果的问题上持否定态度。在1964年“罗巴克公司案”①中,原告销售的台灯没有受到专利法的保护,被告的模仿销售与原告几乎完全相同的台灯的行为就被美国联邦最高院认定为合法的行为。因为美国专利法规定,联邦政府不能禁止抄袭未受到专利或者著作权保护的商品。因为未获得专利或者专利期间届满的物品,就属于公共领域,任何人都可以制造销售。美国联邦最高法院阐释道:“分享一个不受专利或商标保护之物品上所表彰的商誉,是每个人权利之行使,而此权利得以自由行使与消费大众的重大利益息息相关。”②因此,美国法院的判决说明,专利法不保护的内容或者保护期届满的专利技术,即归于公领域而不再被反不正当竞争法保护。

三、日本

日本知识产权法与反不正当竞争法的关系主要体现在商标法与不正当竞争防止法上。商标注册是否可以作为日本《不正当竞争防止法》上不正当竞争的抗辩理由,在日本学术界是一个值得深入探讨的理论问题。该问题对于处理日本《商标法》和日本《不正当竞争防止法》③的关系也非常重要。根据日本《不正当竞争防止法》旧第6条④的规定,该法不能规范注册商标,即日本《商标法》的效力优

---

① Sears, Robuck & Co., Petitioner, Inc. v. Stiffel Company. 376US225.

② 参见刘孔中:《解构知识产权法及其与竞争法的冲突与调和》,中国法制出版社2015年版,第14页。

③ 日本的《不正当竞争防止法》与我国的《反不正当竞争法》含义相同,名称有所区别。

④ 这里的《不正当竞争防止法》旧第6条,是指日本1993年《不正当竞争防止法》修订之前的第6条。

先于日本《不正当竞争防止法》的效力。从历史的角度来看，实施日本《不正当竞争防止法》旧第6条的理由是体现注册的重要性，也就是说，政府授予的商标权（通过注册）应该获得保护。简言之，日本《不正当竞争防止法》的适用不能凌驾于日本《商标法》之上。首先，商标权经过严格的审查而取得。其次，因为政府授予了商标权，商标在不经过无效程序之前不宜适用不正当竞争防止法。不正当竞争防止法上的利益和商标法上的权利处于竞争的地位，因此明确这两部法的关系很有必要。日本《不正当竞争防止法》旧第6条在1993年修改时被废除。由于日本《不正当竞争防止法》旧第6条的废除，注册商标就可以直接受到日本《不正当竞争防止法》的规制，而不必再首先经过商标权的无效和撤销程序，对于旧法中第6条废除原因的官方解释是：商标权是一种排他性的权利，日本《不正当竞争防止法》保护的是事实上的利益。因此，日本《商标法》不能优先于日本《不正当竞争防止法》。日本《不正当竞争防止法》得以修改，正如某立法者所解释的——在这两部法之间的利益调整是根据这样的一个基本原则，即不适当地行使权利的行为不能被允许。当商标混淆时，具有知名商标的经营者可以根据日本《不正当竞争防止法》对注册商标所有人提起禁令之诉。例如，某经营者拥有著名商标“立山”在富山县有名，被允许根据日本《不正当竞争防止法》第2条第1款第1项的规定禁止被告在米酒上使用“越乃立山”商标，虽然该商标已经被被告注册。在终审判决中，该判决被称作“标准先例”。

综上所述，日本学术界主流观点认为商标注册行为不能作为日本《不正当竞争防止法》不正当竞争行为的抗辩理由，日本《不正当竞争防止法》旧第6条的废除可以成为有力的证据。因此，可以得出结论，日本《商标法》与日本《不正当竞争防止法》是平行的，商标的注册效力不会影响到日本《不正当竞争防止法》上的不正当竞争行为的成立。这一观点与英国的商标法与仿冒法是平行的观点相一致。

四、德国

（一）德国反不正当竞争法的发展历史

作为大陆法系国家典型代表的德国，其反不正当竞争法具有悠久的历史。德国于1896年制定的《反不正当竞争法》（Gesetz gengen den unlauteren Wettbewerb,

UWG)是在侵权法的基础上单独立法。之后被1909年的《反不正当竞争法》所取代。该法采取一般条款与具体条款并行的立法技术,第1条用于制止所有违背善良风俗的竞争行为,同时具体规定了具体的行为规范,尤其是误导广告、贬损竞争者和保护商业秘密。该部法一直被适用了近一个世纪,对规制不正当竞争行为起到巨大作用。1909年德国《反不正当竞争法》被认为是被最频繁和广泛适用在经济领域的法律,主要有3个原因:第一,该法排除了行政机关的行政执法,而是通过经营者诉讼的方式获得救济;第二,禁令救济方便易行,不需要故意和损害要件,因此可由专业法庭低成本的方式快速解决;第三,法院对经营者及其协会提起的大量的判例进行了体系化的梳理,形成判例群,在实践中减少了一般条款的模糊性,并促成了法律的确定性,同时允许司法进一步发展不正当竞争规则。①

2004年德国对《反不正当竞争法》进行了修订,降低了一般条款的作用,将其具体化。列出了11个例子和多个特定条例。从体系结构上看,2004年德国《反不正当竞争法》先是规定了立法目的,定义条款制止不正当商业行为的一般条款,接下来规定误导广告条款,比较广告条款②,侵犯性、骚扰性行为。还有不正当竞争行为的民事救济(收回利润,禁令救济,除去、损害赔偿)及诉权规定程序上的规定,即刑事制裁规则规定。

(二)知识产权法与反不正当竞争法的关系

在德国,知识产权法与反不正当竞争法在理论上区别很明显,知识产权法是一种具有排他性的权利,而反不正当竞争法则适用于对商业性行为的规制。但是两法存在交叉,有时很难将反不正当竞争法所规制的行为与侵犯知识产权的行为区分清楚。就商标法与反不正当竞争法的关系而言,1994年德国《商标法》给所有具有显著性的标记、地理标记、作品标题、三维商标等授予商标权的保护。商标法的判定标准是混淆,反不正当竞争法的判定标准是来源欺诈,虽然这两个判定标准的构成要件不同,但是德国理论界的通说观点与判例法都认为,可以同时适用

① 参见[德]弗诺克·亨宁·博德维希主编:《全球反不正当竞争法指引》,黄武双等译,法律出版社2015年版,第286页。

② 参见德国2004年《反不正当竞争法》第4条、第5条和第6条。

商标法与反不正当竞争法。需要明确的是,商标法保护的是商标权人享有的个人财产权的利益,而反不正当竞争法的目的在于保护经营者和消费者的利益,反不正当竞争法不会对商标法构成损害。

在涉及模仿的案件中,通常难以认定一种行为是否是反不正当竞争法所认定的"不正当"行为。就外观设计与反不正当竞争法的关系而言,德国法院的观点与被告的主张相反,根据 UWG 第 3 条和第 4 条第 9a 项制止来源混淆而附带性保护商业成果的规定,不能仅仅因为原告本可以根据《欧盟理事会条例》第 62002 号第 3 条主张共同体未注册外观设计保护而简单拒绝适用。反不正当竞争法的目标可与《欧盟外观设计条例》相区分,后者保护共同体外观设计形式的特定商业成果。

在谈及商标法与反不正当竞争法的关系时,实际上,还存在更近的连接点,尤其是商标法在有些国家就是作为反不正当竞争法组成部分的。对于混淆可能性问题,反不正当竞争法("混淆""仿冒")和商标法均有涉及,这就提出了反不正当竞争法和知识产权法如何划界的问题。这种划界,在今天看来更重要,因为商标法朝着广泛保护可以观察到的标识这样一种越发明显的趋势发展。这种保护作为与特定(商标法)要求相联系的规则,即正式注册行为、保护这一术语的第二含义、诉讼权利等,在确保与加强保护方面采用自己的规则。

虽然德国《商标法》第 2 条规定,"依据本法对商标、营业标示、地理标示之保护并不排除适用其他保护规定",言下之意即商标法所保护的商业标识,反不正当竞争法也有保护的可能,但是德国联邦最高法院在解释该条款时认为,对于不当使用他人知名商标营业商誉的行为,《商标法》中已经有了详尽的规定,因此不能依据德国《反不正当竞争法》的一般条款规制这种不当使用行为,只有商标法对特定的利益冲突没有作出规定时,才可以适用一般条款给予弥补,而这样的情形非常少见。①

---

① 参见刘孔中:《解构知识产权法及其与竞争法的冲突与调和》,中国法制出版社 2015 年版,第 15 页。

五、法国

(一)法国反不正当竞争法的历史

采用成文法立法模式的法国并没有制定单独的反不正当竞争法,法国的《反不正当竞争法》实际上是类似于普通法系的判例法。法国通过判例确定哪些行为构成违反诚实信用的不正当竞争行为。法国《民法典》中关于一般侵权责任条款的第1382条和第1383条是构成反不正当竞争法的重要内容,从法国1804年《民法典》制定以来从不曾变化过。第1383条规定,"行为人自身的客观行为以及基于其过失或轻率影响损害赔偿责任的承担"。法官正是根据这几条法律发展出填补损害赔偿请求权,用以保护正当竞争。法官也是主要依据这几条法律,通过法官造法的方式处理不正当竞争之诉。这些不正当竞争之诉包括不实陈述针对自身产品的欺诈行为、贬损竞争者、混淆可能性等。

(二)法国知识产权法与反不正当竞争法的关系

法国的《知识产权法典》是成文法,与法国《反不正当竞争法》既相区别又联系紧密。在知识产权中的重要部分——工业产权法产生之前,法国《反不正当竞争法》就以法国《民法典》为基石得到发展,法国《商标法》被视为反不正当竞争法的附属。①

不正当竞争之诉往往伴随着知识产权之诉,但是只有当不正当竞争的诉请与构成知识产权侵权的诉请所依据的事实不相同时,法官才会受理知识产权与不正当竞争的合并诉请。例如,商标侵权的事实与模仿产品外观的事实不相同时,可以同时提起不正当竞争之诉与商标侵权之诉。知识产权侵权之诉与不正当竞争之诉的构成要件不相同的原因在于,商标权、专利权或者著作权侵权之诉的目的在于维护法律赋予的专有权,而不正当竞争之诉要求竞争者承担责任的前提在于竞争者具有主观过错。

尽管知识产权侵权之诉与不正当竞争之诉存在上述区别,但是不正当竞争之

---

① 参见[德]弗诺克·亨宁·博德维希主编:《全球反不正当竞争法指引》,黄武双等译,法律出版社2015年版,第258页。

诉仍然具有兜底特征,主要体现在当知识产权侵权之诉不能达到知识产权法所要求的保护条件时,法院可将其作为不正当竞争之诉受理,特别是在涉及模仿的案件中,当事人往往将商标侵权之诉与不正当竞争之诉一并提出。但是不正当竞争之诉是否对所有知识产权侵权之诉(包括其他著作权和专利权侵权之诉)均有兜底特征,并没有明确的理论和事实依据。

第三节　知识产权法与反不正当竞争法关系的国际公约考察

从国际公约的层面来看,1967 年《建立世界知识产权组织公约》、TRIPs 和《巴黎公约》这些综合性的国际公约不仅规定了传统意义上的知识产权,还规定了规制不正当竞争的条款。本节首先介绍这些国际公约的保护范围,重点分析《巴黎公约》第 10 条规定的不正当竞争条款和 1996 年世界知识产权组织制定的《示范条款》,从国际公约层面探讨知识产权与不正当竞争的关系。

一、知识产权综合性国际公约规定的保护内容

(一)1967 年《建立世界知识产权组织公约》规定的内容

1967 年《建立世界知识产权组织公约》规定的是最广义的知识产权保护范围,包括 8 项内容:(1)与文学、艺术及科学作品有关的权利;(2)与表演艺术家的演出、录音制品和广播节目有关的权利;(3)与人类一切创造性活动的一领域有关的权利(专利发明、实用新型及非专利发明享有的权利);(4)与科学发现有关的权利;(5)与工业品外观设计有关的权利;(6)与商品商标、服务商标、商号及其他商业标志有关的权利;(7)与制止不正当竞争有关的权利;(8)一切其他来自工业、科学及文学领域的智力创作活动所产生的权利。上述保护范围中的第 1 项、第 2 项、第 3 项、第 6 项涵盖了著作权、专利权和商标权;第 7 项是制止与不正当竞争有关的权利。

(二)TRIPs 规定的知识产权的内容

TRIPs 规定的知识产权的范围包括以下 7 项内容:(1)版权和邻接权;(2)商

标权;(3)地理标志权;(4)工业品外观设计权;(5)专利权;(6)集成电路布图设计权;(7)对未披露过的信息专有权。这7项内容构成广义的知识产权的概念,其中未披露的信息是属于制止不正当竞争的范畴。

(三)《巴黎公约》规定的保护范围

《巴黎公约》首次确定了国际工业产权的保护范围。《巴黎公约》第1条第2款规定,工业产权的保护对象包括专利、实用新型、工业品外观设计、商标、服务商标、厂商名称、货源标记以及制止不正当竞争。

从上述知识产权综合性公约规定的范围可知,从广义的概念来看,知识产权范围里包含了制止不正当竞争的内容。从狭义的知识产权概念来看,上述公约里规定的著作权、商标权、专利权这些狭义的知识产权与制止不正当竞争之间的关系是平行的。本书讨论的正是规范这种狭义的知识产权与制止不正当竞争法律之间的关系。

二、《巴黎公约》第10条规定的不正当竞争条款

《巴黎公约》前言部分表明,公约对不正当竞争行为进行调整。① 不正当竞争行为与知识产权的关系被《巴黎公约》所强调,通过扩张术语“工业产权”至制止不正当竞争,《巴黎公约》第10条之二对“不正当竞争行为”作出了一般规定,也进行了详细列举。

(一)《巴黎公约》第10条之二的基本内容

《巴黎公约》第10条之二主要规定了制止不正当竞争行为的概念,即违反诚实的习惯做法的行为;以及构成不正当竞争行为的3种具体情形。②

---

① 《巴黎公约》的调整对象即保护范围是工业产权。包括发明专利权、实用新型、工业品外观设计、商标权、服务标记、厂商名称、产地标记或原产地名称以及不正当竞争等。

② 《巴黎公约》第10条之二:“(一)本同盟成员国必须对各该国国民保证予以取缔不正当竞争的有效保护。(二)凡在工商业活动中违反诚实经营的竞争行为即构成不正当竞争的行为。(三)特别禁止下列情况:(1)采用任何手段对竞争对方的企业、商品或工商业活动造成混乱的一切行为;(2)在经营商业中利用谎言损害竞争对方的企业、商品或工商业活动的信誉的;(3)在经营商业中使用会使公众对商品的性质、制造方法、特点、使用目的或数量发生混乱的表示或说法。”

（二）《巴黎公约》第 10 条之二的目的

《巴黎公约》第 10 条之二的目的是保护缔约国中诚实的经营者的利益，在缔约国之间的国际贸易中制止不正当竞争。要正确理解该款的目的，必须澄清下述两个方面的认识：第一，《巴黎公约》第 10 条保护的是商业活动中哪一方的利益。根据第 10 条之二的发展来看，该条旨在保护竞争的经营者，而非消费者。第二，制止不正当竞争是被理解为该款制定的目的，还是作为达到最终结果的手段。依据第 10 条之二的条文，该条旨在保护和促进国际贸易中经济的自由市场价值，促进和保护国际贸易中的公平竞争，而非对不正当竞争本身的禁止，是该条款的隐含意图。

根据《巴黎公约》第 10 条之二的规定，联盟成员国都应该对所定义的不正当竞争行为的损害提供保护，该条要求成员确定对违反该款的所有行为提供有效的法律救济，但没有要求成员对该款提出的不正当行为给以禁令的救济，所要求的仅是对于正当竞争行为提供"有效地保护"、"禁止"或者"使用法律手段有效地制止不正当竞争"。禁令的民事救济手段是最明显的和最普遍的救济方式，而且这种方式不是成员国采取的唯一的救济方式。若救济方式属于刑事救济，如果采取有效的措施，就可以满足公约要求的制止不正当竞争的义务。公约要求成员国的义务是有效地禁止或制止不正当竞争，而不是对禁止行为提供补偿。公约该款规定的成员国之间的制止不正当竞争涉及民事、刑事和行政的法律，但并没有要求制定特别法，只要求一般法律提供救济。

（三）《巴黎公约》第 10 条之二的基本概念："竞争"

《巴黎公约》第 10 条之二的第一个基本概念——"竞争"未能得到详细界定。在英语和法语文本中，竞争的含义并不仅仅指"不正当竞争"的术语中"竞争"一词所暗含的意思。对第 10 条之二的直接的解读是，该款适用于对竞争者的权利保护和救济，但也包括某种非竞争者，也就是有利益关系的贸易组织。实践证明，通过取消或代替竞争这个概念而使该款的含义扩大的做法是不可行的。1925 年《巴黎公约》第 10 条之二明确将"竞争"限定为"商业竞争"行为，1958 年里斯本会议取消该项限制的做法以失败告终。就这点来说，《巴黎公约》第 10 条之二规定的公约义务比许多国家的立法要少。

(四)对第 10 条之二的基本理解

对第 10 条之二的几款应作如下理解:第 10 条之二第 1 款说明成员国的义务,即各成员国必须对同盟国国民提供对抗不正当竞争的保护。但是如果本国已经根据侵权法或者普通法提供了对抗不正当竞争的保护,就不必再制定特别的法律。

第 10 条之二第 2 款规定,不正当竞争行为是在工商业事务中违反诚实的习惯做法的竞争行为,该条是对不正当竞争行为所作出的定义。各个成员国对于不正当竞争概念的认识有所不同,每个成员国可以自行决定哪些行为属不正当竞争行为,但应遵守第 10 条之二和第 10 条之三的规定。也就是说,不正当竞争行为的确定标准就是在工业或者商业中违反了诚实的行为习惯。如果成员国的司法机关或者行政机关某一行为不符合诚实的习惯做法,那么该行为为不正当竞争行为,并对此行为实施制裁手段。成员国在认定诚实的习惯做法这个标准时,包括所在国和国际贸易中形成的诚实的习惯做法。[①] 第 10 条之二第 3 款中还列举了被认为属于不正当竞争行为而被禁止的 3 个例子。该款是对本联盟成员国的一项共同的法律规范,可以被本国成文法所吸收,或者可以被司法机关直接适用。这 3 个例子分别规定了 3 种最低限度给予禁止的不正当行为。第一个例子是关于具有以任何手段对竞争者的工商业活动或营业场所、商品造成混淆性质的一切行为。第二个例子,是指虚假陈述,即在商业活动中具有损害竞争者的营业、商品或营业活动的信用性质的行为。[②] 无论是否具有损害的故意,只要构成损害,都会构成不正当竞争行为。第三个例子,是指在经营活动中采用的商品或服务描述使公众产生误解,包括但不限于对商品的数量、用途、性质、特征以及制造方法。[③] 它并不是关于商品的产地或原产地、制造者、营业所或工商业活动的类似表示或陈述。

---

① [奥地利]博登浩森:《保护工业产权巴黎公约指南》,汤宗舜、段麟瑞译,中国人民大学出版社 2003 年版,第 95 页。

② [奥地利]博登浩森:《保护工业产权巴黎公约指南》,汤宗舜、段麟瑞译,中国人民大学出版社 2003 年版,第 98 页。

③ [奥地利]博登浩森:《保护工业产权巴黎公约指南》,汤宗舜、段麟瑞译,中国人民大学出版社 2003 年版,第 98 页。

（五）知识产权法与反不正当竞争法的关系

上述第一个例子涉及商标法与反不正当竞争法的关系。根据商标法的规定，当出现了使用相同或者相似的商标而造成的混淆，通常选择商标法规范。如果属于反不正当竞争法规定的内容。例如，由于包装装潢，宣传材料上显示的企业所在地造成混淆的构成不正当竞争行为就依据反不正当竞争法规制。上述行为无论是否出于善意，都会被定义为不正当竞争行为，只是在法律责任的承担方面有不同的影响。

三、1996年世界知识产权组织《反不正当竞争示范条款》规定的不正当竞争条款

（一）《反不正当竞争示范条款》的制定背景

自1958年的里斯本会议之后，《巴黎公约》第10条之二都未发生变动，只是于会议中加入了对他人产品的误导性表达事例。但是自20世纪80年代以来，《巴黎公约》的管理机构即世界知识产权组织一直致力于“将第十条之二提升为贸易与竞争领域的当代标准”①。原因在于，随着经济和政治的发展，许多国家都对竞争法产生兴趣。世界知识产权组织认为根据TRIPs第2条之一的强制条款，可以使成员国制定满足《巴黎公约》第10条之二要求的国内反不正当竞争法。为了促进反不正当竞争法的发展，世界知识产权组织在1996年出版了《示范条款》。《示范条款》为成员国提供参考使用的范本，便于为遵守《巴黎公约》第10条之二打下基础。

《示范条款》并没有强制性，仅仅为立法活动提供示范。《示范条款》虽然没有《巴黎公约》和TRIPs重要，并且最终没有获得通过，但是它在更新改造《巴黎公约》第10条之二的可能路径上提供了有用的见解。它应该得到更细节的讨论，尤其要考虑域内法和区域法律最近发展状况。

（二）《示范条款》的内容概述

《示范条款》不仅仅是对《巴黎公约》第10条之二的解释，还扩大了该条款的

---

① ［德］弗诺克·亨宁·博德维希主编：《全球反不正当竞争法指引》，黄武双等译，法律出版社2015年版，第37页。

保护内容甚至超越了该条的内容。与《巴黎公约》第 10 条之二相同的是《示范条款》也以违反诚实惯例为依据，以国际贸易惯例为基础；但是《示范条款》第 1 条仅提及工商业活动中的任何行为或活动，而不像《巴黎公约》第 10 条之二那样要求当事人之间存在竞争关系，并且在强调保护消费者的目的方面相较于《巴黎公约》第 10 条之二而言也是新的规则。

《示范条款》第 2 条至第 6 条所规定每一条大致分为基本原则条款和行为事例条款，并且恰是禁止的不正当行为，分别界定了混淆可能、贬损、误导、损害商誉或声誉、保护商业秘密 5 种典型的不正当竞争行为。最重要的是以上行为的界定在特定个案中可以同时适用，并非难以兼容。[①]

（三）《示范条款》中有关不正当竞争行为的内容

《示范条款》第 2 条包括对不正当竞争行为的规定。该条的内容是：

（1）［总纲］凡在工商业活动中对他人企业或其活动，尤其对此种企业所提供的产品或服务造成或可能造成混淆的行为或做法，应构成不正当竞争的行为。

（2）［混淆的事例］下列内容尤其可能被造成混淆；

（i）商标，无论注册与否；

（ii）厂商名称；

（iii）除商标或厂商名称以外的企业名称；

（iv）产品外观；

（v）产品或服务介绍；

（vi）名人或著名虚构人物。

该条是以《巴黎公约》第 10 条之二为依据的。但是该条的主体，包括自然人和法人，而并不像《巴黎公约》第 10 条之二第 3 款第 1 项仅限于涵盖“竞争者”，用语的变化表明在涵盖的主体方面《示范条款》要广于《巴黎公约》第 10 条之二规定的主体范围。

根据《示范条款》第 2 条第 1 款的规定，构成的不正当竞争行为是对此类企业

---

① 参见郑有德：《知识产权与公平竞争的博弈：以多维创新为坐标》，法律出版社 2011 年版，第 308 页。

所提供的产品或服务造成或可能造成混淆的行为或做法。该款表明,混淆行为无论善意与否,只要存在造成混淆的可能性,即被视为为不正当竞争诉讼提供足够的证据,因为混淆的可能性仍然会对竞争者造成损害。构成混淆的类别可以是《巴黎公约》描述的“任何手段”。构成混淆的类型可以是对商标、厂商名称或其他企业名称的混淆,还包括使消费者从甲商家联想到甲商家的子公司或者经过甲商家授权的其他经营者,这被称为附属关系混淆和赞助关系混淆。《示范条款》第2条第2款列举了6类造成混淆的行为。第一类行为是对商标的使用造成的混淆,这种方式的混淆根据反不正当竞争法提供保护时,可以包括注册商标和未注册商标。只有对于使用相同或者类似的商标与已经注册的商标产生混淆时,一般通过商标法进行规制。第二类行为和第三类行为是针对厂商名称以及厂商名称之外的企业名称的使用造成的混淆。厂商名称用以识别某一企业及其业务活动,并与其他企业及其业务活动区别开来。其他企业名称的内涵包括多种名称,如代表企业本身或者其产品或者服务的特点的企业标语、标记、符号等。第四类行为是对产品外观的使用造成的混淆。产品外观是就特定产品的形状、包装、颜色等特点给予的保护。无论工业品外观设计是否注册,只要对这种外观可能构成混淆的,就属于这一类型。第五类行为是对产品或服务的介绍造成的混淆,包括广告在内。例如,混淆可能产生于就产品或服务的企业之间的关系所提供的信息。例如,企业的店面装潢及服饰如若让消费者产生是经过其他企业的许可使用的想法即产生这种混淆。第六类行为是对名人或著名虚构人物的名字或其他声誉的使用所造成的混淆。这种混淆表现为未经授权的情况下的使用,构成消费者对被许可方的产品产生购买欲,会对名人或者虚拟人物的声誉造成混淆的可能性。

(四)反不正当竞争规制与知识产权保护的界限

反不正当竞争规制与知识产权保护之间如何划出一条明确的界线在《示范条款》的第1条第2段也有明确的规定。该款的主要意思是该条款的适用于知识产权单行法中对于保护外观设计、专利、商标没有任何影响。也就是说《示范条款》第2条至第6条规定的权利是独立的,对专利、工业设计、标识、版权和其他知识产权客体领域的任何特别法律规范都起到了平行保护作用。

第四节　知识产权法与反不正当竞争法关系的观点述评及冲突的产生

有关知识产权法与反不正当竞争法的关系历来是学术界探讨的热点问题,争议较多。学术界近年来主要有以下5种主要的学术观点。

一、一般法与特别法的关系说

一般法与特别法的关系说认为,知识产权法保护的,适用知识产权法;知识产权法不保护的,可依反不正当竞争法予以保护。① 这种关系在商标法领域显得格外突出。这种观点认为,反不正当竞争法是一般法,反不正当竞争法对商标法起到补充和限制的作用。按照特别法优于一般法的原则,当遇到注册商标侵权问题时,因为商标法属特别法,所以优先适用商标法,只有在商标法没有规定时,才适用反不正当竞争法。根据此理论,对商标权益的补充保护,反不正当竞争法起到一定的作用,但是这种补充是在可以适用商标法的规定时,排除适用反不正当竞争法。

反不正当竞争法和知识产权法之间自诞生以来就有着千丝万缕的联系。具体来说,两法之间有着相同的客体,但又以不同的规制方法、不同的发展方式出现,并且二者在经营活动中产生利益交织,同时二者又遵循着共同的原则,即诚实信用原则。两法又恰巧能够弥补各自的缺陷,反不正当竞争法相较于知识产权法灵活性更好,相应地就造成了确定性不足的局限,而知识产权法的局限性在于,它的进步主要依靠法律的修改,法律又必须保持稳定,因此知识产权法在应对变化的现实时略显无力。这也就是两法只有相辅而行,才能对智力成果及相关成就进行充分而合理的保护,为权利人乃至全社会创造更大的财富。②

---

① 参见刘丽娟:《论知识产权法与反不正当竞争法的适用关系》,载《知识产权》2012年第1期。

② 参见韦之:《论不正当竞争法与知识产权法的关系》,载《北京大学学报(哲学社会科学版)》1999年第6期。

另外,对于制止不正当竞争,TRIPs 认为,商业秘密不属于非公开信息,这恰恰证明了,对于保护一些因为新技术产生而出现的新事物,暂时无法赋予专有权之前,反不正当竞争法可以给予适当保护,从而达到维护健康的市场环境的目的,同时也帮助催生出某项具体知识产权。若该项权利能够被知识产权法所确认,那么不正当竞争法就可谓是"功成身退",换言之,反不正当竞争法对这项利益的保护就退居次要地位了,这就反映出两法之间是普通法与特别法的关系。①

反不正当竞争法与知识产权法产生了相辅而行的效果。一方面,知识产权在一定程度上是市场经济的产物,所以从这个角度来说,知识产权法与反不正当竞争法同样属于竞争制度。另一方面,反不正当竞争法往往能够在新事物出现时较及时地给予一定程度的回应,这也就是反不正当竞争法与知识产权法之间的重叠部分,故可以说它是知识产权法的一部分。但是两法也并非全然相同,也有各自的特点。反不正当竞争法是行为,反不正当竞争法保护知识产权只是其立法目的之一,并且不是最重要的目的。尽管知识产权法与竞争制度存在一定的联系,但知识产权仍旧属于财产权法。

这种学说体现了,赋予知识产权法特别法的地位,优先适用知识产权法,而当知识产权法不能保护的内容,就适用反不正当竞争法作为一般法给予保护。反不正当竞争法一般法的作用主要体现在我国《反不正当竞争法》第 2 条的一般条款方面,因为该条规定的诚实信用、商业道德等描述更有一般法的意味。但是这种学说造成的不利后果是,对于知识产权单行法不能给予保护和保护不周的地方都可以让反不正当竞争法的一般条款给予保护,从而造成知识产权法不保护而应当进入公共领域的内容被反不正当竞争法给予保护了。

二、补充保护说

补充保护说从学界开始探讨两法关系之时,便赢得了学界极大的支持,二者分别被比喻为"冰山"与"海洋"。该观点主张,当出现知识产权纠纷,以反不正当

---

① 参见韦之:《论不正当竞争法与知识产权法的关系》,载《北京大学学报(哲学社会科学版)》1999 年第 6 期。

竞争的诚实信用条款为依据,其他知识产权部门法无法解决时,就发挥反不正当竞争法的作用。日本学者满田重昭认为,"反不正当竞争法为不受商标法保护的未注册商标提供补充保护,与商标法相得益彰,缺一不可"①。

关于我国《反不正当竞争法》中第2条是否是原则性条款?存在争议。如果不是,以诚实信用原则为基础而得出的补充保护观点便成为一个悖论;但即使是原则性条款,其内在原因也是基于行为难以具象化而依据抽象原则所作出规定,同时也是表明一种立法态度,即反不正当竞争法禁止该行为,从而起到一种警示作用。但同理来说,专利法、商标法、著作权法等也可以理解为对知识产权的"兜底保护",这样的结论显然非常荒谬,不符合法理。

补充保护说重点关注两法的相通之处,其本质是以诚实信用原则扩充反不正当竞争保护的范围,但是却忽视了此种观点会造成对于知识产权客体的不正当扩张,没有阐释知识产权在解决创新利益分配问题上的优势。同时,从它在审判中的应用来看,有些案件都会有适用一般条款的情况,②所以对于以诚信原则为基础,认为反不正当竞争法提供兜底保护的这种观点并不成立。事实上,由于诚信原则的抽象性而引起了许多的问题,若此时再以该原则为基础扩展反不正当竞争法,那无异于扬汤止沸,对于目前司法实践中积存问题的解决毫无益处,甚至可能引起更多的问题。反不正当竞争法保护某些智力成果,体现智力成果取得的利益与市场竞争之间的平衡。

三、有限的补充保护说

"有限的补充保护说"③指明了知识产权法与反不正当竞争法在保护知识产品

---

① 郑友德、万志前:《论商标法和反不正当竞争法对商标权益的平行保护》,载《法商研究》2009年第6期。

② 参见蒋舸:《知识产权法与反不正当竞争法一般条款的关系——以图式的认知经济性为分析视角》,载《法学研究》2019年第4期。

③ 吴汉东教授认为,反不正当竞争法具有对知识产权提供补充保护的功能,知识产权法与反不正当竞争法的关系不是等同关系,不能相互替代,而是相互配合、补充地发挥法律功能,该学说被其他学者称为"有限的补充保护说"。参见吴汉东:《论反不正当竞争中的知识产权问题》,载《现代法学》2013年第1期;卢纯昕:《反不正当竞争法在知识产权保护中适用边界的确定》,载《法学》2019年第9期。

上具有的地位与作用。2009 年最高人民法院印发《关于当前经济形势下知识产权审判服务大局若干问题的意见》(以下简称《意见》)[①]中提出,自由竞争的环境使市场机制能够发挥应有的作用,自由竞争必然是市场经济的基本条件和支柱,《意见》也强调了自由竞争与公平竞争的重要性,知识产权行业的发展必须存在广泛的市场自由竞争。同样,知识的使用以及运营在一定程度上来说是公开的,甚至无法绝对排除他人的干涉与利用,知识的非竞争性[②]与公共性[③]的自然属性决定了知识在本性上是不能为私人所有的,只有处于公共状态下的知识才能发挥最大效用,而设置权利则意味着对知识利用行为的限制,也是对知识利用效率的损害。

"公共领域为原则,知识产权为例外",该理念内核由自由竞争和知识的公共性共同决定。[④] 此理念反映了,对于知识产权法无法触及的领域,反不正当竞争法是有可能提供一定保护的,即有条件地对知识产品进行补充保护。更确切地说,反不正当竞争法的扩展保护应该以不保护为原则,而以保护为例外。反不正当竞争法并非禁止一切"搭便车"行为,原则上不制止盗用和不正当模仿,只在一些例

---

① 《意见》第 11 条规定:"加强不正当竞争和反垄断审判,统筹兼顾自由竞争与公平竞争的关系,积极促进市场结构完善和社会主义市场经济体制的健全。妥善处理专利、商标、著作权等知识产权专门法与反不正当竞争法的关系,反不正当竞争法补充性保护不能抵触专门法的立法政策,凡专门法已作穷尽规定的,原则上不再以反不正当竞争法作扩展保护。凡反不正当竞争法已在特别规定中作穷尽性保护的行为,一般不再按照原则规定扩展其保护范围;对于其未作特别规定的竞争行为,只有按照公认的商业标准和普遍认识能够认定违反原则规定时,才可以认定构成不正当竞争行为,防止因不适当地扩大不正当竞争范围而妨碍自由、公平竞争。妥善处理保护商业秘密与自由择业、涉密者竞业限制和人才合理流动的关系,维护劳动者正当就业、创业的合法权益。高度重视反垄断法的执行,依法审理好各类垄断纠纷案件,遏制垄断行为,维护公平竞争,为企业提供自由宽松的创业和发展环境。"

② 知识产品可以在同一时空条件下被多个不特定主体同时使用,并且一个人的消费和使用并不会减少知识产品的数量,也不会妨碍其他人使用该知识产品,因此,知识产品的使用和消费具有非竞争性或非排他性。

③ 知识产品具有历史继承性,任何作品的创作都需要借鉴公共领域的素材,维护知识共有物的存在对人类而言是必要的,它有利于人类在创作和传播过程中有效利用既有知识产品,促进人类的发展和进步每一个人必须被赋予使用知识共有物的权利,甚至使用受保护知识产品的权利才能够推动整个社会的进步和发展。因此,知识的消费和使用具有一定程度的公共性。

④ "公共领域为原则,知识产权为例外"的知识产权基本理念认为,作品、发明等创造性智力成果和商标、商号等识别性商业标志原则上应该置于公共领域,供人们自由模仿自由利用,不受知识产权保护,只有在例外情形下才受知识产权保护。参见王太平:《知识产权的基本理念与反不正当竞争扩展保护之限度——兼评"金庸诉江南"案》,载《知识产权》2018 年第 10 期。

外情况下才予以制止。超出知识产权法的范围而运用反不正当竞争法来对知识产品进行扩展保护只是一种例外情形而非常态,是一种权宜之计而非惯常做法。

反不正当竞争法有条件地对知识产品提供扩展保护,原则上不得进行扩展保护,即当一项产品不属于知识产权法的保护范围或已经明确处于保护期限之外时,任何人都可以对其进行使用和模仿,不得依据反不正当竞争法予以禁止。只有竞争行为违反了"公认的商业道德"①,对于知识产权专门法无法进行保护或尚未进行保护的内容才可进行扩展保护。进行反不正当竞争法扩展保护至少应该满足以下条件:原告、被告之间具有竞争关系;原告有相当数量的独立投入;原告受到损害;被告具有恶意且其行为违背了公认的商业道德;被告获得收益且与原告受损之间存在因果关系。因此必须设置一定的条件进行扩展保护,否则便违背了知识产权的基本理念。

"有限的补充保护说"具有一定的合理性,在错综复杂的市场竞争面前,对不正当竞争的判断应该持审慎的态度,当不能确信对某一竞争行为的干预具有绝对的必要性时,应该允许经营者开展自由竞争,而不应以一般条款"一言以蔽之"。

但是该学说仍然认为,在一定的条件下,反不正当竞争法对于知识产权法起到补充保护作用,补充保护的方式仍然是适用《反不正当竞争法》一般条款的规定,只是在适用时设定限制性条件。那么对于《反不正当竞争法》第2条仍然具有可以适用的情形,但是在个案中判定何为违反诚实信用原则和商业道德时具有不确定的因素,难以保证反不正当竞争法对于知识产品不会构成过度保护的问题。

四、商标权与反不正当权益独立保护说

该学说主要论述商标法与反不正当竞争法的独立保护作用,两部法律之间呈

① "公认的商业道德"不同于一般的道德理想,也有别于日常生活道德的商业伦理,它既不同于个人品德,也不能等同于一般的社会公德,应防止不适当地扩大商业道德的外延,行为正当性的判断不应附加过多的非经济目标。"公认的商业道德"应该以商业惯常做法为依据,以市场效率为基础和目标,最大限度地维护竞争自由。不能简单地将"搭便车""不劳而获""食人肥己""用他人牛耕地"之类的日常伦理道德作为判断依据。仅仅把这种浅层的"搭便车"、不劳而获定性为违反"诚实信用原则和公认的商业道德",不但容易落入权利保护式的专有权保护范式,更会不适当地扩张反不正当竞争法扩展保护的范围,与知识产权的基本理念相悖。

现并列关系，但是二者在许多方面，如价值取向、作用机制、立法技术等存在不同之处，这是"平行保护说"或者"独立说"的内容。[①] 郑友德教授、万志前副教授以商标权益作为切入点，比较商标法与反不正当竞争法的不同之处，商标法重点保护注册商标持有人的商标专用权，反不正当竞争法侧重保护未注册知名或驰名商标持有人的法益，两法平行地对商标权益提供不同层面的保护[②]。

两法有各自的保护对象、规制方式、效力范围和保护重点。具体来说，首先，二者的保护对象不同。经营者以及消费者是商标法重点关注的主体，反不正当竞争法较之商标法更依赖于宏观意义上的公共利益以及竞争秩序，知识产权法的权利保护内容中对于这种公益的重视程度不如反不正当竞争法。[③] 其次，规制方法不同。商标法是以授权方式来确立权利内容，禁止的内容也随之确立，因此权利边界明晰。反不正当竞争法则是通过禁止性规范和一般条款，以动态方式对行为主体在市场环境中的混同行为予以禁止，并且将诚实信用原则作为衡量一切行为的准则，制止在商标使用上的不正当竞争行为。再次，规制范围不同。按照商标法原理来说，商标一经授权则不以该注册商标知名与否为限。[④] 对于商业标记，知名标记的范围几乎等同于反不正当竞争法对其的保护范围，商标权的保护范围大于商标权的行使范围。最后，保护的目的不同。商标法的保护一般分为反混同保护与反淡化保护，而我国的反不正当竞争法在竞争关系之下，一个标记属于依然拥有一定的影响力，他人擅用便很可能落入不正当竞争法的规制范围。在我国，普通注册商标混同包括"直接混同"和"间接混同"。[⑤] 因此，未注册知名商标的反

---

① 参见孙颖：《论反不正当竞争法对知识产权的保护》，载《政法论坛》2004 年第 6 期。

② 参见郑友德、万志前：《论商标法和反不正当竞争法对商标权益的平行保护》，载《法商研究》2009 年第 6 期。

③ 参见郑友德、万志前：《论商标法和反不正当竞争法对商标权益的平行保护》，载《法商研究》2009 年第 6 期。

④ 参见郑友德、万志前：《论商标法和反不正当竞争法对商标权益的平行保护》，载《法商研究》2009 年第 6 期。

⑤ 参见邓宏光：《商标法的理论基础——以商标显著性为中心》，法律出版社 2008 年版，第 220～221、288 页。

混同保护从该观点来看，是应当以反不正当竞争法的保护为主。①

该学说明确，商标法与反不正当竞争法对于商业标记的独立保护，更加注重商标法与反不正当竞争法各自的独立作用。本书赞成此种观点，但是该说对于知识产权法（包括3部单行法）与反不正当竞争法的平行关系没有作更全面的分析。

五、本书观点：平行保护说

本书在综合上述观点的利弊之后，对于上述商标权与反不正当权益独立保护说进行进一步阐释，提出知识产权法（3部单行法）与反不正当竞争法是平行保护关系，即知识产权法与反不正当竞争法知识产品各自独立保护知识产品。提出此种观点主要基于以下几个方面的理由：

（一）知识产权法与反不正当竞争法有显著的区别

1. 从保护模式来看，知识产权法采取了"设权模式"②。知识产权法设定了明确的绝对性权利，将信息"物化"以确立所有权的保护方式，并且设置了登记制度，使对权利的转让、独占性许可处分变为可能；反不正当竞争法对知识产品的保护采取了"行为规制模式"，该模式关注竞争者的行为，竞争行为的正当性通过诚实信用原则、公认的商业道德、公序良俗原则来评价，即不正当竞争行为认定采取的是"行为正当性主义"，是以竞争行为是否损害了知识产品所有者的利益或社会公众的利益为根本性的衡量标准，而对不当模仿他人知识产品的行为进行制止，③并且对于商业秘密这类客体并没有赋予绝对权，④其对知识产品所有者的保护是有限的、相对的、不具有排他性的。

2. 从保护方式来看，知识产权法是积极主动的，而反不正当竞争法是消极的、被动的，知识产权法属于设权法，奉行权利法定主义，在立法过程中注重对静态权

---

① 参见郑友德、杨国云：《现代反不正当竞争法中"竞争关系"之界定》，载《法商研究》2002年第6期。

② 卢纯昕：《反不正当竞争法在知识产权保护中适用边界的确定》，载《法学》2019年第9期。

③ 参见卢纯昕：《反不正当竞争法一般条款在知识产权保护中的适用定位》，载《知识产权》2017年第1期。

④ 参见杨志敏：《论知识产权法的法技术特点——关于传统知识产权法与反不正当竞争法异同点的评析》，载《知识产权》2003年第5期。

利的保护，[①]其以赋权的方式积极、主动地实现对权利人利益的保护；而反不正当竞争法属于行为规制法，是在个案发生后，通过司法救济程序明确所要保护的利益，是以消极的、被动的方式来实现对知识产品所有者利益的保护的。

3. 从保护的确定性来看，知识产权法为知识产品提供了更稳定的保护。知识产权因其客体、主体以及保护期限等的确定，因而作为一种"事前标准"，在知识产权纠纷发生后，只需要判定侵权事实落入权利保护范围就构成侵权，那么就可以直接维护自己的权利；而反不正当竞争法作为一种"事后标准"，是在纠纷发生后，法院需要通过引入诚实信用、商业道德等伦理标准判断行为的正当性，是在个案中实现对知识产品所有者法益的保护，无法通过法律的规定在事前给出明确的结论。由此可见，反不正当竞争法在保护知识产品方面并不比知识产权法具有优势。从两法的本质特性来看，相比之下，知识产权法提供结构化的经验，比反不正当竞争法更加清晰、稳定；而反不正当竞争法在这些方面根本无法与知识产权专门法相媲美。[②] 知识产权法赋予权利人对知识产品的绝对权，此种保护方式更具力度；而反不正当竞争法对知识产品的保护是以规范竞争者行为的方式来实现保护市场参与者利益的目的，是一种消极的、被动的保护。[③]

4. 从保护范围的周全性来看，知识产权法是立法者权衡多方利益后精心设计而成的，对各方主体利益的保护更周严，立法者于制度设计之时，对于各方的意见以及相关利益群体的意见综合考量，因此知识产权法是利益平衡的产物，在规则设计上有相应的权利限制制度，因而在保护范围上更周严、妥当；而反不正当竞争法是以法官对竞争行为正当性评价结果为基础来对知识产品所有者利益及竞争秩序提供保护的，而司法实践中，个案仅涉及冲突双方当事人的利益，法官很难关注案外大多数主体的利益，因而法院不具有全面权衡多方主体利益的能力，这正是反不正当竞争法保护范围受限之所在。

因此，知识产权法与反不正当竞争法都具有保护知识产品的作用，但两者却

---

① 参见孔祥俊：《论反不正当竞争法的竞争法取向》，载《法学评论》2017 年第 5 期。

② 参见蒋舸：《知识产权法与反不正当竞争法一般条款的关系——以图式的认知经济性为分析视角》，载《法学研究》2019 年第 2 期。

③ 参见孔祥俊：《论反不正当竞争法的新定位》，载《中外法学》2017 年第 3 期。

采用了不同的机制，属于两套不同的制度[①]，分别以不同模式、从不同角度实现对知识产品的保护。

（二）从国际公约来看两者的平行保护关系

前文介绍的知识产权的国际公约中都规定了不正当竞争行为，说明了知识产权与不正当竞争的密切关系。同时也说明著作权、商标权、专利权与不正当竞争权益的平行保护关系。《巴黎公约》第 10 条之二规定了不正当竞争条款。《巴黎公约》还规定了专利权和商标权的内容。就权利的排列来说，专利权、商标权与不正当竞争条款规定的内容是处于平行保护关系的。TRIPs 规定的知识产权的范围包括 7 项，这 7 项构成广义的知识产权的概念，其中未披露的信息是属于不正当竞争的范畴。那么其中的著作权、商标权和专利权与未披露的信息处于平行保护的关系。另外从《巴黎公约》和 1996 年《示范条款》规定的不正当竞争条款的分析也可以得出，狭义的知识产权与制止不正当竞争之间属于平行保护的关系。

（三）国外的立法说明知识产权法与反不正当竞争法的平行保护关系

在前文介绍几个国家的知识产权法与反不正当竞争法的关系中，英国立法和司法判例都采用知识产权法与反不正当竞争法属于平行保护关系的观点；美国承继了英国的法律制度，认为知识产权法与反不正当竞争法也是平行保护关系。日本商标注册行为不能作为《不正当竞争防止法》不正当竞争行为的抗辩理由，说明日本的知识产权法与反不正当竞争法也是平行保护关系。知识产权法与反不正当竞争法的平行保护知识产品在西方发达国家成为主流观点。

综上所述，本书认为，知识产权法与反不正当竞争法是平行保护关系，各自独立保护知识产品。

六、知识产权法与反不正当竞争法的适用冲突的产生

如果坚持知识产权法与反不正当竞争法的平行保护说就不会产生适用的冲

① 参见韦之：《论不正当竞争法与知识产权法的关系》，载《北京大学学报（哲学社会科学版）》1999 年第 6 期。

突问题，但是对于知识产权法与反不正当竞争法的关系的学说观点各异，补充保护说和一般法与特别法关系说在学术界占据重要地位，无论是一般法与特别法关系说还是补充保护说，都在强调知识产权法（狭义的知识产权法）与反不正当竞争法这两者的关系密切，尤其是补充保护说，其强调的是知识产权法没有保护到的地方由反不正当竞争法兜底或者叫作补充保护，致使实务界对这个问题认识不清，从而影响司法审判。知识产权法与反不正当竞争法适用方面出现冲突的问题，当知识产权法明确不予保护的内容，我国《反不正当竞争法》通过第 2 条一般条款给予保护。例如，2018 年的“金庸诉江南案”的判决就反映了这个问题，此案的判决在理论界产生争议。[①] 在该案中，江南基于金庸先生小说中部分角色设定及关系而创作出青春校园小说《此间的少年》，但其转换了故事背景并设计了全新的故事情节。因此，涉案作品只是使用了原作品的角色名称，较简单的部分角色性格和角色间的关系，基本没有代入原作品中以这些角色为中心的情节。法院判定被告江南不构成对金庸小说的著作权侵权。法院认为，尽管涉案作品在角色名称、关系以及人物设定上与原告的作品存在一定的相似，但对于读者来说，读者在阅读时并不会认为涉案作品与原作品是同一作品，其阅读体验并不受影响，因此二者不构成实质性相似。那么涉案作品并未侵害原告的改编权、署名权、保护作品完整权。[②] 但是，法院判决被告利用原告作品中的元素属于不正当竞争行为，被告的行为违反了《反不正当竞争法》第 2 条的一般条款，即违反了诚实信用原则，应承担一定的责任。该案提出的争议点在于当知识产权的单行法（著作权法）不予保护的内容，而《反不正当竞争法》在没有具体条款规范此案被告的行为构成不正当竞争行为时，以《反不正当竞争法》第 2 条的一般条款作为保护的依据是否适当的问题。该案比较典型地反映了知识产权法与反不正当竞争法在司法实践中的适用冲突问题。

知识产权法与反不正当竞争法适用的冲突点正如刘孔中教授所言：“知识产权的制度有许多衍生自反不正当竞争法，例如，商标法中的欺罔（passing off）、减

---

① 广州市天河区人民法院民事判决书，(2016) 粤 0106 民初第 12068 号。

② 广州市天河区人民法院民事判决书，(2016) 粤 0106 民初第 12068 号。

(dilution)。不过知识产权是授予排他权限制他人营业或模仿自由的赋权法,而不正当竞争防止法则不是授予产权而是以行为规范保护市场参与者(竞争者与消费者)的行为法。二者关系中最有争议的问题是,在穷尽知识产权法保护之后,可不可以再透过不正当竞争防止法保护该知识产权标的物?"①也就是说,如果不受3部知识产权的单行法保护的内容就属于公共领域,任何人都可得而享之,不能再为任何人所垄断?还是能够通过反不正当竞争法来保知识产权法不保护的知识成果呢?这个问题也是本书希望通过在数字环境下,知识产权法与反不正当竞争法的适用冲突的研究中试图解答的问题。

① 刘孔中:《解构知识产权法及其与竞争法的冲突与调和》,中国法制出版社2015年版,第13页。

第二章　数字技术对知识产权法与反不正当竞争法关系的挑战

第一节　数字技术的发展概述

一、数字技术的发展过程

“数字技术是通信技术、微电子技术和计算机技术的总称。数字技术是按一定的规则将连续变化的信号离散取样,并将离散的信号量化为‘0’和‘1’的数字形式,再对数字形式的信号进行传输、加工、处理。”①第一台计算机于1945年面世,名叫“爱尼阿克”。数字技术与计算机技术相伴而生,1946年美国数学家冯·诺依曼提出的“爱达法克”(离散变量自动电子计算机)成为现代计算机的原型。1969年7月国际商业机器公司(International Business Machines Corporation,IBM)将电脑产品分为硬件和软件。20世纪70年代,微软公司发明的微处理器“英特尔芯片”是微电子技术兴起的重要标志。这种芯片的功能强大,被应用到个人电脑上,带来了个人电脑使用的普及。软件产

① 谭小军:《数字时代全民阅读立法研究》,西南大学2018年博士学位论文,第65页。

业也兴旺发展,微软等软件公司蓬勃发展,促使软件分类、硬件标准开放。

在具备了计算机技术和微电子技术之后,数字技术真正发挥巨大威力的是计算机技术与通信技术的渗透和结合。这种结合的成果促成了互联网时代的来临。促使这两者结合的原因是冷战思维推动的、于 1958 年美国成立高级研究计划局(Advanced Research Projects Agency ,APRA),目的是应对苏联在太空领域的优势地位。APRA 于 1969 年建立了“阿帕网”(Apranet),即最早的网络连接。阿帕网采用了蜘蛛网式的分布式网络架构,即今天互联网的基本特征。1971 年作为网络连接标准的协议——传输控制协议出台,与此同时还诞生了互联网协议。在阿帕网的示范作用下,其他类似的网络,如无线电信包网、卫星信包网等也纷纷建立。1986 年,美国国家科学基金会建立了国家科学基金网并成为互联网的主干网。1991 年,英国软件工程师伯纳兹·李(Tim Berners Lee)开发的一种网上软件平台万维网在互联网上广泛应用,促使互联网进入新时代。借此平台,根据超文本传输协议(Hyper Text Transfer Protocol,HTTP)传输,可通过浏览器在个人电脑屏幕上随意浏览的网页如潮水般涌现,一个丰富多彩的网络世界终于诞生。

数字技术的特点是多媒体的融合,在数字技术的条件下,文字、声音、图像实现了全方位的贯通。[①] 数字技术加速了信息的传播速度,扩大了信息的保存空间,推动着整个社会的数据传输系统的快速升级,也正是因为这种快速的更新,为信息的编辑、存储、传输、处理的社会化搭建了平台。因此,互联网的发明和发展成为信息时代的引路人,使全世界之间的联系更加紧密,信息在全世界范围内呈现“大爆炸”的态势,人们的生产生活方式因信息的流动、共享和融合而发生了巨大的变化,它也改变了并将继续改变着世界信息交流的格局。

互联网技术的提升与发展开启了人类新的交往和生存方式,新的媒介也因此产生。在这一背景下,网络媒介凭借着交互性这一巨大优势,一跃成为大众广泛接受的新媒介。传统的大众媒介使受众处在一个相对被动地位,受众在面对传统大众媒介时几乎没有选择权,传统媒介播什么,受众便只能看什么,并且在什么时间地点观看都受到严格的限制。而基于数字技术产生的网络媒介,赋予了公众更

---

① 参见陈映琦:《数字技术驱动下媒介演进及趋势》,载《声屏世界》2019 年第 7 期。

大的自由、极大的参与度以及有力的话语权，公众可以主动检索信息，可以通过任何方式获取任何自身喜爱的内容而不受任何限制，也可以自由地选择和分享网络上丰富、广泛的信息。

近些年来，数字技术因为互动触摸设备的出现而进入了高速发展的阶段，人机互动方式的出现，设备与受众的单向联系方式被新的传播方式所替代，现实与虚拟的融合因信息传播模式的改变而实现，极大地缩短了大众与展示信息的互动性、连接线，①互动设备也因此得到了飞跃式的发展，一系列的软硬件设备不断更新换代。

大数据分析、增强现实(Augmented Reality, AR)、虚拟现实(Virtual Reality, VR)、云计算、区块链等技术的出现标志着数字技术的发展进入一个新的繁荣阶段，数字技术为大众所熟悉并接受，渗入大众生活的各个方面，数字技术被广泛地应用于各个行业产业，提高了生产的效率。数字技术的应用极大地降低了现代贸易的成本，因为传播方式、交流方式的更新，线上交流、线上交易等方式使交易成本几乎为零。数字化文化产品的传递方式逐步向社交、文化和商业平台转变，产品的创造方式和获取手段发生改变，进而基于在线贸易的收入分配方式也会发生巨变。② 同时，数字技术的发展赋予了公司全新的竞争优势的同时，一些侵权行为也借助技术的发展而悄然滋生。知识产权一直在贸易交流中发挥着重要作用，复制与传播的成本投入因为数字技术的广泛应用而急剧降低，一些创意产业所创造的创意产品，会因为自身蕴含的巨大市场价值而出现更多的盗版仿制品，侵犯知识产权的行为会急剧增加，这更加需要强有力的法律和政策保护，给数字技术未来的发展创造更加良好的环境。

20世纪90年代初，一位高级研究员乔治·吉尔德(George Gilder)曾说过，“数字技术，将是带动今后10年经济增长的火车头”③。回顾数字技术的发展历

---

① 参见张晔：《数字技术在文化创意产业中的发展与应用》，载《现代商业》2020年第12期。

② 参见赵雅玲：《数字技术对文化贸易政策的影响及对策研究》，载《产业创新研究》2019年第4期。

③ 袁正光：《数字革命：一场新的经济战——世界数字技术发展的趋势及我们的对策》，载《自然辩证法研究》1994年第4期。

程，它给人类带来了翻天覆地的变化，引领人类社会的不断进步，数字技术拓展了创新的边界，使更多的生产环节参与其中，将全球网络连接变得更紧密，更加强调与全球价值链和创新生态体系的连接。但是，数字技术的迅猛发展也带来了一些问题，例如，数字技术安全与传统伦理的冲突，数字技术的合法性等问题。数字技术带来了机遇，同样也有挑战，尽管如此，我们仍然可以认为，数字技术将在未来很长的一段时间内影响着人类社会的发展。

二、电子商务的发展

自 20 世纪 90 年代起，由数字技术催生而出的电子商务开始应用，①电子商务在进入 21 世纪以来迅速占据了大众生活的方方面面。我国于 2004 年颁布《电子签名法》，2010 年至 2012 年，传统企业开始扩展经营思路，电子商务市场异常繁荣，网民数量和物流快递迅速增长。2019 年修正的《电子商务法》从立法角度对新兴领域予以正确引导和规制，对电子商务的业务范围、平台经营者的责任与义务等进行了明确的规定，尤其是强化了平台的知识产权保护义务与责任②，为解决电商行业的知识产权问题提供了法律参考，具有里程碑式的意义③。

电子商务以网络信息技术为手段、以商务为主体，是指利用电子通信手段在网络环境中进行的各种各样的商务活动。④ 目前的电子通讯手段主要指计算机网络通信，也就是使用 0 和 1 为原码的数字通信和传统技术，因此目前公众所知的电子商务也就是于网络环境下利用互联网技术以及数据信息进行商务活动，并且商务活动中的一切环节皆通过互联网传输交流。⑤ 由此可见，电子通信是通信的过程，而结果是对通信内容及过程的电子记录，即形成的数据电文。

① 1998 年，浙江电视台播送中心王珂平与世纪互联通讯技术有限公司完成中国第一笔互联网电子交易，成为我国电子商务发展的标志性事件。

② 参见徐卓斌：《〈电子商务法〉对知识产权法的影响》，载《知识产权》2019 年第 3 期。

③ 参见吴东、南亚萍：《浅谈〈电子商务法〉的意义》，载《电子商务》2019 年第 5 期。

④ 参见高富平：《从电子商务法到网络商务法——关于我国电子商务立法定位的思考》，载《法学》2014 年第 10 期。

⑤ 参见高富平：《从电子商务法到网络商务法——关于我国电子商务立法定位的思考》，载《法学》2014 年第 10 期。

电子商务将销售渠道拓展至网络平台上，通过网页介绍商品。电子商务既对传统的商品营销方式、支付方式、交付方式等带来了前所未有的挑战，也促进了我国IP地址、网站、域名等互联网资源的快速增加。首先，网络购物逐渐成为商业交易的主流，实体零售企业也逐步开辟电商业务，并获得了高额的利润。不仅出现了网络购物模式，还产生了线下的商务机会与互联网结合（Online to Offline，O2O）商业模式，实行线上与线下交易的无缝连接，实现网络交易与传统交易模式的完美结合。其次，即时通信服务也成为一种综合性的交流和交易结合的模式。例如，腾讯公司开发的微信服务，微信使用者在2019年已经达到11.12亿人。[①]微信公众号服务的推出产生了一种新的经营模式，即微商服务，这种经营模式借助微信平台经营商品销售和服务。再次，新兴的网络支付方式如微信支付、支付宝支付都成为非常便利的支付手段，不仅可以在各大网上购物平台购物和享受服务，还可以在实体经营店用微信、支付宝支付。复次，电子商务企业在移动领域进行了积极探索，阿里巴巴开展"云+端"战略，[②]形成了群雄争霸的市场竞争态势。最后，基于便利化生活服务的社区O2O服务平台也逐步建立，[③]如京东到家、闪电购等，为"懒人"提供服务，其发展前景广阔，成为众多电商争夺的新兴市场。同样，2015年我国跨境电子商务的交易规模凭借着国务院办公厅《关于促进跨境电子商务健康快速发展的指导意见》不断扩大，[④]阿里巴巴推出"采购直达"跨境电子商务平台，敦煌网以交易服务为核心，提供整合信息服务、支付服务、物流推荐、竞价排名、免费翻译等全程交易服务，以上一系列专业的企业间的业务合作模式（Business-to-Business，B2B）为外贸企业进行对外贸易时扫清了困难，这样也使更

---

① 参见中商产业研究院：《2019一季度微信用户数量达11亿》，载中商情报网，https://www.askci.com/news/chanye/20190516/1346051146282.shtml。

② 2014年阿里巴巴集体提出"云+端"战略，主要通过"云"（阿里提供的基础设施）平台提供构架搭建、数据存储、安全防护等服务，帮助开发者降低开发与维护成本，在商业变现、投资服务、办公场所等方面为开发者提供服务，通过阿里巴巴积累的海量数据帮助"端"（各类app）开发者理解各自的用户群体，从而提供更精准的个性化服务。

③ 参见《国内社区类O2O平台简介，社区O2O商业模式有哪些？》，载极致网2018年2月27日，https://www.jeez.com.cn/newsinfo/674920.html。

④ 参见《国务院办公厅关于促进跨境电子商务健康快速发展的指导意见》，载百度网2022年8月23日，https://baike.baidu.com/item/跨境电子商务/12747090？fr=aladdin。

多的中小企业参与外贸,不断扩大对外贸易的规模。

以网络为基础的电子商务,先天具有成本较低、交易速度快的优势,同时消除了传统交易受制于地理环境甚至是天气等阻碍,将交易范围扩展至全球范围内,并且及时迅速地获得用户反馈,大大缩短整个商业过程中各环节所需要的时间,甚至在人力物力方面的投入也大大减少,进而更迅速、准确地作出或调整应对策略。这种贸易方式同时方便了商家与用户,使人们的生活发生了改变。

三、数字技术是技术创新的产物

奥地利裔美籍经济学家约瑟夫·熊彼特(Joseph Alois Schumpeter)的《经济发展理论》首先提出"创新"的概念,但"创新"作为现代经济史的客观经济现象已然拥有较悠久的历史。但系统研究技术创新的经济学的研究则直到20世纪70年代才开始。对于制度经济学探索的不断深化,同时也推动着法理学的创新。对于如何激励创新,经济学与法理学的研究的结合正好强化了创新的作用,这种创新经济学最终通过知识产权制度确定下来。经济学的作用是"市场规模扩大以及发明的产权得到更好的界定,从而在提供创新收益率的同时,创新成本得到了根本性的降低"①。知识产权制度作为产权制度的延伸和拓展,是对技术创新最切实、持久安全的激励手段和法律保障措施。② 作为技术创新产物的数字技术,与知识产权制度必然会有比较紧密的联系。

四、技术创新与技术中立

技术中立,又叫作"实质性非侵权用途原则",也被称为"索尼原则"。技术中立是"销售一种同时具有合法和非法用途的商品,可免负侵权法律责任"③。此原则在于制造商和销售商的适当免责,他人利用该制造商和销售商的产品进行侵权

---

① 转引自陈资灿:《对诺思关于专利制度推动英国工业革命的观点的质疑》,载《自然辩证法通讯》2021年第9期。

② 参见郑有德、焦洪涛:《面向知识经济的知识产权管理》,载《华南理工大学学报(社会科学版)》1999年第1期。

③ 张玉明:《网络环境下著作权保护探析》,中央民族大学2013年硕士学位论文,第32页。

活动时,但是制造商和销售商的产品其中存在用于侵权活动的可能,也存在正常用途,那么即使制造商和销售商知道其设备可能被用于侵权,但不属于帮助侵权,故不应因此承担侵权责任。

技术中立原则提出的目的,就是促进技术创新。该原则给予产品制造商和销售商一定的免责情形,从而鼓励技术创新,不因新产品虽然具有新颖性,但是可能被用于非法用途而受到阻碍。就数字技术而言,个人对个人(peer-to-peer,P2P)技术提供一种新型的更加便捷的信息共享方式,可以通过P2P软件,将一台计算机上的文件直接与另一台联网的计算机分享,但是P2P也可能成为一种更加隐蔽和便捷的非法使用他人作品的方式。根据技术中立原则,不能因为P2P技术可能具有非法作用而禁止使用。

坚持技术中立原则的目的在于鼓励技术创新。尤其是在数字环境下,只有不断地进行技术创新,才可以推动整个信息网络领域的发展。如果不能保持技术中立原则,一项新技术在刚开始研发之时就担心该技术有可能因被非法应用而被搁置,即使该项技术能对网络技术的发展带来更多的方便或者经济价值。如果没有技术中立原则的庇护,新产品或者新技术即使被研发出来,技术的投资者就会有顾虑将其应用。因此为了鼓励技术创新,坚持技术中立原则是非常必要的。

实践中最难以把握的是技术中立原则的适用界线,当新技术被他人非法应用时,投入应用的网络服务商能否以技术中立原则抗辩,是一个比较复杂的问题。这需要区分不同的情形,分别作出判断。

当对网络服务商的主观状态考察时,对他人在网络服务商提供的平台使用新技术应用于非法领域时,网络服务商是否承担责任以网络服务商是否明知或者应知该技术的使用状态为判定标准。若要以技术中立原则进行抗辩,网络服务商必须能够证明自身无法得知该技术被用于侵权活动,也就意味着网络服务商必须能够证明无主观过错,否则无法构成免责情形。例如,我国的“快播案”。经营快播平台的网络服务商被追究责任的原因在于法院认定其有主观过错,不能以技术中立免责。

第二节　数字技术带来的挑战

一、数字技术对知识产权法的影响

（一）数字技术带来作品的传播速度和方式的变革

数字技术对著作权法的影响最大。由于数字技术的应用，作品被数字化上传至网络，作品的传播方式产生深刻的变化。数字技术的应用，作品和其他资料的传输速度前所未有，数字化作品与纸质作品的复制成本低得多，甚至不需要成本，复制作品的数量也没有限制。“知识产权标的物的边际重置成本低或甚至为零，使用不会损耗，无远弗届，不受时间、场地、次数限制，因此可以创造无限财富。”① 微软公司创始人比尔·盖茨（Bill Gates）连续多年保持全球首富地位，主要依赖知识产权许可费。从积极的角度来看，数字技术带来的好处有：作品的传输速度快，传播范围可以瞬间遍及世界有网络可以连接的任何地方，对于促进作品的传播，以及相关的文化的传播交流带来极大的便利。从消极方面看，由于复制成本非常低廉，复制数量可以无限多，对作品的侵权变得更容易。

（二）数字技术带来权利的扩张

数字技术使作品在网上传播，并且成为作品传播的主要方式，传统的复制权由于针对的是纸质作品，无法应用于网络。因此，数字技术的发展催生出著作权人的一项信息网络传播权。信息网络传播权有两个特点：第一，可以通过有线或者无线的方式向公众提供作品并且都是基于网络向公众传播；第二，交互式的传播方式。这两种传播方式在公众的自由度上可谓是“天差地别”，公众可以随心所欲地在任何时间、任何地点获得通过信息网络传播的作品，自由度高，基本不受任何限制。而传统的广播电视传播方式则大大地限制了人们的选择权，对于提供的作品可选择的空间不大，公众处在一种“播什么看什么”的条件下。数字技术使商标权的含义范围扩大，除了在商品或者服务上使用未经许可的商标构成商标侵权

---

① 刘孔中：《解构知识产权法及其与竞争法的冲突与调和》，中国法制出版社2015年版，第11页。

之外,在域名注册时恶意使用他人的商标也有可能构成商标侵权。在使用搜索引擎输入的关键词用到他人的商标时,也存在构成商标侵权的可能性。

(三)数字技术带来网络技术平台的知识产权问题

数字技术引起的网络技术的发展,应用型平台纷纷产生,比较典型的电子商务平台有淘宝、京东。这些平台上提供给商家虚拟的网络空间,促进了互联网经济的迅速发展,同时带来了知识产权问题。例如,平台上销售仿冒他人商标的商品,平台的服务商,如淘宝网,是否应当承担责任。P2P 技术的发展使作品的传播去中心化,呈现分散式的传播方式,可以在用户的电脑之间进行"点对点"的作品共享,无须在服务器上临时存储。提供 P2P 软件服务的服务商是否应当承担责任也是需要讨论的问题。新的网络技术使输入法和搜索引擎结合,当用户在用输入法输入文字时,可以直接使用输入法提供者提供的搜索引擎服务。输入法和搜索引擎结合的技术被获得专利权保护。

二、数字技术对反不正当竞争法的影响

由于数字技术产生的电子商务环境,在带来大量的交易和营利性行为之时,伴随而来的是更加激烈的商业竞争行为。经营者希望在商业竞争中获得竞争优势,必然采取有效的商业行为,这时就需要区分正当的商业竞争行为与不正当的商业竞争行为。正当的商业竞争行为是法律和行业鼓励的,反之,则需要反不正当竞争法予以规制。在数字环境下,如何认定不正当竞争行为成为复杂的课题。起初,在认定网络不正当竞争行为时,因为无法具象化地适用具体条款,司法实践只能被迫选择一般条款,但是一般条款过于抽象和凝练无法具有针对性地解决互联网环境下的诸多问题,因此在 2019 年实施的《反不正当竞争法》中的一大亮点是引入了"互联网条款",即第 12 条[①](以下简称"互联网专条")。"互联网专条"

---

① 《反不正当竞争法》第 12 条:"经营者利用网络从事生产经营活动,应当遵守本法的各项规定。经营者不得利用技术手段,通过影响用户选择或者其他方式,实施下列妨碍、破坏其他经营者合法提供的网络产品或者服务正常运行的行为:(一)未经其他经营者同意,在其合法提供的网络产品或者服务中,插入链接、强制进行目标跳转;(二)误导、欺骗、强迫用户修改、关闭、卸载其他经营者合法提供的网络产品或者服务;(三)恶意对其他经营者合法提供的网络产品或者服务实施不兼容;(四)其他妨碍、破坏其他经营者合法提供的网络产品或者服务正常运行的行为。"

采用一种特别的立法形式——“概括+列举+兜底”,兜底条款充当了互联网竞争领域的一般条款的作用。对已然出现的互联网不正当竞争行为的行为类型与共性提炼和总结,在此基础上辅之以兜底条款,便可以获得更大的保护范围,也使此条款的规定更加合理。①

《反不正当竞争法》第12条所规制的对象可概括为发生于互联网领域,互联网经营活动主体需借助于互联网技术实现的,具有网络技术特点且同时不能被《反不正当竞争法》第二章所涵盖的不正当竞争行为。其中包括“插入链接、强制跳转”、“误导、欺骗、强迫用户修改、关闭、卸载”和“恶意不兼容”,也是新型互联网不正当竞争行为之典型情形。从第12条所规定内容来看,这些行为基本上是目前电子商务环境中已然出现的,并且是近年来司法实践中提炼总结的、非常常见的不正当竞争行为。② 第12条第2款前3项规定的行为,也将网络环境下的“搭便车”行为以及强制跳转行为包括在其中。③ 此外,根据《反不正当竞争法》第12条第2款第4项的规定,不正当竞争行为还包含利用技术手段妨碍、破坏其他经营者合法提供的网络产品或者服务正常运行的行为,从而对用户产生影响,也构成不正当竞争。

立法、实践领域以及学术界对于目前反不正当竞争法在互联网领域规制的不足之处是“互联网专条”出现的根本原因,各方对于如何规制互联网环境下的竞争行为的激烈讨论直接推动了“互联网专条”的问世,④因此,“互联网专条”是互联网时代的标志,该条的出现和制定是大势所趋。“互联网专条”不仅有益于规制竞争行为,甚至对于社会主义法治建设也有着重要意义。首先,此次立法中的“概括性条款”并没有拘泥于互联网领域,而是更具有前瞻性地将传统的不正当竞争行

---

① 王倩云:《互联网新型不正当竞争行为类型化分析——结合〈反不正当竞争法〉第12条》,载《民商法争鸣》2019年第1期。

② 参见王红霞、尹玉涵:《互联网新型不正当竞争行为的司法认定——兼论新修〈反不正当竞争法〉的适用》,载《电子知识产权》2018年第11期。

③ 参见徐赫:《〈反不正当竞争法〉对互联网领域不正当竞争行为的规制与解构——从一般条款到具体条文的适用轨迹变迁》,载《湖北经济学院学报(人文社会科学版)》2018年第10期。

④ 参见蒋舸:《〈反不正当竞争法〉网络条款的反思与解释——以类型化原理为中心》,载《中外法学》2019年第1期。

为纳入“互联网专条”的规制范围,使该条款的普适性更高。其次,立法者从以往的司法实践以及目前互联网领域中频繁出现的不正当竞争行为的表现形式进行充分的归纳总结,最终于“列举式条款”中予以规定,使其取得一定的立法地位。最后,为了应对将来飞速发展的技术前景,利用“兜底性条款”的普适性,使司法机关可以更从容地应对技术发展所造成的立法滞后问题,反过来引导技术向更好的方向发展。①

尽管《反不正当竞争法》所规定的“互联网专条”的确是立法上的一大进步。但是,学界对于该条也存在一些不同的评价。有学者认为,尽管立法中规定了“互联网专条”,但是仍旧无法对目前纷繁复杂的互联网竞争行为进行完全地规制,例如,“搭便车”行为,以及非纯粹“搭便车”行为,无法被第12条第2款的内容覆盖。② 正如前文提到的,“互联网专条”的立法技术是经验立法,但这也带来了一定的弊端,如规定的内容过于琐碎,无法形成完整的法律适用体系等,而其中最明显的弊端便是适用的滞后性。换言之,这样的法律规定很容易过时,尤其是在新型技术领域,新技术的不断出现也会不断丰富不正当竞争行为的样态,我们无法预知未来的技术发展走向,也就无法在立法中对这些行为手段进行预先规制,一旦出现新型涉网不正当竞争行为,依然会出现立法无法调整的局面。③ 相应的,兜底条款很有可能违反不正当竞争法律确定性原则,因为兜底条款本身的概括性会带来一定的负面问题,例如,司法实践对于兜底条款本身适用时是需要进行解释的,而不同的法官可能因为种种原因而作出不同的解释结果,进而在法律适用上出现偏差,长此以往,因为司法审判中大量适用兜底条款,社会公众会开始质疑法律的权威性,无助于争议的解决,这样对于规制网络不正当竞争行为同样毫无益处,久而久之,“互联网专条”也就失去了其条款本身应发挥的作用。有学者认为,应当删除“互联网专条”中的兜底条款,尤其是在新兴产业领域,其中的立法规定应当

---

① 参见田小军、朱萸:《新修订〈反不正当竞争法〉“互联网专条”评述》,载《电子知识产权》2018年第1期。

② 参见蒋舸:《〈反不正当竞争法〉网络条款的反思与解释——以类型化原理为中心》,载《中外法学》2019年第1期。

③ 参见徐赫:《〈反不正当竞争法〉对互联网领域不正当竞争行为的规制与解构——从一般条款到具体条文的适用轨迹变迁》,载《湖北经济学院学报(人文社会科学版)》2018年第10期。

更加具体明确地界定合法与非法的界限,减少立法中出现所谓的“兜底条款”,使裁判者有法可据,通过立法引导新兴产业内的经营者采取正当的竞争行为,从而促进整个行业向积极健康的方向发展。①

数字技术的发展给人们的生活和工作带来了巨大的变化,同样也对立法提出了更高的要求。“互联网专条”的出现便是数字技术在反不正当竞争法的影响之下的产物,是立法对于层出不穷的互联网不正当竞争行为的回应,尽管依旧存在不足之处,但总体来看,立法方向依旧向着好的地方发展,相信在未来的法律修改中,随着司法和理论的成熟,该条会得到进一步的完善,发挥其应有之义。

三、数字技术对知识产权法与反不正当竞争法的关系的影响

(一)数字技术使知识产权法与反不正当竞争法的适用冲突的现象更突出

在传统环境下,关于知识产权法与反不正当竞争法的关系,存在各种学说。例如,前文论及的一般法与特殊法的关系说、补充保护说、有限的补充保护说、商标权与反不正当竞争权益独立保护说等。上述学说主要体现在理论界的探讨中,较少在司法实践中得到反应。只有前文提到的“金庸诉江南案”引起了对知识产权法与反不正当竞争法适用冲突的讨论。因此,在传统环境下,知识产权法与反不正当竞争法的冲突在司法实践中并不具有普遍性。从其他国家和国际公约的规定来看,知识产权法与反不正当竞争法的关系也主要体现在商标法与反不正当竞争法方面。但是,随着数字技术的发展,网上作品的传播方式发生新的变化,例如,聚合链接、网络电子竞技游戏直播、网络转播体育赛事等新技术应用带来了数字环境下著作权法与反不正当竞争法的适用冲突问题。当在著作权法领域发生的问题,法院应用《反不正当竞争法》第2条的一般条款进行干预,聚合链接、电子竞技游戏直播、网络转播体育赛事、网页等这些内容是否应该由《著作权法》规范,还是由《反不正当竞争法》第2条进行兜底保护。不仅著作权法与反不正当竞争法冲突现象增多,而且商标法与反不正当竞争法和专利法与反不正当竞争法也同

---

① 参见李阁霞:《互联网不正当竞争行为分析——兼评〈反不正当竞争法〉中“互联网不正当竞争行为”条款》,载《知识产权》2018年第2期。

样存在适用冲突的情形，例如，域名与商标的适用冲突，新型网络商业标识中的商标法与反不正当竞争法的适用冲突，专利法与反不正当竞争法的冲突情形在传统环境下也很少见，但是在数字环境下会涉及网络不正当竞争与自由竞争的边界的问题，以及电子界面的专利法与反不正当竞争法的适用冲突问题。因此，在数字环境下，知识产权法与反不正当竞争法的适用冲突凸显出来了。

（二）数字技术使知识产权法与反不正当竞争法的适用冲突的解决更加具有迫切性

知识产权法与反不正当竞争法的适用正如前文所述，无论是在著作权法领域还是商标法领域和专利法领域，都产生了相关司法判例。这样，就知识产权各个单行法与反不正当竞争法的适用冲突现象更加突出，后果是知识产权单行法与反不正当竞争法的判决引起知识产权学界的热议，法官的判决结果的差异性使解决知识产权法与反不正当竞争法的适用冲突变得日益迫切。

（三）数字技术造成公共领域的范围可能被挤压的倾向

从前文的论述可知，在传统环境下，知识产权法始终遵循着权利人与社会公众平衡这一基本原则。在《著作权法》中通过合理使用制度、保护期等具体制度，并且规定了不予保护的内容以保证这种平衡，从而给公共领域留有足够空间。在知识产权法与反不正当竞争法之间就留有公共领域的范围。在数字环境下，这种空间由于新技术的应用，会使公共领域的范围有被挤压的倾向。例如，对于版权保护的技术措施的应用，使公众不能访问作品，难以实现在网络上对作品的合理使用，公共领域的范围自然就缩小了。再如，对于网络转播技术等新的数字技术的应用，著作权法还未对这些新的数字技术带来的法律问题作出及时应对时，法院的判决往往援引《反不正当竞争法》第 2 条的一般条款认定网络转播的行为构成不正当竞争行为，带来的后果是按照著作权法的原理本应属于公共领域的内容，被当作侵犯了反不正当竞争法保护的权益，而使公共领域的范围压缩了。至于在何种情形下，公共领域的范围会被挤压，本书将在下文具体论述。

（四）数字技术带来的知识产权法领域的扩张性与反不正当竞争法之间适用的冲突更加激烈

数字技术的发展使知识产权的权利扩张，以著作权领域为例，前文论及的增加的信息网络传播权,使著作权人控制在网上的作品的使用。但是,网络技术的进一步发展带来的问题是现有的信息网络传播权已经难以规范这种方式,例如,下文将要研究聚合平台放映视频涉及的深层链接问题。按照现有的信息网络传播权的概念,深层链接不能落入信息网络传播权的保护范围,如何规范深层链接,使聚合平台对作品的适用可以得到合理的规制,是要扩张信息网络传播权的范围,使深层链接成为著作权权利人可控制的权利范围,还是适用反不正当竞争法保护,使其作为一种不正当竞争行为。这两种思路的讨论成为一个重要的研究课题。在聚合平台提供服务时,实际上是进行了深层链接,并未提供作品,按照现有的信息网络传播权所采用的服务器标准判定的话,不构成对信息网络传播权的侵权,而可能构成对技术措施的破坏,构成不正当竞争。但是如果对信息网络传播权扩大化解释的话,则深层链接也是一种侵犯信息网络传播权的行为。应当适用著作权法的侵权认定,还是不正当竞争认定,将在下文中重点阐述。

(五)数字技术使知识产权法与反不正当竞争法的关系的研究更加复杂

在传统环境下,知识产权法与反不正当竞争法的关系难以理出明确的思路,各种观点层出不穷,因而成为知识产权研究领域的难点问题。有些观点犹如盲人摸象,从一个角度而言有一定的道理,但是不能透彻地说明这两部法之间的关系。前文分析了几种主要的知识产权法与反不正当竞争法关系的观点,指出每种观点的合理之处及不足,并提出平行保护说的观点。本书试图分别从数字环境下著作权法、商标法、专利法与反不正当竞争法的关系这几个主要方面探讨,验证数字环境下平行保护说的正当性并凝练出解决两法适用冲突的措施。

数字技术环境下,分析知识产权法与反不正当竞争法的关系变得难以把握的原因,首先要明确技术带来的新的法律问题,分析其与传统环境下的不同,其次是从本质上分析这两部法适用的冲突。因此应当在厘清传统环境下这两者的关系后,再放入数字环境中考虑,这两部法的适用关系有无改变以及如何应对。

就具体的研究方法而言,本书在分析数字环境下知识产权法与反不正当竞争法的冲突时,采用从具体到一般的分析方法,通过分析具体的数字环境下知识产权各单行法与反不正当竞争法的冲突以及相应的解决路径等几个方面进行比较、概括,最后总结出数字环境下知识产权法与反不正当竞争法的冲突原因及解决措施。

四、数字环境下知识产权法与反不正当竞争法的适用冲突的现象

(一)数字环境下著作权法与反不正当竞争法领域适用冲突的典型情形

在传统环境下,知识产权法与反不正当竞争法的关系主要体现在商标法与反不正当竞争法的关系上,较少体现专利法与反不正当竞争法的关系,以及著作权法与反不正当竞争法的关系。但是在数字环境下,著作权法与反不正当竞争法的关系体现得较突出,数字环境下著作权与反不正当竞争法的适用冲突的典型情形具体表现在聚合链接行为、电子竞技游戏赛事直播画面、体育赛事网络转播行为和网页这几个方面所涉及的著作权法与反不正当竞争法的适用冲突问题以及解决措施。本书将在第三章重点论述这几种冲突的具体典型表现,冲突的原因以及根据每种冲突的形式提出解决适用冲突的措施。

(二)数字环境下商标法与反不正当竞争法的适用冲突的典型情形

数字环境下商标法与反不正当竞争法适用冲突的典型情形具体表现在域名与商标、竞价排名和新型的网络商业标识这几个方面所产生的商标法与反不正当竞争法的适用冲突。本书将在第四章重点论述这几种冲突的具体表现、冲突的原因以及根据每种冲突的形式提出解决适用冲突的措施。

(三)数字环境下专利法与反不正当竞争法的适用冲突的典型情形

数字环境下专利法与反不正当竞争法适用冲突的典型情形具体表现在价值保护创新的商业模式与保护竞争者的利益之间的选择问题,以及电子界面的专利法与反不正当竞争法的适用冲突上。本书将在第五章重点论述这几种冲突的具体表现、冲突的原因以及根据每种冲突的形式提出解决适用冲突的方式。

(四)数字环境下知识产权法与反不正当竞争法的冲突的总体协调方式

本书将在第六章对知识产权单行法(著作权法、商标法和专利法)与反不正当竞争法具体冲突的表现进行概括总结,提出数字环境下知识产权法与反不正当竞争法冲突的总体的协调思路。

(五)数字技术发展背景下的知识产权法与反不正当竞争法的关系的展望

本书将在第七章探讨数字技术未来的发展走向,并根据这种发展走向结合知识产权学术界的观点,预测知识产权法与反不正当竞争法未来的发展趋势。

第三章　数字环境下著作权法与反不正当竞争法适用冲突的典型情形与解决

第一节　聚合链接行为的法律适用的冲突与解决

一、聚合链接行为的界定

链接是互联网的核心、灵魂。就用于访问他人网站的链接而言,有普通链接、深层链接、加框链接等类型。“普通链接是指浏览器在用户点击标志链接后会与设链网站分离而后切换至首页,被链接网站的内容及网络地址会完全出现,以供用户访问。”①“深层链接(deep linking)是指一个网页直接链接目标网页,不通过被链接网站主页,直接从设链网站页面链到目标网站的链接方式。”②加框链接,是指利用链接技术,被链接网站的内容在设链者自己控制的部分被完整呈现。“在此过程中页面不转变,用户

---

① 王迁:《论提供“深层链接”行为的法律定性及其规制》,载《法学》2016年第10期。

② 王艳芳:《论信息网络传播权行为的认定标准》,载《中外法学》2017年第2期。

获得与被链者自己直接提供作品内容大致相当的体验,相当于给用户提供了一种相对快速获得作品的'捷径'。"①上述3种链接方式中,深层链接与普通链接一样,不介入所链接对象的内容与信息,只是给需求者与提供者之间建立一种精准的定向服务,即并未对所链接信息和权利人所设定用户获取信息的途径作任何更改。因此,深层链接属于网络服务行为的一种。而加框链接是直接链接目标网页的内容,并不通过被链网站的主页,对相应内容加"框",使其"嵌"在设链网站的网页或客户端应用上,以达到用户认为设链网站自己提供作品的效果;"加框链接此时由'设置链接'和'加框'两个行为组成"②。通过专业分析,加框链接行为并非单纯提供信息定位的链接服务,而是对目标页面进行了技术干预,其深层次地具有为用户呈现作品的意图并且是以自己的名义,在预先设置的网页或客户端上,用户可以欣赏作品的功能。③

所谓聚合,是指网络内容聚合,聚合平台④将分散在各网站的内容集中起来,应用加框链接技术使用户在一款产品中就可以搜索并观看所有内容(视频内容、新闻内容等)服务商的资源。"聚合平台为用户提供了免广告模式的观影体验、避免了其安装各种客户端的麻烦。"⑤从技术上讲,聚合软件通过"爬虫"技术或类似技术应用定向搜索信息资源,按照设置的一些条件筛选后,锁定、链接相关信息,通过其平台将分散在各网站的内容集中向用户提供,使用户无须安装其他客户端,无须一一进入其他网站即可获得相关信息内容。用户可在不离开聚合平台的情况下,直接获取作品内容,实现观看。由此,第三方正版网站付出版权许可使用费,聚合平台经营者采用加框链接技术链接第三方网站内容资源,享受收益,分流正版网站的用户数量和广告收入。正如易联伟达公司经营的"快看影视"客户端,其无须存储视频资源,支付版权许可使用费,甚至实现无广告模式以提供比被链

---

① 崔国斌:《加框链接的著作权法规制》,载《政治与法律》2014年第5期。

② 王艳芳:《论侵害信息网络传播权行为的认定标准》,载《中外法学》2017年第2期。

③ 本书采用"加框链接"的概念来表示聚合链接行为原因有二:一是"深层链接"本意是指一个网页与目标网页的直接链接,该行为本质上仍属于渠道服务行为;二是加框链接或内链接等链接在技术上并无本质区别,因此认为加框链接更能准确地表述聚合链接行为。

④ 本书中聚合平台大都针对视频聚合平台。

⑤ 刘晓庆、万柯:《视频聚合平台的版权侵权责任》,载《中国版权》2014年第4期。

接方更好的服务。聚合平台经营者看似提供的是链接这种网络渠道服务，实则其在对网页或客户端的操控下达到了内容提供的效果，并从中获得收益。这一行为改变了作品呈现的方式、超出著作权人的控制范围，损害被链方的利益，造成著作权人、被链网站、设链网站的利益分配极不平衡，导致大量纠纷产生。因此，亟需对聚合行为，即加框链接行为进行规制，以平衡著作权人、被链网站和设链网站的利益，使互联网健康发展。但如何定性聚合链接行为，怎样规制此类行为等问题引起了学术界和实务界的争论。

二、聚合链接行为法律定性的观点之争

"用户感知标准""服务器标准""实质呈现标准"这3种标准是确定加框链接行为性质的关键。通过不同的学说对网络提供行为的不同认定，寻求最合乎法理的结论。

（一）用户感知标准

依据用户感知标准，无论相关作品是由谁上传，或者是于哪个服务器中保存，如果普通用户从主观上感觉或者有其他迹象表明相关的信息是由某网站提供的，那么该行为就可以构成提供行为。该标准是一个主观上的标准，其对作品提供行为的判断并不单纯地取决于该作品真正的来源网站，用户的主观判断是重要方面。加框链接属于直接侵权的原因在于，该行为可以使网络用户更便捷迅速地进入深层的内容网页，但是用户看不到该网站的完整信息，尽管用户所观看浏览的内容实质上还是来源于被链接网站，但对于用户来说，对于是该链接提供的作品还是该链接只是一种通道的认识会存在偏差，很可能用户认为该作品系该链接直接提供，而不存在于另一个网站上。因此，依据用户感知标准，如果用户认为设链网站的深度链接行为就是该网站在"提供"相关的作品，就属于侵权行为。

主观性极强或不确定的用户感知标准，在实际操作中会出现相关证据"取证难、举证难"的问题。另外，此标准并未抓住问题的本质。《著作权法》的核心是鼓励传播、鼓励创作，平衡利益，而并不是以大众是否产生混淆、误认作为判定标准的。

(二)服务器标准

以上传或以其他方式将作品置于向公众开放的服务器,公众可以在其选定的时间和地点获得作品为判断侵权依据的"服务器标准"①,认为聚合行为并非著作权法上的"提供行为",所以不侵害信息网络传播权。"传播源"理论②认为"传播源"是信息网络传播行为判定的重要依据,无传播源则无信息网络传播权。该学者将作品传播的过程比作一条直线,起点就是作品的传播源头,终点就是接受方,传播源头产生的过程也是信息网络传播行为,但是单单影响传播源头的行为并不属于提供行为。根据这一理论,加框链接行为并不能产生新的传播源头,所以聚合服务所提供的仅是链接服务。由此推之,行为人未经授权将作品上传至服务器的行为便是直接侵权行为;若只是对第三方网站中已有的作品等设置加框链接,其实质并没有提供作品本身,只是提供了一种途径从而不直接侵犯信息网络传播权,③那么就理应通过《著作权法》的"技术措施"条款规制聚合平台的行为,抑或是由《反不正当竞争法》保护。

"服务器标准"的规定有将技术特征作为判定"内容提供行为"的标准之嫌。这种做法只能解决一时的问题,当运用新的网络技术损害著作权人的利益,构成直接侵犯信息网络传播行为时,就不能对该行为适用此标准予以规制。具有无限可能性的技术会使"服务器标准"因此失去技术基础和存在的意旨。因此在判定时,不应该只是限定于"服务器标准"上,更应当关注公众是通过哪种方式获得作品,能否达到传播效果,以及著作权人是否能控制这类传播行为。对于聚合行为,其通过加框链接等技术,在不存储视频资源、未得到权利人许可的情况下,在自己的网站中集合了近乎当下热播收视率高的影视资源或综艺节目,只要公众进入该平台,无须付费或支付远低于授权平台所收取的费用,便可以进行收看。其已然成为不受著作权人控制的新的传播主体,这种行为毫无疑问应当由著作权进行控

---

① 最高人民法院《关于审理侵害信息网络传播权民事纠纷案件适用法律若干问题的规定》第3条。

② 王迁教授提出"传播源"理论,其认为构成传播行为都具有一个共性,就是客观上形成一个"传播源",使作品以该"传播源"为起点进行传播,构成传播行为的要件就是形成"传播源"。参见王迁:《论提供"深层链接"行为的法律定性及其规制》,载《法学》2016年第10期。

③ 王迁:《论提供"深层链接"行为的法律定性及其规制》,载《法学》2016年第10期。

制,其损害的不仅是著作权人的利益,更是对于取得授权平台和其平台用户权益的损害,甚至对于整个社会尊重正版、打击盗版风气的形成都是“百害而无一利”的。然而,“服务器标准”认定聚合平台的相关行为时存在偏差。在有正当来源的情况下,聚合平台并没有将作品直接上传至服务器,从而认定聚合链接行为不属于直接侵犯信息网络传播权,权利人不可能依据共同侵权追究其平台的责任,换言之,著作权人的权利不能通过该标准得以实现,这样的结果无论从感性还是理性角度来说都是无法接受的。该标准不合理地使本来并不承担侵权责任的行为“背负”上责任。聚合平台的行为本源是“作品传播利益”,聚合平台实际上是扩大了作品的传播范围并不干预技术措施,这也是如今网络环境下著作权侵权的一种表现,使作品的传播范围超出了作者的控制范围。该标准看似在维护一方的合法权益,实际上牺牲的是著作权法内部体系的协调性,从长远角度来看毫无益处。[①]保护著作权人权益是我国《著作权法》的立法本意,加框链接行为完全构成对信息网络传播权的侵犯,那么《反不正当竞争法》就不应再发挥作用。规制不正当竞争行为,维护消费者的合法利益,维护竞争秩序才是《反不正当竞争法》的核心。两者的侧重点不同,不应在出现新的问题时,频繁适用《反不正当竞争法》的原则性条款进行规制。

(三)实质呈现标准

“实质呈现标准”,即网络服务商未经许可在自己的网页或客户端软件界面上向公众实质呈现他人的作品,属于直接侵犯信息网络传播权的行为。[②] 在该标准下,聚合平台借助加框链接在作品传播过程中成为用户上传作品之后的独立的展示者。信息网络传播行为由“作品提供+作品展示”两部分构成,聚合行为只是公开展示作品的行为,与信息网络提供行为无关。持此观点的学者认为,加框链接的本质是设置者对于在自身页面所播放作品的有效控制,并非“服务器标准”所说的单单提供了一种途径。[③] 互联网提供作品的第一步其实是作者对于作品的展

① 参见汤臣敏、王哲:《视频聚合平台的著作权直接侵权认定》,载《网络技术》2017年第1期。

② 参见崔国斌:《加框链接的著作权法规制》,载《政治与法律》2014年第5期。

③ 参见崔国斌:《得形忘意的服务器标准》,载《知识产权》2016年第8期。

示,而此过程通过上传来实现,因此作品的展示应是重点,这是所有网络环境下作品传播的共性。因此有学者指出,这一行为实际损害了目前网络空间作品提供者以及网络用户之间的供求平衡,因此采用“实质呈现标准”,摒弃“服务器标准”是目前最为合适的选择。①

本书认为,该标准更能合理地规制聚合链接行为,对于其合理性下一部分会进行详细阐述。若对加框链接行为进行准确定性,需要解决以下 3 个问题:一是应如何正确理解信息网络传播权的含义;二是加框链接行为是否属于内容提供行为;三是对加框链接行为导致的利益失衡问题是否需要《反不正当竞争法》的介入。

三、聚合链接行为的法律定性

(一)“信息网络传播权”的理解

1. 国际公约的规定

通过《世界知识产权组织版权条约》(World Intellectual Property Organization Copyright Treaty, WCT)第 8 条②的规定可以发现“向公众传播的权利”的重点是“传播”而非提供;传播的方式“包括向公众提供……”,也意味着传播的方式不仅限于“提供获得”这一种方式,“信息网络传播权”仅是“向公众传播权”的一项子权利。若将重心从“传播”转移到“提供”,则大大限缩了权利的范围;WCT《基础提案》在定义作品的“传播”行为时认为,“向公众传播”的含义中最有意义的并不在于单纯提供空间、通讯链接或为信号传输提供便利,反而是公众获得作品的初始行为。综上,对 WCT 第 8 条理解如下:一是权利重点应是向公众“传播”,即达到了传播的效果;二是传播的方式不仅限于“提供获得”这一种方式;三是为进行传播而只提供实物设施的,并不构成提供作品行为。

① 参见崔国斌:《得形忘意的服务器标准》,载《知识产权》2016 年第 8 期。

② WCT 第 8 条规定:“作者享有以有线或无线方式向公众传播其作品的专有权,包括向公众提供(making available to the public)作品,使公众中的成员能够在其个人选定的地点和时间获得这些作品的权利”。

2. 我国关于信息网络传播权规定

从《著作权法》对“信息网络传播权”①的规定可以看出，信息网络传播行为应符合3个条件：第一，信息网络传播采用有线或无线的方式进行；第二，“提供行为”受到信息网络传播权控制；第三，网络用户通过“提供行为”可以在个人选定的时间和地点以包括但不限于下载、浏览等任意方式“获得”作品；因此我国规定了4类“提供行为”②。

3. 我国信息网络传播权的规定与WCT第8条的关系

我国信息网络传播权的创设注意到了WCT第8条，但是其内涵又不同于WCT，权利人控制其作品通过信息网络传播的专有权利。WCT让缔约各方对交互式传输行为自行决定采用何种权利方式，并不强制成员国创设新型的著作权的权项，其中对于交互式传输进行中立的、富有浓重的技术色彩的规定，这也是我国选择创设权利的原因。根据WCT第8条的规定，可以合理认为，该条款中的“提供”行为即“最初”将作品置于网络中的行为，这与将我国信息网络传播权理解为初始提供行为相一致，并且不包括提供信息存储空间、链接以及接入设备等技术服务的行为，但是并不能以此得出信息网络传播行为就是初始提供行为的结论。因为根据WCT第8条议定声明③之含义，信息网络传播意义上的行为不包括提供实物设施，因为WCT对于传播提供实物设施不认为构成传播，那么自然该行为应不承担法律责任。对于实物设施，即“物理设施”（physical facilities），对其含义和范围的理解应该是狭窄的，即只作提供行为所理解，而不应随意扩大，而网络服务商要承担侵权责任的原因在于，若外来意志干预网络服务提供者提供的网络服务，那么这样的技术行为便不再是单纯的技术性的不包含法律属性的行为，也就

---

① 《著作权法》对“信息网络传播权”的规定，“以有线或者无线的方式向公众提供，使公众可以在其选定的时间和地点获得作品的权利”。

② 最高人民法院《关于审理侵害信息网络传播权民事纠纷案件适用法律若干问题的规定》第3条规定的方式包括：“通过上传到网络服务器、设置共享文件或者利用文件分享软件等方式。”

③ WCT第8条议定声明：“上述议定声明的通过，是代表互联网服务提供商和电信公司利益的非政府组织积极游说的结果；这些非政府组织希望在两个条约的正文或者，至少在议定声明中作出一些规定，以确保互联网服务提供商和电信公司不会因为其用户实施了侵权行为而承担责任；不过，在这一问题上，这些非政府组织最终并没有成功；因为议定声明并没有就责任问题，尤其是这些非政府组织最希望得到某些豁免的责任形式（帮助侵权责任豁免或替代责任豁免）作出规定。”

不能完全不承担法律责任;如果链接行为已不仅仅具备正当的信息定位功能,在传播时网络服务提供者掺杂自己的意志控制并传播他人作品时,该行为的法律属性因外在因素的干预而不再是中立的技术行为。① 所以,WCT只是提出了一种新技术背景下的传播方式,无法达到创设权利的目的,这样国内法就必须承担建设权利体系的任务。互联网技术的不断更新催生出越来越多的服务形式甚至新的产业链,这也就意味着仅仅大而化之地认为网络服务提供者这类新兴的经营者提供服务的方式构成直接侵权是失之偏颇的;更有甚者认为,服务器标准之外便不存在其他提供行为或直接侵权的观点亦是不合理的,如果一味固守陈旧单一的理论,不随时代以及技术的发展而更新理论,很可能阻碍一个行业一个技术的发展,因此面对新行业、新技术、新的服务方式与陈旧理论学说之间的冲突,分析这类新行为的实质特性,而不是仅仅停留于表象之上,基于此,不能认为我国的"服务器标准"来源于国际公约。

4. 信息网络传播行为的本质

权利人控制通过信息网络的交互式传播是信息网络传播权的重中之重。作品传播的权利由权利人牢牢把控,需要控制"提供"行为,提供的界定又以最终的"获得"为标准,这也就是所说的信息网络传播权的"三要素",即控制要素、提供要素、获得结果的结果要素②。这三要素是作品传播过程的3个重要环节,环环相扣,逻辑严密。

(1)信息网络传播权重点在于"控制传播"

《著作权法》的立法宗旨于第1条③便言明,创作是著作权制度的"水源木本",但传播却是使作品广为人知,甚至是产生价值的重要途径。也正是这一原因,著作权法律制度便成为与创作行为和传播行为密不可分的法律制度,对于著作权的权利内容不能片面地看待。著作权产生于传播的过程中,有创作才会有传

① 参见王艳芳:《论侵害信息网络传播权行为的认定标准》,载《中外法学》2017年第2期。

② 参见杨勇:《从控制角度看信息网络传播权定义的是与非》,载《知识产权》2017年第2期。

③ 《著作权法》第1条规定:"为保护文学、艺术和科学作品作者的著作权,以及与著作权有关的权益,鼓励有益于社会主义精神文明、物质文明建设的作品的创作和传播,促进社会主义文化和科学事业的发展与繁荣,根据宪法制定本法。"

播,对传播过程中利益的合理分配又激励了创作,如此循环往复。这一切实际上都是为作品传播而服务的,作品因传播而产生更大的价值,那么必然在作者与传播者之间存在作品传播过程中产生的增值部分的分配问题的争议。因此,合理的利益分配能够极大地激励创作,而利益产生的源头在于交易,在市场中进行的"以物换物"才是交易,所以讨论作品传播问题一旦脱离"市场"就失去了著作权法的意义。① 因此,著作权法理论、制度、规则都需要以"市场"为基础来理解和适用,若不以市场环境为基础讨论著作权的产生与保护问题,便如空中楼阁般虚无缥缈。②所以本书并不赞同在分析问题时将法律因素与人为因素混为一谈,法律应保持中立,不应被无关的因素影响。总而言之,著作权的核心应是"控制传播",著作权本质上是权利人控制作品传播的权利。所谓的著作权侵权行为或有侵害之虞的行为,是指未经授权的传播行为,或是行为人为作品的传播进行的实质准备行为。

(2)认定某一行为属于"提供行为"的关键在于著作权人对自身作品的信息网络传播权的掌控是否被该行为替代

就本质而言,著作权是传播控制权,著作权人所享有的信息网络传播权是对其作品在网络上进行传播的控制权。这种控制权的表现方式有两种:一是著作权人自己传播作品,二是著作权人授权他人传播作品。而作品在网络上传播需有两种行为:"内容提供"与"技术支持"。对于"内容提供"行为直接侵权只有在明知或应知的情况下,而"技术支持"行为存在直接侵权可能,但在一般情况下,这类行为更多地被视为帮助行为,承担损害赔偿责任是以构成间接侵权为前提的。区分内容提供和技术支持的重要环节不是支撑内容传输的技术特质,而是内容向公众传播的意思操纵;技术原理应是中立的,当事人借助技术而产生了一系列的利益关系,其中的利益关系可能参差不齐,甚至产生了更恶劣的结果,但这一结果的产生不能归咎于技术原理,如法律规定的行为,如上传或分享文件等行为,基本上属于"内容提供行为",造成这类情况的原因是采用以上技术造成了作品内容的传播,达到了对著作权人作品传播市场的实质替代效果,并不是其技术本身;因此法

① 参见杨明:《聚合链接行为定性研究》,载《知识产权》2017 年第 4 期。

② 参见杨明:《聚合链接行为定性研究》,载《知识产权》2017 年第 4 期。

律并不规范技术原理,而是规范当事人的利益关系。[①] 著作权人对信息网络传播权专有权利的享有体现在两个方面:(1)是否具有交互性;(2)著作权人行使此权利所带来的合理收益,即自己传播作品或者授权他人传播作品所带来的收益。

(3)"获得"对于信息网络传播行为至关重要

学界存在一种观点,"理解信息网络传播行为的重点应是'获得'而非'提供'"[②]。一方面,使公众"获得"即达到了传播效果;另一方面,本书认为,我国法律之所以以列举的方式作为"提供行为"的认定标准,是为了实现法律的可操作性,其将达到用户"获得"作品效果的3种网络行为规定为"提供行为",以实现在司法实践中的可运用性。该规定亦考虑到技术发展的可能性,对"提供行为"的界定使用了"等方式"进行兜底。存储于某处的文件"能够被公众以有线或者无线的方式获得实现传播效果"是最终所要达到的目的,落脚点在于"传播效果",而不是单纯的"提供行为"。所以,"上传到网络服务器"等法律所规定的方式并不是"提供行为"的仅有方式,我们不能忽视技术上的无限可能,随着网络技术的发展,我们应以使公众"获得"为标准对"提供行为"进行扩张解释。

(二)适用"实质呈现标准"规制聚合链接行为的合理性

"实质呈现标准"的重点在于网络服务提供者向公众呈现的作品已然使公众能够实质获悉作品内容,因实际上未经授权而侵犯了著作权人对于作品信息网络传播权的实际控制,构成直接侵权。该标准的核心在于:(1)网络服务商未经许可的行为;(2)网络服务商控制自己界面的行为;(3)在网络服务商控制界面的基础上,向公众实质展示他人版权作品的行为。所谓实质展示,是指达到与著作权人自己展示版权作品的相同效果。本书认为,要达到著作权人有效控制信息网络传播权的目的,综合前文的分析来看,适用"实质呈现标准"来规制聚合链接行为更具有合理性。未经著作权人许可的信息网络传播行为可拆分为"网络服务商""无许可或无授权""展示效果"3个行为要素,即网络服务商在自身经营页面或网站

---

① 参见刘文杰:《信息网络传播行为的认定》,载《法学研究》2016年第3期。

② 冯晓青:《视频聚合平台盗链行为直接侵权的认定》,载《人民法院报》2016年8月3日,第7版。

中展示作品并达到与著作权人自己展示版权作品的相同效果,从而占据了著作权人作品传播市场,超出著作权人控制传播的范围。

首先,要把握著作权的实质,理解信息网络传播权的内涵,即著作权人对其作品在网络市场上进行传播的控制权。我们要将重点放在"控制传播"上,而不是放在"提供"上,"提供"仅仅是进行传播的方式之一。应用聚合链接技术所进行的传播行为可以达到的效果是:(1)可以以自己的名义对作品进行传播并实现传播效果,替代著作权人的传播市场;(2)获得对作品传播所带来的收益。显然,聚合链接行为已经属于信息网络传播行为的一种行为方式。如若此行为方式不属于信息网络传播权的保护范围,那么著作权人将不享有对信息网络传播权的绝对控制。而"实质呈现标准"正是围绕著作权的核心对聚合链接行为予以规制,以更好地维护著作权人的利益。

其次,"实质呈现标准"并不违背 WCT 的根本思想,一定程度上会化解 WCT 和我国《著作权法》的相关规定之间的矛盾。根据前文中的对于我国信息网络传播权的论述,以及比照相关条约的规定,向公众"提供"(making available)作品的行为要达到足以使公众"获得"(access)作品的程度,因此信息网络传播权的内涵中包含这一含义。对于"提供"一词,WCT《基础提案》指出,"向公众传播"的含义中最富有意义的并不在于单纯提供空间、通讯链接或为信号传输提供便利,反而是使公众获得的作品初始行为。之所以这样规定在于该条约的形成背景是互联网技术刚刚兴起之时,因此法律的规定恰好对应一个社会的经济技术发展状况,在当时互联网下,初始行为的设置可以更好地处理传播者与著作权人之间的法律关系。但在互联网快速发展的今天,如果仍然强调初始行为来规制新兴传播方式就未必妥当了。显而易见,聚合链接行为并不是那个时代产生的商业实践,也无法提前预知。在深入分析这类行为的实质时,可以看出,其实这类行为并非单纯地提供帮助或是便利,因为公众可以完好地、等同地、同质地从设链者那里获得作品,也就是说,公众通过该链接基本上达到了直接获得该作品的效果,甚至不需要通过原作者。因此,"实质呈现标准"并没有违背 WCT 的宗旨。

最后,法律所规制的并不是技术原理或者技术本身,并不是以技术特征作为判断"内容提供行为"关键,而是因为技术的运用造成了作品内容的传播,达到了对著作权人作品传播市场的实质替代效果，打破了当事人之间的利益分配格局。所以“实质呈现标准”的内容就把握了其实质，无论适用怎样的网络技术，只要该网络技术下的行为打破了当事人的利益分配格局、对著作权人的作品传播市场构成实质替代，越过合理界限，著作权人对于网络空间作品传播主体的掌控被阻断，对于著作权人的信息网络传播权构成了妨碍，就属于直接侵权行为。

（三）视频聚合平台采用加框链接的行为直接侵犯信息网络传播权

参照“实质呈现标准”，构成直接侵犯信息网络传播权的情况是网络服务提供商采用了加框链接技术的聚合行为。由设链者操控展示界面，加框链接可以在不发生页面跳转、不脱离设链网站的情况下，对于嵌入网页中的内部文件或是别的信息可以绕过主网页而直接获取。同理，采用加框链接技术的视频聚合平台运营模式是指在点击链接之后，无须离开该平台，网络用户就可以从第三方网站直接欣赏或者下载作品。聚合平台[①]在本身不存储作品资源的情况下，通过设置加框链接就可以达到直接提供作品的效果，使用户所获得的体验与设链者自己直接提供相关内容时的体验大致相当。一方面，聚合平台的经营者以自己的名义传播了作品，它运用加框链接等技术手段控制了平台的运营，对来自第三方的信息数据进行加工呈现（如排名、去除第三方视频广告、增加自己广告等行为），具有传播作品的意思支配；另一方面，聚合平台达到与著作权人自己展示版权作品的相同效果，从而占据了著作权人作品传播市场。此时，因聚合平台的便利性，用户成为其忠实粉丝，而根本不会再成为被链接网站的现实客户。其经营者未经许可成了作品传播的主体，损害著作权人对于网络空间作品传播主体的控制，并在几乎零成本的情况下获得大量收益，打破了著作权人、被许可人的利益格局，构成了著作权人作品传播市场的实质替代。所以，应对聚合行为进行规制。但有反对意见认为，被链网站才是作品的“传播源”，在源头处控制着作品，如果被链网站从服务器上删除作品，那么设链网站则不能再实现对作品的传播。因此，认为设链网站仍是链接服务者，不属于直接提供作品的行为。[②] 值得思考的是，在网络世界里，信

① 聚合平台具有定向搜索、设置加框链接、能动设置搜索结果等功能。

② 参见王迁：《论提供“深层链接”行为的法律定性及其规制》，载《法学》2016 年第 10 期。

息瞬息万变，盈千累万，公众能否在第一时间搜索到被链网站，接受被链网站所提供的服务，我们并不能百分百保证。但是，公众在第一时间从设链的网站上获取作品的可能性却很大，并且“在全球信息基础上，如果他人可以自由地、不加限制地对某作者的作品进行复制和二次传播，该作者适用这种系统来传播他的作品就没有充分的理由，抑或是该作品的创作并不具有任何意义”①。“实质呈现标准”则为规制此行为提供了合理的法律依据，因此加框链接一定意义上是未经著作权人许可提供作品的行为，属于信息网络传播权的直接侵权行为，实质上就是切断了著作权人对于作品的信息网络传播权的控制。

四、著作权法与反不正当竞争法的适用冲突

支持“服务器标准”的学者认为，可以适用《反不正当竞争法》规制聚合行为。法院的不同判决标准导致在司法实践中，《反不正当竞争法》成为网站维权的主要法律依据。② 尽管目前在理论界对于知识产权法与反不正当竞争法之间的关系依旧争论不止，本书提出知识产权法与反不正当竞争法的平行保护观点，若在相关客体与知识产权客体形式要件完全吻合的基础上，毋庸置疑应以知识产权法的独占适用为原则③，以保障法律条款的可操作性。对于《反不正当竞争法》的适用，应以其具体条文为依据，而不是一味将一般条款当作“万能公式”不分情况地一律适用，《反不正当竞争法》的原则性条款是具有提纲挈领的作用，是对整部法律核心精神的总括。具言之，若一行为落入其具体条款的规制范围内，则适用《反不正当竞争法》予以规制；若其没有规定，则可以寻求其他途径。总之，“诚实信用”条款是该法的原则性条款，一行为若无具体条款规制，不能仅单独依据此原则性条款对其进行规制。

法律的相对滞后性造成我国《反不正当竞争法》中对于聚合链接行为并没有完全对应的具体条款予以规制，维权者则一般适用“诚实信用”条款主张自己的权

① ［匈］米哈依·菲彻尔：《版权法与因特网》，郭寿康等译，中国大百科全书出版社2009年版，第492页。

② 王迁：《论提供“深层链接”行为的法律定性及其规制》，载《法学》2016年第10期。

③ 崔国斌：《知识产权法官造法批判》，载《中国法学》2006年第1期。

利。另外,支持"服务器标准"的学者大都认为,可以《反不正当竞争法》来规制聚合链接行为,这显然是不适当的。首先,根据该法第2条原则性条款的规定,不正当竞争行为可以拆解为3个要素,即"竞争关系""违反原则""严重后果"。具言之,在存在竞争关系的一方当事人因违背商业道德而产生了严重的后果,如扰乱市场竞争秩序并且对原告权利造成侵害等,则商业道德在此指法律意义上的原则,如平等自愿等原则。聚合链接行为确实与诚实信用、公平等原则相背离,并严重危害权利人的合法权益;但是,在不正当竞争领域,竞争关系的存在是判定构成不正当竞争行为的要件,著作权人与聚合平台之间更多的是一种合作关系,二者在一定情况下都是追求作品利益的最大化,也就意味着竞争关系通常并不存在于二者之间,因此该行为与不正当竞争行为的构成要件并不契合。其次,适用《反不正当竞争法》在一定程度上确实可以维护被设链网站经营者的利益。但聚合链接行为使著作权人失去对"信息网络传播权"的控制,因此保护的重点也应该是权利人利益的保护。《反不正当竞争法》的原则性条款在对著作权人合理保护的程度上并不比著作权法的保护程度高。最后,诚实信用原则属于原则性条款,如上所述,原则性条款是一部法律的核心精神的凝练表达,由此推之,诚实信用原则无疑应是《反不正当竞争法》设置其他条款时应遵循的核心精神。因此,若一行为未落入《反不正当竞争法》具体条款规制范围之内,应寻求其他途径予以规制,但不能单独以第2条诚实信用条款为依据对其进行规制。而在聚合行为中,聚合链接行为实现了传播效果,未经许可的聚合链接超出了著作权人对传播的控制范围,因此应当由著作权人控制从而落入著作权的内容控制范围之内,此时应以著作权法的独占适用为原则。适用"实质呈现标准"则可以更好地阐释信息网络传播权、规制聚合链接行为,其体现了著作权法的目的和宗旨,充分地维护了著作权人的合法权益。

五、聚合链接行为的著作权法规制

如前文所述,著作权及信息网络传播行为的核心都是"控制传播","提供行为"并非信息网络传播权的本质,使存储于某处的文件"能够被公众以有线或无线的方式获得"才是"提供行为"的本质。因此,本书认为,上传到网络服务器的方式并不限于字面意义上的“提供行为”，应对“提供行为”进行扩大解释，以使其包含一切可以使公众获得作品的行为。

2020年《著作权法》中第10条第2款第12项①与2010年《著作权法》中规定的“信息网络传播权”②的规定相比，其关于“使公众获得作品”“向公众提供作品”的规定发生了较大改变，强调了“提供行为”不是构成信息网络传播权的本质，而是重点在于使公众可以在“选定的时间和地点获得作品”。这种改变可以在将要修订的《著作权法实施条例》中作明确的解释。对该条款中的“提供行为”可以进行扩大解释，即其并不仅限于在网页上或客户端软件界面上上传或分享作品的行为，而应包含一切可以“展示作品”的行为，只要能够使存储于某处的文件“被公众以有线或无线方式获取”，就属于“提供行为”，而未经许可将存储于某处的作品“展示”给公众，就构成信息网络传播权的直接侵权。

综上所述，本书认为，以“实质呈现标准”规制聚合链接行为具有合理性。聚合平台利用爬虫技术或其他技术将分散在其他第三方网站的内容聚合后提供给公众的行为构成“向公众提供，使公众可以在选定的时间和地点获得作品”的行为，构成《著作权法》所规定的“信息网络传播权”直接侵权，完全可以依据著作权法进行保护。正如博登海默（Edgar Bodenheimer）所说的，法律的“稳定性和确定性本身不足以为我们提供一个行之有效的、富有生命力的法律制度，法律还必须服从进步所提出的正当要求”③。法律关乎着人们生活的方方面面，因此法律的安排必须合乎人性，满足人们的生活需求，那么在这个生活处处与网络技术支持息息相关的时代下，修改和完善法律以适应现代社会的需要将是未来法治社会发展之大势所趋。著作权法中规定的信息网络传播权能直接规制这类新兴的技术，如聚合行为、深层链接技术等，是对各方主体利益的合理维护。

---

① 2020年《著作权法》第10条第2款第12项规定：“信息网络传播权，即以有线或者无线方式向公众提供，使公众可以在其选定的时间和地点获得作品的权利。”

② 2010年《著作权法》第10条第2款第12项规定：“信息网络传播权，即以有线或者无线方式向公众提供作品，使公众可以在其个人选定的时间和地点获得作品的权利。”

③ 参见[美]博登海默：《法理学：法律哲学与法律方法》，邓正来译，中国政法大学出版社1999年版，第326页。

第二节　电子竞技游戏赛事直播画面的法律适用的冲突及其解决

一、电子竞技游戏及相关概念

(一)电子竞技游戏本质上不同于网络游戏

电子竞技游戏与网络游戏存在很大区别,二者在性质、功能、规则等多个方面都有不同之处。[①] 从本质上说,网络游戏是以追求感受为目的的模拟和角色扮演,核心在于叙事而非竞技,相对而言并不需要游戏的竞技技巧,也没有玩家之间的对抗。而电子竞技游戏更加注重于玩家之间的游戏技巧的较量和智力对抗,既属于游戏,也属于一项运动。[②]

(二)电子竞技游戏的含义

电子竞技游戏[③],是指玩家在虚拟世界中,遵循统一的游戏规则进行竞技的一类智力对抗性游戏[④],其依赖于现代信息技术的发展。"竞技"是电子竞技游戏的本质特征,其核心是对抗、比赛,电子竞技游戏更强调玩家的游戏策略与技巧,注重玩家之间的技术对抗性,如《荒野大镖客2》《反恐精英》《炉石传说》《英雄三国》《Dota》系列游戏等电子竞技游戏,"即时性"和"较高的操作强度"是这类游戏

---

① 本书认为,电子竞技游戏与网络游戏存在功能、规则、技术要求、精神境界等多方面的不同:(1)功能不同。网络游戏的核心功能是社交娱乐,电子竞技游戏的核心功能是比赛。(2)规则不同。网络游戏缺乏明确统一的规则而电竞游戏无论是正规比赛还是普通玩家娱乐时间的游戏比赛,都遵循时间、回合、技术等一整套规则。(3)技术要求不同。电竞游戏选手需要较长时间高强度的系统训练、技术储备,而网络游戏虽然也有难度,但不存在系统训练的要求。(4)精神境界不同。电子竞技游戏比赛中选手通过电子手段实现智力和体力对抗,以决定输赢为精神追求更加类似于体育项目,而网络游戏主要是人机之间或人与人之间的社会情感交流,追求虚拟空间中多样化的自我满足感。

② 参见梁世珠、邹宗强:《我国电子竞技行业发展趋势及策略分析》,载《市场营销与技术》2019年第3期。

③ 严格地说,电竞游戏有广义和狭义之分,狭义的电竞游戏特指那些离开了电子设备就根本无法生存的电子竞技游戏,可以称为经典电子竞技游戏,如国内外开展得较普遍的《反恐精英》(CS)、《星际争霸》、《魔兽争霸3》和"FIFA"系列,广义的电竞游戏除包括上述经典电竞游戏项目外,还包括像网络围棋、网络象棋、网络桥牌这样的经过电子化的传统体育项目。

④ 崔智伟:《电子竞技游戏网络直播相关著作权问题研究》,载《公民与法(法学版)》2016年第4期。

的本质特征。[①] 正是由于电子竞技游戏具有这些特征和功能,2017 年 10 月,国际奥委会宣布将电竞游戏纳入 2022 年杭州亚运会比赛项目,并同意将其视为一项“体育活动”。[②] 电子竞技游戏赛事,是指由游戏赛事组织者举办的、电竞玩家之间进行经验交流、切磋技艺的比赛活动,[③]如全国电子竞技大赛、DOTA2 国际邀请赛等。

(三)电子竞技游戏赛事直播

游戏赛事直播,是指将游戏赛事进行的过程向公众进行同步传播的行为,[④]可以使公众在观看游戏运行的过程中,了解玩家所采取的游戏策略及游戏技巧等情况。[⑤] 而电子竞技游戏赛事直播,则是指由游戏开发商或经其授权的运营商,或者专业的电子竞技游戏比赛组织方、直播平台组织的,在选手操作电竞游戏进行比赛的画面的基础上,融入了主播的解说、双方比赛选手情况的介绍、现场观众等元素,可以使公众通过游戏直播平台了解游戏赛事进展的情况以及选手使用的游戏策略和游戏技巧的大型直播节目。

二、电子竞技游戏赛事直播画面的法律适用冲突的表现

在“耀宇诉斗鱼案”[⑥]中,两审法院都认为,电子竞技赛事直播画面不属于著作权法意义上的作品,因此原告耀宇公司不享有著作权,但原告耀宇公司投入了 1240 万余元举办赛事,根据“谁投入、谁获益”的经济学原理,法律应该对耀宇公司在赛事画面上的投入及其经营的“火猫 TV”直播平台上的竞争优势予以保护。而斗鱼公司的行为违反网络直播行业的公认的商业道德,损害了耀宇公司的经济利

---

① 参见杨越:《新时代电子竞技和电子竞技产业研究》,载《体育科学》2018 年第 4 期。

② 参见张西流:《“电竞入亚运”彰显体育进步》,载百度网 2022 年 8 月 23 日,https://baijiahao.baidu.com/s? id = 1710243169407304374&wfr = spider&for = pc。

③ 参见杨越:《新时代电子竞技和电子竞技产业研究》,载《体育科学》2018 年第 4 期。

④ 参见刘承韪、黄寅:《电竞赛事直播节目的作品性质》,载《人民司法(应用)》2017 年第 31 期。

⑤ 参见王迁:《电子游戏直播的著作权问题研究》,载《电子知识产权》2016 年第 2 期。

⑥ 广州斗鱼网络科技有限公司与上海耀宇文化传媒股份有限公司著作权权属、侵权纠纷案,上海市浦东新区人民法院(2015)浦民三(知)初字第 191 号民事判决书;上海知识产权法院(2015)沪知民终字第 641 号民事判决书。

益，构成不正当竞争，因而应以反不正当竞争法的一般条款对其进行救济。①

然而，当前学界对于电子竞技游戏赛事直播画面的作品属性问题，以及相关的法律规制问题，均存在巨大争议。第一种观点认为，电子竞技游戏赛事直播画面具有独立的作品属性。理由主要是电子竞技游戏赛事直播的整体画面中包含了赛事实况、主持人解说、游戏精彩镜头切换等内容，②其中摄像师角度选择，精彩镜头回放，对电竞选手、现场观众等的表情的特写等镜头技术的运用，主持人的解说及点评等，都具有个性化的因素，包含了这些参与者的智力投入，其形成过程与电影的摄制过程类似，具有高度的独创性，属于类电作品，③受《著作权法》保护，著作权归属于游戏赛事组织方，擅自直播构成著作权侵权。④

第二种观点与“耀宇诉斗鱼案”判决观点相同，认为电子竞技游戏赛事直播画面不构成作品，不受《著作权法》的保护，但在出现赛事画面被盗播的情况下，应以《反不正当竞争法》第 2 条进行保护。理由是电子竞技游戏赛事的画面只是对客观事实的忠实记录，并未表达任何思想感情，不具有独创性，⑤不受《著作权法》保护，但因游戏赛事组织者对赛事的组织、视频的制作等方面投入巨大，应对其投入以《反不正当竞争法》的一般条款进行救济。⑥

上述研究现状以及司法实践的总结表明，当前学界与司法实务中在认定电子竞技游戏赛事直播画面相关问题时，主要有两个问题：一是电子竞技游戏赛事直

① 参见上海市浦东新区人民法院民事判决书，(2015)浦民三(知)初字第 191 号。法院认为，电子竞技比赛画面不构成作品，理由是“由于涉案游戏赛事的比赛本身无剧本之类的事先设计，比赛画面是由参加比赛的双方多位选手按照游戏规则、通过各自操作所形成的动态画面，系进行中的比赛画面的一种客观、直观的表现形式，比赛过程具有随机性和不可复制性，比赛结果具有不确定性，故比赛画面并不属于著作权法规定的作品，被告使用涉案赛事比赛画面的行为不构成侵害著作权”。

② 参见祝建军：《网络游戏直播的著作权问题研究》，载《知识产权》2017 年第 1 期。祝建军认为，游戏主办方利用技术手段在游戏比赛呈现的动态画面的基础之上，又增加对阵双方选手的情况、对阵战况、镜头选择切换画面、解说等具有独创性表达的内容，此时大型电子竞技游戏直播比赛的整体画面由一系列有伴音或无伴音的画面组成，属于类电作品，由赛事举办方享有著作权。

③ 参见祝建军：《网络游戏直播的著作权问题研究》，载《知识产权》2017 年第 1 期。

④ 参见周高见等：《网络游戏直播的版权法律保护探讨》，载《中国版权》2016 年第 1 期。

⑤ 郝其昌：《论影视作品独创性认定与电子竞技直播画面的定性》，载微信公众号“知识产权那点事”https://mp. weixin. qq. com/s/EZjH_bkzMeB-uy4OystaQ，2018 年 12 月 3 日。

⑥ 参见肖顺武：《网络游戏直播中不正当竞争行为的竞争法规制》，载《法商研究》2017 年第 5 期。

播画面是否因具有独创性而可以受到《著作权法》的保护；二是如果赛事直播画面不具有独创性，不受著作权法保护时，可否以《反不正当竞争法》一般条款予以救济。因此，以下将围绕这两个问题进行讨论。

三、电子竞技游戏赛事直播画面的属性

在实践中，电子竞技游戏赛事的直播方式有两种：一种是由电子竞技游戏赛事的组织方或经其授权的主体实施的直播行为，如"耀宇诉斗鱼案"中，耀宇公司在自己经营的"火猫 TV"上进行直播；①另一种是某一直播平台将其他直播平台上的电竞游戏赛事画面提取之后，自行聘请主播添加解说、加入背景音乐等内容形成的直播画面，如"耀宇诉斗鱼案"中，斗鱼公司利用技术截取了《DOTA2》的游戏画面，同时自己组织主播进行解说，并加入背景音乐。由此可见，电子竞技游戏赛事直播画面由电子竞技游戏画面和电子竞技游戏画面以外的加入因素，如导播的画面切换、主播的解说、背景音乐、摄影师的镜头选择或剪辑等构成。

有学者认为，由于电子竞技游戏赛事画面和电子竞技游戏赛事直播画面二者的组成元素、表现方式等不相同，因此，对二者进行独创性认定时，重点考虑的因素也不同，判断电子竞技游戏赛事画面是否具有独创性时主要考量的是游戏运行后呈现的画面，而判断电子竞技游戏赛事直播画面是否具有独创性时，主要考虑的是游戏画面以外所添加的因素。② 因此，本书也按照此种方法，分别对电子竞技游戏画面和电子竞技游戏赛事直播画面中加入因素的独创性进行认定。

（一）电子竞技游戏画面的独创性分析

从游戏类型的区分来看，网络游戏中，玩家以升级系统和武器装备系统来模拟和扮演角色，追求自己角色成长的乐趣。游戏画面类似播放电影，因此，游戏的连续动态画面可能因表达出了某种思想情感、展示了文艺美感，或者是传达了一

① 参见上海浦东新区人民法院民事判决书，(2015)浦民三(知)初字第 191 号。耀宇公司通过与完美世界公司签订《电子竞技赛事战略合作协议框架》，取得《DOTA2》游戏在中国大陆赛事的组织权和独家视频转播权，在自己经营的"火猫 TV"上对游戏赛事向公众进行实时直播，该直播视频内容由"游戏比赛画面、主播的解说内容、游戏直播间、赛事现场的拍摄画面以及音效、字幕、慢镜头回放、灯光照明等多项元素组成"。

② 参见焦和平：《网络游戏在线直播画面的作品属性再研究》，载《当代法学》2018 年第 5 期。

定量的信息而具有独创性，从而构成作品。而相比之下，电子竞技游戏以对抗、比赛为主，玩家遵循统一的游戏技巧，具有高度的技巧性、规则性，玩家主要通过策略、技巧来操作游戏，最终凭借高超的游戏技巧赢得比赛，[①]由此可以看出，电子竞技类游戏以竞技取胜为目标，[②]主要展示玩家高超的游戏策略与技巧，其连续动态的游戏画面也主要是对抗性与竞技性的内容，无法表达任何的思想情感、展示美感或传达一定量的信息。

同样，有学者认为，电子竞技游戏玩家操作游戏的行为仅仅是为了吸引用户观摩自己高超的游戏操作技巧，以提高自己的关注度，玩家的操作技巧实质上是以追求效率和实用为目的的，并非为了展示艺术美感或表达思想情感。就如同体育比赛中运动员对力量和技巧的展示，尽管操作手法娴熟而精彩，但其目的是追求取胜的结果而非艺术美感的展示。[③] 因此，从电子竞技游戏本身的特点来看，电子竞技游戏画面只是对客观事实的忠实记录，很难具备著作权法意义上的独创性。虽然本书认为，电子竞技游戏画面因无法表达思想情感、展示美感或传达信息而不具有独创性，但当电子竞技游戏画面中的背景地图、音乐等其他元素在满足独创性的条件下，仍可以美术作品、音乐作品等类型进行保护。

(二)电子竞技游戏赛事直播画面的独创性分析

基于前文对电子竞技游戏画面不具有独创性的认定，由于电子竞技游戏赛事直播画面由选手之间操作游戏进行对抗的画面，即游戏画面，以及在游戏画面基础上添加额外因素构成，因此，下文主要对赛事举办过程中所添加因素的独创性进行认定。

电子竞技游戏赛事直播画面的形成，除电子竞技游戏画面的内容外，赛事的组织方还会加入对阵战况、解说、音乐、镜头切换、观众画面，以及互动字幕等相关因素，对于精彩环节还会有慢镜头回放等内容。有学者认为，这些所添加的因素

---

① 参见武汉市中级人民法院民事判决书，(2017)鄂01民终4950号。该判决书中法院对不同类型游戏特点进行了论述。

② 参见焦和平：《类型化视角下网络游戏直播画面的著作权归属》，载《法学评论》2019年第5期。

③ 参见焦和平：《类型化视角下网络游戏直播画面的著作权归属》，载《法学评论》2019年第5期。

是赛事组织者智力劳动的体现,具有独创性,因而使电子竞技游戏赛事直播画面具有独创性,可以构成著作权法意义上的作品。[①] 但是,本书对此种观点并不赞同。多数学者认为,电子竞技游戏赛事直播画面具有独创性,理由是其中凝聚了导演、主播、摄影、制作者等多位主体的智力性劳动,但本书认为,因受竞技类游戏特点的限制,电子竞技游戏赛事直播画面中这些主体的智力创作空间有限,独创性程度很低,无法满足著作权法意义上作品的独创性要求。理由如下:

第一,电子竞技游戏赛事具有时间短、连贯性强的特点,每场比赛 40 分钟左右,这意味着每一秒的游戏画面都具有重要意义,因此,在赛事直播过程中需要完整地呈现所有游戏画面,不能进行个性化取舍,导播相当于传统的导演,主要负责直播画面中的切换,而受制于电子竞技游戏本身的特性,导播切换时的可选择性空间非常小。第二,摄影师的独创性空间也受到限制,由于在电子竞技类游戏中,游戏画面在赛事直播中占据核心地位,比赛现场以及其他特写镜头仅仅起辅助的作用,因此摄影师发挥创造性的空间也受限制。第三,游戏赛事实时直播的形式也不具有后期剪辑的可能,因此后期也不存在选择与编排的问题。第四,电子竞技类游戏主播的解说中可能更多地是在展现其高超的游戏技巧,因受到电子竞技类游戏类型的限制,游戏技巧的解说中存在具有个性化解说的可能性也很小。第五,电子竞技类游戏比赛中的背景音乐大多只是简单的声音效果,因电子竞技类游戏不表达任何思想情感,因而不可能存在与游戏主题相吻合的配乐或主题曲。

鉴于组成电子竞技游戏赛事直播画面的电子竞技游戏画面以及游戏画面之外所加入的因素都不具有独创性,因此,本书认为,电子竞技游戏赛事直播画面因缺乏独创性而不具有作品属性,那么具体的作品类型问题也就无从谈起。

综上,本书赞同上述第二种观点,认为电子竞技游戏赛事直播画面不构成作品,不受《著作权法》的保护,故赛事组织方不具有对赛事直播画面的绝对权。但

---

① 有学者认为,直播画面包含了演员的角色扮演、现场解说、观众、灯光、音乐、舞美、场地布置等元素,此时的赛事画面并没有照搬游戏画面,而是根据解说词的内容、与观众现场互动情况等有选择地切换画面,进行了具有独创性的编排。因此,由精彩的解说词、现场演员的串场表演、字幕和音乐等所组成的整体画面具有独创性。参见祝建军:《网络游戏直播的著作权问题研究》,载《知识产权》2017 年第 1 期。

是，与此同时，上述第二种观点以及目前我国司法实践中也认为，赛事组织方付出巨额成本，对组织方的这种“投入”应以《反不正当竞争法》第2条进行保护，因此，本书接下来将着重讨论《反不正当竞争法》一般条款在电子竞技游戏赛事直播画面案件中的适用问题。

四、电子竞技游戏赛事直播画面法律适用冲突的解决

鉴于前文所述，本书认为，电子竞技赛事直播画面不构成作品。但无论是在司法实践中，还是学术界，目前都认为赛事组织者对电子竞技赛事直播画面虽不能享有著作权，但因其对赛事直播画面的形成投入巨大，法律应该对于因其投入而形成的竞争优势予以保护，而他人的播放行为会损害其竞争利益，因而主张以《反不正当竞争法》的一般条款[①]对播放他人电子竞技游戏赛事直播画面这一行为进行规制。然而在《反不正当竞争法》中并无类型化条款对之予以具体规制，只能寻求一般条款的救济。鉴于最高人民法院曾指出，以《反不正当竞争法》一般条款判定竞争行为正当性时，应具体判断该行为是否违背了公认的商业道德。[②] 因此，实践中大多数法官也倾向依据商业道德标准来进行判断。

公认的商业道德已日益成为判断播放他人电子竞技游戏赛事直播画面行为正当性的核心标准，然而公认商业道德本身是抽象、模糊的，存在不确定性。而具体到新兴的电子竞技游戏赛事直播行业，究竟何为商业道德？如何认定商业道德？这些目前已经成为法院在审理电子竞技游戏赛事直播案件时面临的棘手问题。因此，面对商业道德标准的不确定性，我国法院创造性地依据“搭便车”理论来解释电子竞技游戏赛事直播领域公认的商业道德。然而，电子竞技游戏赛事直

---

① 《反不正当竞争法》第2条规定：“经营者在生产经营活动中，应当遵循自愿、平等、公平诚实信用原则，遵守法律和商业道德。本法所称的不正当竞争，是指经营者在生产经营活动中，违反本法规定，扰乱社会经济秩序，损害其他经营者的合法权益的行为，本法所称的经营者，是指从事商品生产、经营或者提供服务（以下所称商品包括服务）的自然人、法人和非法人组织。”

② 最高人民法院《关于充分发挥知识产权审判职能作用推动社会主义文化大发展大繁荣和促进经济自主协调发展若干问题的意见》规定，“对于《反不正当竞争法》未特别作出禁止的行为，如若给其他经营者的合法权益造成损害，确属违反诚实信用原则和公认的商业道德而具有不正当性，不制止不足以维护公平竞争秩序的，可以适用原则规定予以规制”。

播行业的商业道德究竟是什么？传统的“搭便车”理论在电子竞技游戏赛事直播行业仍旧可以适用吗？立法及相应的司法解释对商业道德并未给出相对细化的认定标准，最高人民法院在知识产权案件年度报告中的论述也仅是框架性的分析，①商业道德始终处于模糊、不确定性的状态，②且学界并没有太多关于商业道德的详细解读，未能解决商业道德认定中的不确定性问题，更不用说在电子竞技游戏赛事这一新兴行业以“搭便车”理论来解释商业道德。因此，本节接下来将主要以电子竞技游戏赛事直播领域的“搭便车”理论为基础，来分析以商业道德标准判断行为正当性的问题，进而指出《反不正当竞争法》一般条款在播放他人电子竞技游戏赛事直播画面这一行为上的适用问题。

（一）电子竞技游戏赛事直播画面纠纷中“搭便车”理论的认定路径

通常认为，公认的商业道德是在长期的商业实践中形成的行为规范③。而在新兴的电子竞技游戏赛事直播领域，法院认为，赛事组织者因投入成本举办赛事因而应该对赛事直播画面拥有“收益权”④，即法院认为，在电子竞技游戏赛事直播领域，赛事组织者投入成本，赛事组织者就理所当然地享有收益，这属于电子竞技游戏赛事直播行业公认的商业道德。任何未付出努力擅自播放他人电子竞技游戏赛事直播画面的行为均攫取了赛事组织者的商业利益，使赛事组织者无法完全收取明确属于自己的直播收益。因此，法院认定，擅自播放他人电子竞技游戏赛事直播画面的行为属于违反公认的商业道德的行为，构成不正当竞争。然而，法院单纯依据未付出任何努力而攫取他人竞争优势的标准来认定他人播放行为具

---

① 《最高人民法院知识产权案件年度报告(2010)》中对商业道德作了如下陈述：“对于竞争行为尤其是不属于反不正当竞争法第二章列举规定的行为的正当性，应当以该行为是否违反了诚实信用原则和公认的商业道德作为基本判断标准；在反不正当竞争法中，诚实信用原则主要体现为公认的商业道德；商业道德所体现的是一种商业伦理，是交易参与者共同和普遍认可的行为标准，应按照特定商业领域中市场交易参与者即经济人的伦理标准来加以评判。”

② 有学者认为商业道德具有与生俱来的抽象性与不确定性，而在虚拟复杂的互联网领域，法官勘定商业道德的内涵变得更为艰难。参见史欣媛：《互联网新型不正当竞争案件中的行为正当性判定标准研究》，载《安徽大学学报(哲学社会科学版)》2017 年第 1 期。

③ 参见孟雁北：《反不正当竞争法视野中的商业道德解读——以互联网行业不正当竞争行为的规制为例证》，载《中国工商管理研究》2012 年第 12 期。

④ 参见上海知识产权法院民事判决书，(2015)沪知民终字第 641 号。

有不正当性,由此可见,法院是依据“搭便车”理论来认定播放他人电子竞技游戏赛事直播画面行为的正当性的,即法院认为,“搭便车”行为属于违反电子竞技游戏赛事直播行业公认的商业道德的具体体现。

“搭便车”,是指自己不付出努力,而利用他人因投入而产生的成果或知名度的行为,该行为因违反了诚实信用原则而存在过错。[①] 在实践中,法院通常将“搭便车”理论表述为行为人没有付出任何劳动却免费坐享了他人的经营成果,攫取了他人的交易机会,损害了他人的竞争优势。此理论虽为电子竞技游戏赛事直播行业纠纷的解决提供了更大的理论空间,但并未解决《反不正当竞争法》的一般条款在适用上的不确定性。

为解决商业道德标准的模糊性问题,部分法官援引“搭便车”理论来判断涉案行为的正当性。如在“耀宇诉斗鱼案”中,两审法院都认为,斗鱼公司未付出任何实质性劳动而使用了耀宇公司的电子竞技游戏赛事画面,损害了耀宇公司的竞争优势,属于典型的“搭便车”行为。[②] 在实践中,法院将诸如此类的原告进行巨大投入但又无法受《著作权法》保护的电子竞技游戏赛事画面,转而纳入《反不正当竞争法》一般条款的规制范围时,其裁判理由通常有相对固定的模式,即基于“搭便车”理论的认定路径。结合“耀宇诉斗鱼案”的审理进程来看,两审法院总体上都是按照“搭便车”理论的认定路径来分析案件的。

首先,法院指出,电子竞技游戏赛事具有商品属性,能够为权利人带来巨大的商业利益,赛事组织者可以将赛事交他人承办,也可以自己举办并授权直播平台对赛事进行独家的视频转播,以此获得商业利益。法院认为,该种商业模式符合反不正当竞争法的宗旨和目的。因此,赛事组织者对电子竞技游戏赛事直播画面

---

① 有学者认为,“搭便车”是指利用他人业已形成的市场影响力和竞争优势为自己谋取交易机会,而自己并未付出实质性投入的行为,此种行为违反诚实信用原则及公认的商业道德。参见周樨平:《商业标识保护中“搭便车”理论的运用——从关键词不正当竞争案件切入》,载《学法》2017年第5期。

② 参见上海知识产权法院民事判决书,(2015)沪知民终字第641号;上海市浦东新区人民法院民事判决书,(2015)浦民三(知)初字第191号。

享有合法的民事利益，应受法律保护。①

其次，法院类比体育赛事的组织方、主办方、转播形式等，认为耀宇公司为赛事的举办投入了巨大成本，因而其应获得相应的收益，即电子竞技游戏赛事直播画面的“转播权”由耀宇公司享有。② 该项“转播权”属于耀宇公司因投入而获得的经济利益，承载着耀宇公司的商誉，是耀宇公司具有竞争优势的体现。

最后，法院认为，斗鱼公司损害了耀宇公司赛事画面转播的经济收益能力，具有过错，违反了诚实信用原则，实际上是一种不劳而获的“搭便车”行为，构成不正当竞争。③

总之，在明确排除电子竞技游戏赛事直播画面的《著作权法》保护的情况下，法院从“搭便车”理论出发，从商业道德的角度论证斗鱼公司播放他人电子竞技游戏赛事直播画面的行为违反了《反不正当竞争法》一般条款的规定，以道德标准来谴责斗鱼公司的相关行为具有不正当性，为其以《反不正当竞争法》一般条款对耀宇公司进行救济奠定了坚实的道德基础。

（二）“搭便车”理论的模糊性及作为认定标准存在的缺陷

1.“搭便车”理论本身具有模糊性

目前，司法实践基本上依据是否存在“不劳而获”行为来认定行为人是否构成“搭便车”，进而认定其是否违背商业伦理道德，④认为因经营者做了投资，所以经营者对于因投资而产生的收益享有绝对的权利，而其他经营者如果未进行任何投

---

① 参见上海市浦东新区人民法院民事判决书，(2015)浦民三(知)初字第191号：法院认为“游戏赛事画面的转播权属于赛事组织者所享有的一种合法的财产性民事利益，我国侵权责任法所保护的一种财产性民事利益，应受法律保护。”

② 参见上海市浦东新区人民法院民事判决书，(2015)浦民三(知)处字第191号：法院认为“耀宇公司投入了巨大的办赛成本，依照‘谁投入谁收益’的商业原则，涉案赛事的‘视频转播权’也归耀宇公司所有。”

③ 参见上海市浦东新区人民法院民事判决书，(2015)浦民三(知)初字第191号。法院认为，斗鱼公司未对赛事的租出与运营进行任何人力、物力投入，也未取得视频转播权许可，却免费坐享了由耀宇公司投入巨大成本才产生的商业成果，为自己谋取了商业利益和竞争优势。其行为损害了耀宇公司的商誉及经济利益，导致其网站流量严重分流，影响了耀宇公司的广告收益能力，损害了耀宇公司的商业机会和竞争优势，弱化了耀宇公司的直播平台增值能力，也损害了游戏直播行业的竞争秩序，违反了诚实信用原则和公认的商业道德。

④ 参见刘维：《中国知识产权裁判中过度财产化现象批判》，载《知识产权》2018年第7期。

入而免费坐享他人的商业成果,就构成“搭便车”,具有不正当性。具体到电子竞技游戏赛事直播领域,法院也是依据“不劳而获”的道德标准认定行为是否违背该领域公认的商业道德的。[①] 可见,法院以“搭便车”理论认定经营者的行为是否违反商业道德时仅以其行为是否是“不劳而获”的为标准。而在新兴的电子竞技赛事直播行业中,“不劳而获”标准还能否继续适用,以及对“不劳而获”程度的把握,即是完全禁止,还是达到一定程度之后才予以禁止,都未进行充分论述。同样,以“不劳而获”标准认定播放他人电子竞技游戏赛事直播画面的行为是否构成“搭便车”,致使“搭便车”理论仍旧停留在原则性的表述上,仍然过于模糊,而若以此为标准认定行为的正当性,将导致裁判结果充满不确定性。

法院在认定行为人是否存在“搭便车”行为时,主要依据“不劳而获”“食人肥己”等朴素的道德伦理,其仅从道义的角度判断行为的正当性从而得出竞争正当与否的结论过于草率。因为行为是否符合朴素的道德观念本身,并不等同于是否正当。再者,商业领域的商业道德或行业惯例都是为了保护该领域经营者的利益而设立的,[②]较少考虑消费者的利益以及社会整体利益,甚至有时与之相对立,商业道德因缺乏不同利益主体的广泛参与而具有单一性。而电子竞技游戏赛事直播案件涉及多个不同利益主体,对此类不正当竞争纠纷的处理需要妥当地平衡不同利益之间的冲突,而单纯地依据“搭便车”理论论证商业道德显然不能起到平衡不同利益冲突的作用。总之,“搭便车”理论具有相当程度的模糊性,不能简单地依据“搭便车”理论来推断该行为是否具有不正当性。

本书认为,法院对于直播他人电子竞技游戏赛事画面行为正当性的考察,不能仅仅依据行为人是否存在“不劳而获”的过错,法院必须在对其他竞争者利益和公共利益进行综合考量的基础上,自主判断市场行为的正当性。对竞争行为正当性进行价值判断时,从本质上来说是判断主体进行的一种利益选择,是对各种利益的综合排序与权衡。无论是长久以来坚持的道德观念还是近期形成的行业通行惯例,都可能存在固守于维护市场一方的利益而损害其他竞争参与者的利益,

---

① 参见上海知识产权法院民事判决书,(2015)沪知民终字第641号。

② 参见范长军:《行业惯例与不正当竞争》,载《法学家》2015年第5期。

违反公平、降低市场运行效率的可能。因此，在判断赛事举办方的正当利益时，应综合考虑其他竞争者的利益、用户的利益、市场效率、竞争秩序等各方面因素。

2. 以“搭便车”理论为标准认定播放他人电子竞技游戏赛事直播画面行为正当与否存在缺陷

我国法院在适用一般条款解决电子竞技游戏赛事直播画面纠纷时，强调论证赛事组织者享有的哪种合法利益需要法律进行保护，以及相关竞争行为是否违反商业道德，而对竞争自由、消费者利益、市场效率等因素的普遍关注和综合平衡有所忽视。因此，本书认为，目前司法实践中对于《著作权法》不予保护的电子竞技游戏赛事直播画面，基于“搭便车”理论寻求《反不正当竞争法》一般条款进行保护的认定路径存在以下缺陷：

（1）赋予赛事组织者禁止他人“不劳而获”的权利，导致利益不平衡

法院认定，因赛事组织者对赛事进行了大量投入，而对赛事直播画面拥有“独家视频转播权”。可见，法院的这种裁判思路实质上是为赛事组织者创设了一种绝对权，义务主体为权利人之外的任何不特定的第三人，即赛事组织者，可以禁止任何未经许可播放其电子竞技游戏赛事直播画面的行为。此种裁判思路是《反不正当竞争法》一般条款赋予了赛事组织者绝对权，即赛事组织者对电子竞技游戏赛事直播画面绝对的支配权。但是，这种做法不仅违反了权利法定原则，而且过分强调赛事组织者的权利，导致电子竞技游戏赛事直播行业多个主体之间的利益失衡，不利于市场自由竞争。

（2）将“搭便车”理论适用于电子竞技游戏赛事直播行业不符合效率原则

本书认为，“搭便车”理论的认定路径赋予了其他平台过高的经营避让义务和不得干预义务，不利于其开展市场竞争。同时，如果赛事组织者拒绝授权其他平台对相关赛事画面进行直播或转播，那么其他平台只能对同一电子竞技赛事进行重复录制、添加解说、音效等电子竞技游戏中本不存在太大个性化空间的因素，这更是对资源的浪费，不符合效率原则。市场创新发展往往就是“站在巨人的肩膀上”，互联网竞争相较于传统竞争而言更激烈、时效性更强。因此，笔者认为，互联网时代的竞争应该是建立在效率基础之上的公平竞争，即不应仅关注对经营者利益的保护，还应在促进电子竞技游戏赛事直播行业有序竞争的前提下对经营

者、竞争者以及消费者利益进行综合考量。

(3)以个人道德或社会公德替代赛事直播行业公认的商业道德

以“不劳而获”的道德标准认定播放他人电竞赛事直播画面行为的正当性,属于以使用日常伦理道德来替代公认的商业道德标准的行为,这会不适当地扩大不正当竞争行为的认定范围,既违背反不正当竞争法的宗旨,又会得出不恰当的裁判结果。再者,在司法实践中,当法官以“道德”为标准判定行为正当性时,“道德”标准始终都会在审判过程中主导法官用道德框架去限定竞争模式,进而使法官仅关注行为人的主观动机,而忽略对行为结果因素的考量,甚至在并不存在道德共识的情况下,“道德”标准仍旧会对认定结果产生一定的作用。[①]

(4)设置了过于宽松的判定标准,违反《反不正当竞争法》的立法宗旨

法院以“搭便车”理论设置了过于宽松的正当性判定标准,使赛事组织者能够非常容易地寻求《反不正当竞争法》一般条款的保护,这种做法极大地扩大了赛事组织者的权利范围,进一步限制了竞争者的自由竞争行为,从而影响正常的市场秩序。以“搭便车”理论认定电子竞技游戏赛事直播行业公认的商业道德,将过度减轻赛事组织者的举证责任。赛事组织者依据《反不正当竞争法》第 2 条主张权利时,只需证明被告未付出努力而获得了商业利益,无须说明何为电子竞技游戏赛事直播行业具体的行业惯例、公认的商业道德,更无须详细阐述被告行为的不当之处。这样将扩大《反不正当竞争法》的调整范围。

总之,在判断行为正当性时,不能仅考虑赛事组织者的利益,需要进行各个主体之间的利益平衡。“搭便车”理论并不符合市场竞争的基本原则,因此,本书认为,不宜直接援引《反不正当竞争法》一般条款对赛事组织者的“投入”进行保护。

(三)电子竞技游戏赛事直播画面纠纷中的行为正当性判定标准之重塑——基于“多因素考量”的评价标准

电子竞技游戏赛事直播行业属于新兴的领域,并未形成成熟的商业规则,因此在判断竞争行为是否具有不正当性时,必须以市场效率为基础和目标,不宜过分关注赛事组织者的利益而忽略对不同利益冲突的平衡,依然要对其市场效果进

① 参见蒋舸:《关于竞争行为正当性评判泛道德化之反思》,载《现代法学》2013 年第 11 期。

行分析,坚持“多因素考量”的评价标准,即应该审查其他经营者的利益是否受到损害、消费者的福利是否提升、行业竞争秩序和效率是否促进等。

(1)考虑其他平台擅自播放行为是否破坏了赛事组织者的竞争能力

本书认为,虽然从用户的角度看,擅自播放他人电子竞技游戏赛事直播画面的行为具有不合理之处,但从电子竞技类游戏本身的特点来看,游戏用户无论选择在哪一直播平台上观看赛事直播画面,目的都是观赏选手高超的游戏策略及技巧,因而不会造成赛事组织者竞争能力的下降,也不会阻碍自由竞争。

(2)考虑其他平台的此种“搭便车”行为是否对赛事组织者造成了实质性损害

鉴于电子竞技类游戏赛事直播画面仅是对游戏过程的客观记录,选手、主播、摄影师等进行个性化创作的空间受限,因而观赛用户对于赛事直播平台不存在个人倾向性的选择,并不普遍存在对哪一直播平台形成高强度的用户黏性。因此,即便用户改变选择到另一个平台上观看赛事直播画面,另一个直播平台也不会形成对赛事组织者直播内容的市场替代,因而其他平台的擅自播放行为也不会对赛事组织者的利益造成实质性损害,该行为属于竞争对手之间相互争夺商业机会的结果,并不构成不正当竞争。

(3)考虑“搭便车”的行为是否损害了用户的利益、降低了市场竞争效率

本书认为电子竞技游戏赛事直播行业属于新兴行业,需要在效率的基础上追求公平。播放他人电子竞技游戏赛事直播画面的行为并未对赛事组织者的利益造成实质性损害,却提升了消费者的福利,具有积极效果。如果播放他人电子竞技游戏赛事画面的行为虽然损害了赛事组织者的竞争利益,但符合商业实际,促进了商业模式的创新,提升了行业市场竞争效率,则应摒弃以“搭便车”理论为标准来判断播放他人大型电子竞技游戏赛事直播画面正当与否的做法。

本书认为,鉴于竞技类游戏自身的特点,电子竞技游戏赛事画面不具有独创性,其不属于《著作权法》的保护范畴,因而其他平台经营者可以自由使用。如果援引《反不正当竞争法》一般条款对播放他人电子竞技游戏赛事直播画面的行为进行保护,将会得出与《著作权法》保护完全相反的结论,引起二者的适用冲突。因此本书认为,不能以《反不正当竞争法》的一般条款对电子竞技游戏赛事组织者的相关“投入”进行救济,应交由市场自由竞争。

综上所述,电子竞技游戏赛事直播画面不具有独创性,无法受到《著作权法》的保护,但电子竞技游戏赛事直播属于近年迅速兴起的行业,其新兴的电子竞技游戏赛事直播行业涉及游戏开发商、比赛选手、赛事组织者以及用户等多个主体的利益,赛事组织者及各大平台之间关于赛事直播画面的竞争尚处于无序状态。面对电子竞技游戏赛事直播行业的这种无序状态,法院运用"搭便车"理论对抽象的商业道德进行解释,以期为赛事组织者的"投入"寻求《反不正当竞争法》的保护。但这一做法不仅使电子竞技游戏赛事直播画面的法律保护基础太过牵强,也导致《著作权法》的保护范围扩大,致使立法者所预设的各个主体之间的利益平衡模式被打破。因此,针对电子竞技游戏赛事直播画面的《著作权法》与《反不正当竞争法》的法律适用冲突问题,在《著作权法》不予保护的情况下,不能通过以"搭便车"理论解释商业道德的方式寻求《反不正当竞争法》的救济,而应鼓励各赛事直播平台在自由使用的基础之上不断加入新的元素,扩大直播市场,推动电子竞技游戏赛事直播行业的繁荣创新。

第三节　体育赛事网络转播行为的法律适用的冲突与解决

一、体育赛事网络转播行为理论

传统"转播"的含义为广播电台、电视信号发射台转发收到的包括广播及电视节目等的电子信号。"网络转播是指网络服务提供者通过设备获取广播、电视台节目信号,再通过网络向用户同步传送载有广播节目的数据流,以使用户通过网络设备实时收看节目的行为。"①

2018 年 3 月,"新浪诉天盈九州案"②引发学术界关于网络转播公用信号承载的体育赛事连续画面法律适用问题的热切关注。国内学术界对这个问题的争议大致聚焦在:对于体育赛事转播中的连续画面应否给予保护(尤其是当权利来源不明确时)? 体育赛事转播中的连续画面在不受到《著作权法》保护时,是否可以

① 孙雷:《网络转播著作权若干问题浅析》,载《中国版权》2016 年第 1 期。

② 参见北京知识产权法院民事判决书,(2015)京知民终字第 1818 号。

适用《反不正当竞争法》进行保护？

二、体育赛事转播中的连续画面的著作权保护分析

（一）具体案件中引发的作品定性争议

体育赛事节目画面转播涉及著作权保护问题的最大争议是，公用信号承载的连续画面是否构成作品，主要判断其中的“独创性”要素；以及是否可以适用“新浪诉天盈九州案”中[①]所引用的“创作性高低”的判断标准。此案中，二审法院支持当事人引用2010年《著作权法》第45条[②]寻求救济，同时又否定赛事直播画面属于著作权保护的作品类型。[③]

由于涉案赛事的比赛画面属于直播类型的“转播”，则其转播过程中不是稳定地固定在有形载体上，因此无法构成电影作品的“固定性”要素。另外，赛事信号所构成的连续画面的“独创性”也并不显著。赛事画面拍摄角度及素材选择中的个性化空间有限，例如，在中超联赛的拍摄中，摄像师对拍摄对象、角度选取及后期特效等的处理均受客观因素的限制。[④] 因此，从独创性角度出发，体育赛事画面的独创性无法达到电影作品的独创性高度，也就意味着体育赛事画面无法构成作品，其根本不受著作权法的保护。

（二）“新浪诉天盈九州案”评析

仔细梳理北京知识产权法院对“新浪诉天盈九州案”的二审判决，可以发现一审判决与二审判决最大的不同在于法院对体育赛事直播画面性质的认定思路上。

---

① 参见北京知识产权法院民事判决书，（2015）京知民终字第1818号。“新浪诉天盈九州案”的一审法院认为：“涉案体育赛事节目构成以类似摄制电影的方法创作的作品，天盈九州被诉行为侵害了新浪公司的著作权。”二审法院，即北京知识产权法院，认为：“中超赛事直播信号所承载的连续画面，在独创性高度上较难符合电影作品的要求；据此被上诉人新浪公司不享有涉案体育赛事节目的著作权，上诉人天盈九州不构成对被上诉人著作权的侵犯。”

② 此案的判决依据为2010年《著作权法》修正案。该条规定：“广播电台、电视台有权禁止未经其许可的下列行为：（1）将其播放的广播、电视转播；（2）将其播放的广播、电视录制在音像载体上以及复制音像载体。前款规定的权利的保护期为五十年，截止于该广播、电视首次播放后第五十年的12月31日。”

③ 参见央视国际网络有限公司诉暴风集团股份有限公司著作侵权案，北京市知识产权法院（2015）京知民终字第1055号民事判决书。

④ 包括赛事本身的客观情形、赛事直播的实时性、观众的需求、信号的直播标准等。

一审法院认定,体育赛事直播画面属于《著作权法》所保护的作品,但并未明确其属于哪一种具体作品类型,同时认为该转播行为不包含交互式传播行为,因此最终以"应当由著作权人享有的其他权利"①来控制体育赛事转播行为。②

该案二审法院则从上诉人诉求以及一审判决得出的结论出发,分析构成"类电影"作品的构成要件,反向推理相关涉案画面不构成类电影作品,从而被诉行为不会构成对他人著作权的侵犯。③ 虽然二审法院,即北京知识产权法院,是根据上诉人诉求以及一审判决来分析类电影作品相关构成要件。但有学者认为,实际上当法院采取了类型化的套用测试之际,即"先看可能是哪类作品,再看究竟有无著作权"可能就已经产生了本末倒置的问题。④ 对该疑问,作出判决的主审法官给出了回答。⑤ 他认为,在判断具体案件作品性质和要件时,若案件作品定性类型相对清楚,就没必要进行迂回判断。该案中涉及的体育赛事直播画面很明显为连续画面,连续画面在我国《著作权法》中的类型体系中要么是"类似摄制电影的方法创作的作品",要么是录像制品,则可直接从这两个客体出发进行分析。同时,主审法官认为,作品应有类型限制,⑥若没有作品类型限制,直接从作品的构成要件出发判断该作品是否受到保护,而不重视法律规定的作品分类,那么就会引起著作权的归属和权利的分配等一系列的问题。换言之,如果按照一审所作判决将体育赛事直播画面归为"其他权利",则体育赛事画面著作权的归属不确定。因此,不同作品的保护范围并不相同,权属认定是先从构成要件出发还是作品定性出发要根据个案进行分析。

---

① 2010 年《著作权法》第 10 条第 17 项中规定的"应当由著作权人享有的其他权利"。

② 参见北京市朝阳区人民法院民事判决书,(2014)朝民(知)初字第 40334 号。

③ 参见北京知识产权法院民事判决书,(2015)京知民终字第 1818 号。

④ 参见孙远钊:《从著作权独创性谈中超联赛直播案》,载微信公众号"知产库"2018 年 4 月 4 日,https://mp.weixin.qq.com/s/-f9zarpzC7v58nLVtCWj4Q。

⑤ 此回答是陈锦川法官在"中南财经政法大学 2018 年暑期夏令营"活动中"你问我答"环节对此问题所做的回应。

⑥ 《著作权法》第 3 条规定:"本法所称的作品,包括以下列形式创作的文学、艺术和自然科学、社会科学、工程技术等作品:(一)文字作品;(二)口述作品;(三)音乐、戏剧、曲艺、舞蹈、杂技艺术作品;(四)美术、建筑作品;(五)摄影作品;(六)电影作品和以类似摄制电影的方法创作的作品;(七)工程设计图、产品设计图、地图、示意图等图形作品和模型作品;(八)计算机软件;(九)法律、行政法规规定的其他作品。"

此外,也有一些学者对法院就独创性高低来衡量是否受著作权法保护的观点持有异议,认为“受著作权保护究竟要有什么样的‘创作高度’是根本不需要去探究的,恐怕穷法院之力永远也无法厘清”①。此观点相对保守。虽然德国、荷兰与瑞士等大陆法系国家的司法实践已逐渐认可对于特定类型的作品(如计算机软件、目录索引、字典编辑等)要求必须达到一定的创作高度才可以受到著作权法的保障,但并非要求所有类型的作品都要有一定的创作高度。例如,体育赛事直播画面,由于其本身的复杂性以及有关直播画面性质定性的不同角度,②对于其性质需要更加细致地进行分析,因此从独创性程度高低来进行判断不失为目前司法裁判中最合理公正的方法。但前述判决并不能代表司法实践中遇到的大多数情况。③

(三)网络转播中体育赛事直播画面的作品定性

体育赛事直播画面是否可以构成作品,需要根据具体条件进行认定。第一,根据2020年《著作权法》对作品的定义,体育赛事转播画面需要具有一定的表现形式,体育赛事转播画面是摄制在一定的介质上的连续画面。第二,关于“独创性”标准。“独创性”强调创作主体个性化的选择,如果创作者具有相对较大的个性化选择空间,则创作更可能具有独创性。反之,如果创作受到客观因素的限制越多,那么创作者的个性化选择空间就越小,则独创性越低。而体育赛事画面属于对客观事件的记录,具有纪实性质,其比赛画面有着统一的制作标准,需要满足观众需求以及摄影师通用的拍摄手法等客观因素,极大限制了比赛直播团队的个性化创作。

通常在体育赛事的直播中,成熟赛事基本上均有严格的公用信号制作手册,虽然不同赛事手册的完备程度不同,但原则上各直播团队均需按照手册严格执行。实际上,就客观限制因素对于个性化选择空间的影响而言,不同类型的视听

---

① 参见孙远钊:《从著作权独创性谈中超联赛直播案》,载微信公众号“知产库”2018年4月4日,https://mp.weixin.qq.com/s/-f9zarpzC7v58nLVtCWj4Q。

② 不同角度有权益来源、制作过程、播放方式、制作手册以及行业模式等。

③ 法院也在“新浪诉天盈九州案”的判决中提道:“当然,本院并不认为任何情况下的中超赛事直播公用信号所承载连续画面均不可能符合电影作品独创性的要求,本院上述结论是在对中超赛事直播各种限制因素综合考虑的基础上所做的类型化分析结论。”“在具体案件中,涉案体育赛事直播并未受上述限制,或者存在其他独创性的体现,则其当然可能构成电影作品。”

作品可表现出如下特点：第一，纪实类作品相较于非纪实类作品个性化选择空间较小；第二，直播类作品相较于非直播类作品个性化选择空间较小；第三，有摄制标准要求的作品相较于无摄制标准要求的作品个性化选择空间更小；第四，需要符合观众需求的显然比无须考虑观众需求的个性化选择空间更小。

因此，笔者认为，实践中存在的体育赛事直播画面可以分为两类：一类是单纯的赛事现场的节目直播画面，①其仅仅是对赛事现场实况的直接呈现，包含简单的主持人介绍、讲述及节目录制者简单的镜头切换；另一类是包含精彩镜头回放、比赛现场及球员特写、嘉宾点评、主持人评述、全场与局部画面等各类元素的有机整体。

就后者包含画面外添加因素的体育赛事直播画面而言，本书认为其可以构成视听作品。因为这类体育赛事直播画面的嘉宾点评、镜头选择、拍摄手法、角度选取，以及后续的剪辑及处理等方面，均能够充分发挥点评嘉宾、拍摄者及后期制作者的主观能动性，其制作过程创作自由度较高，独创性更加明显，适用视听作品对其保护是最合理的。因为"视听作品"具备"有连续、动态的图像存在""可以有声音，或者没有声音""需借助一定装置或者媒介播放""能够被感知"等一系列要素，②因此，将符合作品构成要件的体育赛事直播画面纳入"视听作品"予以保护具有可行性。

相比之下，单纯的赛事现场的节目直播画面，并不存在嘉宾的解说和点评、拍摄的镜头及角度的选取也较简单，这类的体育赛事画面仅仅是比赛现场的节目直播实况呈现，其制作过程中几乎不存在制作者的个性化选择及取舍，无法体现制作者的主观能动性和创造性劳动。从这一点出发，这类单纯的赛事现场的节目直播画面在制作过程中存在较严格的限制，独创性程度低，并不构成著作权法意义上的作品，不应受到著作权保护。

---

① 参见赵双阁、艾兰：《体育赛事网络实时转播法律保护困境及其对策研究》，载《法律科学（西北政法大学学报）》2018年第4期。

② 参见杨幸芳、李伟民：《视听作品的定义与分类研究——兼评我国〈著作权法〉第三次修订中"视听作品"的修改》，载《中国政法大学学报》2020年第3期。

三、体育赛事转播的著作权法与反不正当竞争法的适用冲突

关于上述两类体育赛事直播画面，对于一类符合作品构成要件的体育赛事直播画面，纳入“视听作品”予以保护；而对于另一类不能构成著作权法意义上的作品的体育赛事直播画面，从现有的司法实践来看，目前也有通过《反不正当竞争法》来保护的先例。在“央视网诉我爱聊案”中①，法院认为，上诉人通过软件实时转播电视台节目内容并不构成《著作权法》②规定的“转播”行为，因此法院适用《反不正当竞争法》第2条来保护央视网公司的利益。但采用《反不正当竞争法》第2条造成了著作权法与反不正当竞争法的适用冲突。

（一）“互联网专条”的不可适用

我国《反不正当竞争法》第12条针对网络环境下的不正当竞争行为进行规制，被称为“互联网专条”③。但我们所讨论的“转播”行为是否适用“互联网专条”仍要判断条款具体内容：一是争议行为发生在网络中；二是争议行为利用技术手段妨碍、破坏其他经营者合法提供的网络产品或者服务的正常运行；三是争议行为影响用户选择。

通过对该条规定的研究，得出的结论是该条规定并不适用于本书讨论的转播体育赛事直播画面的侵权行为，并且《反不正当竞争法》第12条第2款中的“其他”条款也不能对其进行规制。因为体育赛事转播行为性质的复杂性导致其是否

---

① 原告央视网公司发现我爱聊公司未经许可，擅自通过其提供的名为“电视粉”的软件向用户实时转播中央电视台播出的大量伦敦奥运会比赛的电视节目。原告以被告侵犯广播权、广播组织者权以及违反公平原则和诚实信用原则的不正当竞争行为为由提起诉讼。该案一审法院（北京市海淀区人民法院）、二审法院（北京市第一中级人民法院）均未认定广播权、广播组织者权。法院认为通过网络转播中央电视台相关频道的节目内容，即使与以无线方式、有线方式的转播在客观效果上并无实质差异，甚至在一定程度上网络转播比传统的电视转播方式可能更加迅速、便捷，成本更低，但它对权利人的损害也可能更大。

② 此案判决依据的是2010年《著作权法》第45条的规定。

③ 《反不正当竞争法》第12条规定：“经营者利用网络从事生产经营活动，应当遵守本法的各项规定。经营者不得利用技术手段，通过影响用户选择或者其他方式，实施下列妨碍、破坏其他经营者合法提供的网络产品或者服务正常运行的行为：（一）未经其他经营者同意，在其合法提供的网络产品或者服务中，插入链接、强制进行目标跳转；（二）误导、欺骗、强迫用户修改、关闭、卸载其他经营者合法提供的网络产品或者服务；（三）恶意对其他经营者合法提供的网络产品或者服务实施不兼容；（四）其他妨碍、破坏其他经营者合法提供的网络产品或者服务正常运行的行为。”

属于网络产品或者网络服务还有待考量；另外，转播行为也并未涉及用户的选择；最重要的是，转播行为并没有影响其他经营者正常提供其网络产品或服务的能力。

另外，从立法目的出发，《反不正当竞争法》具体条款的内涵也不宜扩张解释和适用，无论从国际公约的保护框架来看还是从制度的目的和政策的视角出发，各个单行的知识产权法与《反不正当竞争法》具体条款之间并不必然存在相互排斥或是谁挤占了谁的位置的"关系"问题，亦即彼此并不具有可替代的关系，却可互补。①

（二）《反不正当竞争法》"原则条款"不可笼统适用

现行《著作权法》的不足导致权利人无法从特定类型的案件获得适当有效的救济，于是只能另辟蹊径地把本来只是作为辅助或附带诉求性质的《反不正当竞争法》变成了主张侵权的主要依据，也就是把辅助变成了替代。于是只好同许多其他过去的案件一般，把原本只是作为一般宣示性质的第 2 条第 1 款②替代为一个无所不能、可以让法院完全自由裁量并扩张适用的"万能条款"。例如，在"央视网诉我爱聊案"中，法院认为通过互联网转播中央电视台相关频道的节目内容，在一定程度上比传统的电视转播方式可能更加迅速、便捷，成本更低，当然，对权利人造成的损失也更大。法院以《反不正当竞争法》第 2 条规制体育赛事转播行为为裁判依据，间接保护了央视网公司的利益。这种做法虽然属于权宜之举，但却对法律的适用与解释造成了曲解，笼统适用可能会对未来的法学研究与法治建设产生不利的影响。

首先，在信息爆炸、市场经济繁荣的背景下，自由竞争的范畴显得更广阔。国家对市场经济予以支持和引导，鼓励创新创业者充分发展，而发展的前提是要存在广泛和充满活力的自由竞争市场。由此产生的思考是，如果网络转播复制赛事

---

① 参见郑成思：《反不正当竞争—知识产权的附加保护》，载《知识产权》2003 年第 5 期。

② 《反不正当竞争法》第 2 条规定："经营者在生产经营活动中，应当遵循自愿、平等、公平、诚信的原则，遵守法律和商业道德。本法所称的不正当竞争行为，是指经营者在生产经营活动中，违反本法规定，扰乱市场竞争秩序，损害其他经营者或者消费者的合法权益的行为。本法所称的经营者，是指从事商品生产、经营或者提供服务（以下所称商品包括服务）的自然人、法人和非法人组织。"

画面或信号仅是为了方便相同爱好者观看使用,并没有获得可观的商业收入而仅是对原权利人商业利益的部分分流,这种情况是否扰乱了市场竞争秩序,是否损害相对商业者的既得利益则未可知。其次,虽然《关于反不正当竞争保护的示范规定》①第1条规定了违反"诚实习惯"的行为构成不正当竞争,但并没有法律法规或者司法解释对"诚实习惯做法"的具体含义进行规定。到底何种行为违反"诚实的习惯做法",也即"诚实信用原则",并未有很明确和统一的观点。② 法律中,尤其是网络环境中的"诚信"定义,其他法律法规以及强制性规定并没有作出明确的解释,仅靠法官和学者的朴素价值观进行判断,因此,该条款的适用前提本身就是不明确且不具有普适性的。最后,复杂网络环境中的有些商业行为会带给公众巨大的便利,但往往其背后却牵扯一些不当使用行为甚至是侵权行为,人们对待这种行为往往会用我们传统理解的"诚信"来概括归纳行为,认为"侵权人"只要有利用他人收集的数据信息的行为就是不诚信的、破坏经济秩序和侵害他人利益的不正当竞争行为,而忽视该数据信息本身收集的简易性和方便性,因此对于这种数据信息的保护不能太严苛,否则会限制了知识信息本身的公共性和可传播性。

综上,笔者认为,对《反不正当竞争法》第2条原则条款的适用需把握必要的尺度,不可笼统适用,尤其在具体个案中,对于同一行业竞争者并且明显具有恶意侵犯他人商业利益,严重违反诚信道德和市场秩序的行为和商家,可以选择性适用原则条款来保护当事人的利益,但同时要注意适用的边界和限度,厘清该原则的适用并不具有普适性。

四、体育赛事网络转播行为的法律适用路径

体育赛事直播画面的保护要确定的是在《著作权法》保护范畴内,判断体育赛事直播画面在独创性和具有一定的表现形式的标准下是否构成作品,构成什么类型的作品,需要落实到具体个案中判定,如果是包含画面外添加因素的体育赛事

① 《关于反不正当竞争保护的示范规定》第1条规定:"……凡在工商业活动中违反诚实的习惯做法的行为或做法亦应构成不正当竞争的行为。"

② 《关于反不正当竞争保护的示范规定》(1997年)关于第1条的注释。

直播画面,则可能会构成视听作品进行保护,因为无论是素材的选择,还是对拍摄角度的选取及后续的处理,其录制和制作过程中创作的自由度较高,独创性更加明显,适用《著作权法》规定的视听作品对其保护是最合理的。

如果是单纯的赛事现场的节目直播画面,因其在制作方面受到较多限制,创作空间小,因此此类体育赛事直播画面不能归类为《著作权法》的作品类型,不受到《著作权法》的保护。

对于构成作品的体育赛事直播画面,实践中《反不正当竞争法》也作为救济方式被应用在此类转播侵权案件中。虽然在《反不正当竞争法》中已设有“互联网专条”,但仔细分析此条款可知,该条款并不适用于本书讨论的网络转播中体育赛事直播画面侵权行为的判定。另外,以《反不正当竞争法》第2条的诚实信用原则来进行笼统规制则显得不够科学与不够规范,试想如果此类案件在相关单行法无法规制的情形下就适用诚实信用原则,那么在没有真正的具体判断标准的情况下赋予法院的自由裁量权则过大,反而不利于保护当事人的合法权益。

第四节 数字环境下网页的法律适用的冲突与解决

一、网络环境下网页复制行为背景

由于网页的便利性、即时性和普遍性,相对应的网页诉讼案件也层出不穷、表现形式多样。大多数网页诉讼案件的争议焦点主要表现为网页复制抄袭,也包括一些比较特殊的方式,如在网页界面插入广告遮挡原网页信息①、网页快照搜索原创网页内容②、图文框链接③等。在此我们只讨论现今较常见的网页复制抄袭行为。

---

① “百度网讯公司诉上海很棒公司不正当竞争侵犯著作权纠纷案”涉及此侵权行为,百度公司认为:“原告对百度网页享有著作权,被告利用很棒公司的‘小秘书’软件未经原告许可强行改变百度搜索结果页面,破坏了原告网页作品的完整性,被告行为已构成对原告网站页面著作权的侵犯。”

② “‘网页快照’是新类型的内容呈现方式。如今,随便打开一个搜索引擎,在搜索结果里,往往都会有‘网页快照’的提示。‘网页快照’对于网页内容检索意义甚大,因为它的存在,很多已经消失的内容得以再现。然而,也因为它的‘再现’,被很多人以为是一种侵权行为。”转引自陈东坡:《网页快照搜索原创网页内容是否涉侵权?》,载知乎网2015年4月21日,https://www.zhihu.com/question/20255963/answer/45441302。

③ 图文框链接,此种行为使他人的网页出现时,无法呈现原貌,使作品的完整性受破坏。

在实际案件中,被侵权人对于此种网页复制行为的诉求主要分为3种:第一种认为,侵权人对其网页的复制抄袭构成著作权侵权,如搜狐与新浪之间的纠纷;[①]第二种为请求法院判定构成不正当竞争行为,认为行为人模仿原告网页,借助原告的品牌来吸引消费者,获取交易机会;第三种是同时起诉不正当竞争和著作权侵权。在"厦门莱恩迪贸易公司与厦门贝丝汀化妆品公司案"中,法院认定,网页不能构成《著作权法》意义上的作品,对相关网页复制的行为不构成著作权侵权,但构成不正当竞争;[②]在"上海东方网股份公司与济南梦幻多媒体公司案"中,法院认定,对网页的复制行为构成不正当竞争行为;[③]然而,在"吴某诉陈某群著作权纠纷案"中,法院则认定,对网页的复制行为构成著作权侵权;[④]在"北京创联通公司诉北京汇盟国际咨询公司案"中,法院再一次认定,对网页的复制行为并不构成不正当竞争,而构成著作权侵权。[⑤]

由以上典型案例可以看出,针对相同或类似的案件,不同法院却作出了不同的判决结果。首先,这无疑是因为网页的技术性和复杂性导致了相关法律适用的不明确。无论是被侵权人寻求救济,还是法院裁判,对于网页作品侵权行为如何进行认定和规制,迄今并没有达成一个较稳妥的裁判标准和较统一的答案。本书认为,网页复制行为的认定和法律适用首先应厘清网页的性质,即是否构成作品,在何种情况下能囊括进《著作权法》的保护范围中。其次,对于不构成作品的网页如何进行保护。最后,结合案例并比对2019年修订前和修订后的《反不正当竞争法》,从网页性质以及相关侵权构成要件出发,研究哪种网页复制行为真正属于反不正当竞争行为,受《反不正当竞争法》规制。

---

① 朱列玉:《从新浪诉搜狐侵犯著作权案件看当前知识产权司法保护出现的新问题》,载董永森等主编:《信息网络与高新技术法律前沿2005》,第60页。

② 福建省厦门市中级人民法院民事判决书,(2005)厦民初字第61号。

③ 上海市第二中级人民法院民事判决书,(2000)沪二中知初字第109号。

④ 上海市高级人民法院民事判决书,(2006)沪高民三(知)终字第49号。

⑤ 法院认为,原被告网页相似是由双方都是经营IPP业务所具有的共同特点决定的。被告汇盟公司网站网页的首页除IPP业通用语言与原告创联公司的表述相同外,其他内容的表述与创联公司的内容表述并不相同。汇盟公司的广告设计和内容并不构成对创联公司著作权的侵害。

二、网页的《著作权法》保护分析

网页,是指以数字化形式存储于计算机设备上的超文本文档,访问者输入网址后可以对其进行访问。网页一般是通过图片、文字、超级链接、动画、表单、视频、音频元素等来展示其内容的,是企业形象的代表,日益成为企业一项重要的无形资产。①

(一)网页与作品构成要件

网页是否符合我国《著作权法》第3条②关于作品的要求,需要结合相关构成要件进行分析。首先,关于网页是否属于人类的智力成果。在网页制作过程中,网页制作者投入人力、物力、财力,将任何可以数字化的素材通过科技手段编排到网页中,因网页可以通过文字、图片、动画、视频等内容将作者的想法、创意展现出来,无论使用何种网页制作工具,是否自动生成还是主动创作,最终完成的网页都属于网页制作者智力劳动的结果,属于"文学、艺术和科学"领域内的智力成果;其次,关于网页是否具有"以一定形式的表现"和独创性。网页内容存储于计算机设备中,随时随地可以进行复制和传播。因此,网页的可版权性问题争议焦点为网页是否具有"独创性"。第一,网页的版式设计具有独创性。在网页制作过程中,制作者将文字、图形、栏目等要素进行空间组合而形成合理的网页编排结果,不仅可以传递相关信息,更具有一定的审美意义。第二,网页版面是对精心挑选的内容、素材进行编排、整合形成的,对网页颜色、素材、内容等的选择与设计是制作者智力活动的体现,可以体现制作者独特的个性。

综上所述,网页是否可以构成作品需要进行个案判断。并非所有的网页都可以构成作品,那些内容及布局编排较简单,色彩、图形等设计不保护太多创造性劳动的网页,并不能构成《著作权法》意义上的作品。然而,对于文字、图形动画、色彩选择上体现制作者个性化印记、版面设计和布局体现制作者独特构思的网页,

---

① 白树海、张小灵:《网页作品版权保护相关问题探析》,载《电子知识产权》2011年第11期。

② 《著作权法》第3条第1款规定:"本法所称的作品,是指文学、艺术和科学领域内具有独创性并能以一定形式表现的智力成果。"

是制作者的智力劳动成果，具有独创性和可复制性，可以构成《著作权法》意义上的作品。

（二）网页作品定性

从前述讨论的网页与作品构成要件关系可以看出，大多数网页是构成作品的，但对于网页作品可以构成何种具体的作品类型，一直以来有争议。对于网页构成何种作品的观点有“汇编作品说”[①]、“多媒体作品说”[②]、“计算机程序说”[③]、“美术作品说”[④]及“其他作品说”等，还有学者主张扩张作品类型，让网页作品成为一个新的作品形式[⑤]。

首先，关于网页构成“美术作品”的观点仅在少数案件和行政许可中出现。例如，在“重庆印加科技公司与重庆市土豆先生快餐公司案”[⑥]中，原告诉称其网页已在重庆市版权局登记为“美术作品”，应受到《著作权法》的保护。但被告土豆快餐公司答辩认为，根据《著作权法实施条例》关于“美术作品”[⑦]的相关规定，网页作品并不符合“美术作品”的构成要件，将网页作品纳入“美术作品”这一作品类型的做法并不可取。法院认为，涉案网页并不构成“美术作品”，版权局将原告网页认定为“美术作品”的做法是错误的。本书认为，网页并不符合“美术作品”的构成要件，不应将其纳入“美术作品”进行保护。因为我国《著作权法实施条例》将“美术作品”规定为“平面或立体的造型艺术”[⑧]，因此，“平面或立体”也就限定了“美术作品”的范围，即一项智力成果要想构成“美术作品”，必须是借助物质载体的维度

---

① 参见朱庆玉、孙益武：《网页作品的著作权保护》，载《华东交通大学学报》2005年第5期。

② 参见李宏轩、杨宁：《网页著作权若干问题探析》，载《情报理论与实践》2000年第6期；李华婷：《主页的版权和版权保护》，载《情报杂志》2003年第2期。

③ 参见秦珂：《主页的版权和版权保护》，载《情报科学》2005年第2期。

④ 参见重庆市第一中级人民法院民事判决书，(2006)渝一中民初字第172号。

⑤ 参见葛宏：《“网页”的知识产权保护问题研究》，载《中国商界》2010年第5期；封涌：《网页作品的客体及其法律地位分析》，载《江苏警官学院学报》2004年第3期；余禀同、冯忠明：《论我国网页著作权的保护》，载《经济研究导刊》2008年第3期。

⑥ 参见重庆市第一中级人民法院民事判决书，(2006)渝一中民初字第172号。

⑦ 美术作品，是指绘画、书法、雕塑等以线条、色彩或者其他方式构成的有审美意义的平面或者立体的造型艺术作品。

⑧ 《著作权法实施条例》第4条第8项规定：“美术作品，是指绘画、书法、雕塑等以线条、色彩或者其他方式构成的具有审美意义的平面或者立体的造型艺术作品。”

加以展现的具有固定形态的造型艺术。而网页内容中既包括文字、图形等静态的内容,也包括动态图画、音乐、视频等动态的内容,其无须借助物质载体的维度加以展现,并不具有固定形态。即便一个网页具有属于存在审美意义的艺术,也完全可以带给用户美的享受,但其并不符合"美术作品"关于"固定形态"的要求,故无法被纳入"美术作品"进行保护。

其次,也有学者将网页归为计算机程序。① 此观点认为,计算机程序是创作网页的手段和前提,网页的形成是由各种计算机程序为基础或者利用计算机程序作为手段制作的。但本书认为,这种观点具有片面性,计算机程序只是将网页内容,如文字、图形、动画等要素进行技术化处理,以使各种元素形成合理且具有美感的组合的手段,即计算机处理仅是网页制作的工具或手段,并非目的。并且网页也并不具备序列化指令的计算机程序的特点。因此,不应将网页认定为计算机程序。

最后,有学者认为,网页可以作为"多媒体作品"受到著作权的保护。② 此观点认为,网页与多媒体相比有很多类似之处:一是两者都为数字化作品;二是两者都是由文字、图形、声音、动画等多媒体信息构成,同时都借助于计算机创作和使用。本书认为,这种观点不能成立。首先,"多媒体作品"一般包含文字、图像、动画等内容,属于多种作品的综合,不宜用来解释其他种类的作品;其次,目前我国《著作权法》中并未明确规定"多媒体作品",法院无权自行创设"多媒体作品"并将网页纳入其中予以保护。因此,以"多媒体作品"来解决网页的作品性质问题并不具有可操作性,缺乏实践意义。还有学者提出为网页创设新类型作品的主张。③ 本书认为,考虑到网页作为一种特殊的信息产物,具有重要的商业价值,但却难以被归入《著作权法》现有的作品种类,即便创设新类型可以更好地在司法裁判中明确网页性质,明确保护当事人权利,但是该观点显然并不合理。在网络信息技术高速

---

① 计算机程序,是指为了得到某种结果而可以由计算机等具有信息处理能力的装置执行的代码化指令序列,或者可以被自动转换成代码化指令序列的符号化指令序列或符号化语句序列。同一计算机程序的源程序和目标程序为同一作品。

② 所谓"多媒体作品",是指在"计算机程序的驱动下结合了数字形式的文字、图形、声音、动画并能被用户以交互方式访问的制品"。

③ 葛洪:《"网页"的知识产权保护问题研究》,载《中国商界》2010 年第 5 期。

发展的进程中，会有很多新鲜信息产物诞生，并且有着自己的鲜明特征。如果为每种信息产物都创设新作品形式对其进行保护，那么可能会违背立法者初衷，甚至可能会造成知识的垄断，从而扼杀创新性。

实际上，对目前出现的网页著作权纠纷，司法实践中已经形成较一致的意见，即认为网页构成“汇编作品”①。如在“南京尚居公司诉南京飞日强装饰公司著作权纠纷案”②中，被告在其经营的网站上使用了原告网页的相关内容，被告网页从色彩、文字、图形等方面复制了原告网页，其版式结构、部分文字内容与原告的网页基本相同。南京铁路法院认为，原告网站的设计是一种劳动创造过程，其独创性体现在对内容、素材的选择、编排与整合上，其表现形式符合“汇编作品”的概念与特征，因此将原告的网页认定为“汇编作品”进行保护。法院认为，原告网页符合作品的构成要件，可以认定为作品予以保护。如果网页制作者通过自己的创意和选择，将其他作品或者不构成作品的要素集中在一个网页内，并且为方便消费者或访问者查询，通过整合这些信息内容并利用相关网络连接或者将不同的信息放置到网页数据库中，则网页构成“汇编作品”，可以根据《著作权法》第 15 条、第 10 条第 16 款的规定获得保护。同理，在前文述及的“重庆印加科技公司与重庆市土豆先生快餐公司案”中，法院认为：“与《著作权法》只保护作品的表现形式一样，汇编作品受著作权法保护的就是它的内容的选择和编排的组合形式。”③

综上所述，本书认为，对于一部分制作精美、引人注目的网页，因其编排、布局等的与众不同而具有独创性，满足作品的构成要件，可以将整体网页作为“汇编作品”进行保护。

（三）不构成作品的网页

相比之下，仅是一般网页的栏目设置和结构布局就不具备独创性，如我们日常接触的大多数网站，如百度、搜狗等搜索引擎结果网页界面，这些网页更多的是将搜索结果进行集合排列，并不存在更多的创造性的编排和选择。则这些仅对搜

① 《著作权法》第 14 条规定：“汇编作品是指汇编若干作品、作品的片段或者不构成作品的数据或者其他材料，对其内容的选择或者编排体现独创性的作品。”

② 参见南京铁路运输法院民事判决书，(2017)苏 8602 民初 564 号。

③ 重庆市第一中级人民法院民事判决书，(2006)渝一中民初字第 172 号。

索结果进行集合的网页不具有独创性。由纯粹的文字、图案等信息素材简单组成的网页,并不能体现制作者独特的构思,不具有独特的风格或创意。对这类网页进行保护容易导致对事实及知识本身的垄断,与立法目的相违背。我国法院在司法实践中,针对网页的法律保护问题也应当从作品的构成要件尤其是独创性出发,判别争议网页是否具有独创性,是否构成《著作权法》所保护的作品。前文提到的百度、搜狗等搜索引擎结果界面无论是从制作过程,还是从构成内容出发,都没有达到《著作权法》对于著作权保护认定的“独创性”标准,因此这些不符合作品构成要件的网页不构成作品,无法受到著作权法的保护。

总之,符合作品构成要件的网页应当属于“汇编作品”,受到《著作权法》保护。但是,其他不能适用著作权法保护的网页,是否可以纳入不正当竞争法保护范围,则需要进一步地详细讨论。

三、网页的《反不正当竞争法》的适用分析

在网络环境中出现的不能受到《著作权法》保护的网页,当事人是否可以考虑适用《反不正当竞争法》来保护自己权益,需要深入探讨。

(一)具体条款中“混淆”的认定

何种网页抄袭行为可以适用《反不正当竞争法》予以规制?根据《反不正当竞争法》第6条的规定[①],就网页抄袭行为而言,需要对3个要素进行考量:(1)擅自使用;(2)他人网页具有知名度;(3)构成混淆并造成误认。

首先,网页使用的前提条件是必须要经过原网页权利人的知晓和认可,擅自复制或抄袭他人网页属于侵权行为;其次,如果被抄袭复制的网页仅为制作不久并且没有知名度和影响力的网页,则对网页复制抄袭形成的网页当然不会引起消费者混淆最终造成误认的效果,因而不能被认定为不正当竞争行为;最后,需要分析竞争者对原告网页内容的使用行为是否导致相关公众混淆或误认。如果行为人仅仅是“使用”了原告网页的内容版式,而相关公众完全可以将二者的网页区分

---

① 《反不正当竞争法》第6条规定:“经营者不得实施下列混淆行为,引人误认为是他人商品或者与他人存在特定联系:……(三)擅自使用他人有一定影响的域名主体部分、网站名称、网页等。”

开来,不易导致混淆或误认,且被告与原告之间并不属于行业竞争者,则更不易引起相关消费者的误认。此时,即便行为人使用了他人的网页,但并不会损害他人的商业利益,对于消费者来说更谈不上欺诈或者利益受到损失,[①]当然,产生误认效果的消费者必须为普通消费者而非此行业专业人员。对于因不构成作品而不受到《著作权法》保护的网页,如果其真正达到了《反不正当竞争法》第6条第3款的构成要件,尤其是其中的"混淆"以及"引起误认"要件,则可以适用《反不正当竞争法》来对当事人权益进行保护。

大多数案件已采取此种判断思路,例如,在前文述及的"厦门莱恩迪贸易公司与厦门贝丝汀化妆品公司案"[②]中,法院认为,原告与被告均属于同行业,被告未经许可使用原告网页的图片、文字、证书等信息,足以使公众认为被告网页与原告网页之间存在联系,造成相关公众的混淆和误认,因而认定被告的行为构成不正当竞争。再如,在"上海东方诉济南梦幻案"[③]中,法院认为,竞争者采取抄袭、仿冒和篡改手法,擅自使用其他经营者所创造的网页界面,两者网页整体构造和版式设计非常近似,足以使社会普通消费者误认为这两个网站存在某种内在的联系,此时对于普通消费者来说造成了混淆误认,在真正意义上"分流"原告的商业机会和优势地位,构成不正当竞争行为。

(二)不构成混淆的网页是否受到保护

如果网页复制抄袭行为不构成前述所提到的混淆误认,则不满足《反不正当竞争法》第6条所规定的当构成要件时需要保护?在2019年《反不正当竞争法》修订以前,法院为了保护当事人权益,往往根据2017年《反不正当竞争法》第2条[④]的

---

① 2019年《反不正当竞争法》做到了利益平衡的"三足鼎立",在2019年《反不正当竞争法》针对经营者与经营者关系之外,增加了消费者利益保护。消费者代表了公众利益,所以事实上2019年《反不正当竞争法》对于公众利益的关注明显加大。

② 福建省厦门市中级人民法院民事判决书,(2005)厦民初字第61号。

③ 上海市第二中级人民法院民事判决书,(2000)沪二中知初字第109号。

④ 1993年《反不正当竞争法》第2条规定:"经营者在生产经营活动中,应当遵循自愿、平等、公平、诚信的原则,遵守法律和商业道德。本法所称的不正当竞争行为,是指经营者在生产经营活动中,违反本法规定,扰乱市场竞争秩序,损害其他经营者或者消费者的合法权益的行为。本法所称的经营者,是指从事商品生产、经营或者提供服务(以下所称商品包括服务)的自然人、法人和非法人组织。"

“诚实信用”原则进行判定。如在“创联通讯诉汇盟国际案”①中，法院认为，被告使用原告网页的结果设计、页面内容，以及原告广告的设计及广告的内容，此种抄袭行为分流了原告的客户，以攀附原告的商誉的方式获取了竞争优势，违背诚实信用原则，最终法院认定被告的行为构成不正当竞争。

那么，对于不构成“混淆”条款的网页复制抄袭行为是否可以适用2017年《反不正当竞争法》第2条。首先，就第2条本身而言，有学者认为，“第二条第一款是关于诚实信用、商业道德的规定，仅是一种价值取向，且《反不正当竞争法》第二条第二款是一个定义规范，它们并没有明确的边界和责任”②。现有理论和实践未能足够明确判断竞争行为正当性的根本标准。在前述案件中，被告何种行为违反诚信与道德，破坏了市场秩序，法院并没有明确界定。如果仅仅是“抢占”了原告原有的客户，造成优势地位降低就是违反道德的行为，那么原告则可能成为另一种“变相垄断”。其次，有学者从立法本意出发，认为我国《反不正当竞争法》不存在类似“其他不正当竞争行为”这样的弹性条款。在“创联通讯诉汇盟国际案”中，法院在认定原告的网页并不构成作品的基础之上，认定原被告网页设计在结构、服务项目内容等方面相似并不足以认定被告的行为构成不正当竞争。因为，二者网页的相似是双方经营的业务所决定的，即原被告之间本身就属于同行业竞争者，而被告设计自己的网页不可避免地会与原告的网页相似，因此，被告的网页并不构成对原告网页内容的使用，被告的行为并不属于不正当竞争行为。在此前提下，可以看出原被告虽为同业竞争者，但被告使用原告网页内容并没有造成消费者因混淆误认而遭受损失，此时被告网页中的部分内容属于业内通用，当然不属于不正当竞争行为，而属于市场自由竞争的范畴，因此，该案中的法院以“诚信原则”为依据认定被告的行为构成不正当竞争并不合理。最后，在市场经济繁荣的背景下自由竞争的范畴显得更加广阔。国家对市场经济予以支持和引导，鼓励创新创业者充分发展，而发展的前提是存在广泛和充满活力的自由竞争市场。对于

① 北京市海淀区人民法院民事判决书，(1999)海知初字第112号。

② 蒋舸：《〈反不正当竞争法〉一般条款在互联网领域的适用》，载《电子知识产权》2016年第10期。

网页中不构成作品并且属于业内通用部分的内容大可归入公共领域，不必适用《反不正当竞争法》进行保护。

因此，在《反不正当竞争法》没有具体条款规定的情况下，不能概括性地将有可能影响当事人权益的行为都认为是不正当竞争行为，笼统地适用《反不正当竞争法》第2条。在现今网络技术的不断更新发展下，《反不正当竞争法》保护的范围是有限的，不能提供兜底保护。网络复杂性使网络道德规范和价值理念与传统生活中的道德理念有着很大的差别，传统人际交往和商业往来中的道德标准显然不能适用于复杂的数字技术中，那么此时，对于自由竞争的范畴和理解又有所不同。任何人都可以是标准的制定者，因而“不存在普适功能的价值”①。只有当网页复制行为真正达到一定的边界和构成要件时，才可能被《反不正当竞争法》保护，当《著作权法》不予保护时不能当然要求《反不正当竞争法》进行保护，否则会违反市场经济秩序的实质，即保护自由竞争和消费者利益。如果网页不被《著作权法》保护，也不能被归于《反不正当竞争法》的保护范畴时，就可以考虑将其归入公共领域。

四、对网页保护的法律适用的选择路径

结合前文论述，对网页保护的著作权法与反不正当竞争法的法律适用的具体思路有以下几点：

第一，网页是否构成作品及其类型归属，由此判断是否受到著作权法保护。从作品的性质出发，判断网页著作权性质，关键是看涉案网页是否具有独创性。如果网页的内容及编排极其简单，无法体现制作者的独特构思与创意，或者仅是简单地将他人网页中的文字、图形、图画等要素打乱，更换一种编排方式，此类网页不构成作品。因为在此种情况下，网页制作者利用他人网页的过程中并不存在其个性化的选择与取舍，也不能体现网页制作者独特的安排与布局，并不包含制作者的独创性智力劳动，因而此类网页不具有独创性，不能构成作品。然而，如果是借鉴他人网页的内容和因素，再结合自己的个性化的选择与取舍，并且网页的

① 谢晓尧：《竞争秩序的道德解读：反不正当竞争法研究》，法律出版社2005年版，第31～32页。

编排与布局可以体现制作者独特的创意与构思，此种情况下，即便网页制作者对他人的网页内容进行了利用，或借鉴了他人网页的编排与设计模式，但更多体现的是制作者自己的独特构思与风格。这种体现制作者个性的或者极具创意的网页，具有独创性，符合作品的构成要件，根据现有理论和司法实践，通常被认为构成"汇编作品"，适用《著作权法》保护。

第二，对于不构成作品的网页是否适用《反不正当竞争法》保护。我们日常接触的大多数网站，如百度、搜狗搜索引擎结果界面，这些网页更多的是将搜索结果进行集合排列，并未有更多的创造性的编排和选择。对于这些不构成作品的网页，如果其真正达到《反不正当竞争法》第 6 条第 3 款的 3 个构成要件，即擅自使用他人有一定影响的网页，并且造成普通消费者或访问者的"混淆"引起"误认"，则应当对当事人权益进行保护。反之，如果仅是将搜索结果集合排列而没有创造性地表达和选择，可能并不属于不正当竞争行为，不受《反不正当竞争法》规制。

第三，不能笼统地适用《反不正当竞争法》第 2 条进行保护。只有当网页复制行为构成如下要件：擅用他人知名网页造成混淆、引人误认为与原网页有特定联系。这时则需要运用《反不正当竞争法》进行补充和规制。如果仅仅是"使用"了被抄袭网页的内容版式，而消费者并没有混淆误认，且抄袭者与被抄袭者之间并不是类似行业竞争者，那么被抄袭网页经营者的商业利益并没有受损，对于消费者更谈不上欺诈或者使消费者利益受到损失，当然就不构成不正当竞争行为。

最重要的是，如果网页保护也不能适用《反不正当竞争法》第 6 条具体条款进行保护，则更不能笼统适用《反不正当竞争法》第 2 条进行规制和价值判断。网页复制抄袭行为超出《著作权法》范围或其保护力度不够时，要看该复制行为是否达到不正当竞争行为的界限，看该行为实质是否仅为自由竞争。《反不正当竞争法》一般条款虽然对保障竞争法适用的灵活性与个案公正具有不可替代的作用，①但过度依赖该"一般条款"势必会导致因对一方经营者利益的过度关注

① 参见裴轶、来小鹏：《反不正当竞争法中一般条款与"互联网条款"的司法适用》，载《河南师范大学学报（社会科学版）》2019 年第 4 期。

而忽略其他竞争者及消费者的利益，损害自由竞争。因此，必须承认的是，《反不正当竞争法》保护的范围是有限的，它并不是对超出知识产权单行法行为的绝对保护和规制。如前所述，网络的复杂性使其道德规范和价值理念与传统生活中的道德理念有着很大的差别，传统人际交往和商业往来中的道德标准显然不能适用于复杂的网络技术。在网页不构成作品，也不会达到混淆误认的程度时，应该既不受《著作权法》保护，也不受《反不正当竞争法》保护。此时可以认为这种网页属于市场经济秩序下自由竞争的结果，是公共领域的合法的一种竞争状态，因此我们不需要一定要将其限制在某个法律框架之下。

综上所述，本书认为，对于网页可作品性的判断不能一概而论，必须结合一个网页的具体的内容、布局设计等要素分别进行判断。对于文字、图画、视频、动画等内容的选择及取舍可以体现制作者个性的、网页编排及布局设计可以传达出制作者独特的创意与构思的网页，可以认为，其体现了制作者的独创性劳动，符合作品的构成要件，因而依据《著作权法》关于汇编作品的规定给予保护。而对于内容及编排极其简单，或者仅是将他人网页的要素打乱进行重新编排的网页，因无法体现制作者的构思与创意，不能构成作品受到《著作权法》保护。针对不具有独创性，无法纳入著作权法进行保护的网页，法院不应笼统地依据《反不正当竞争法》第 2 条的一般条款判定对网页的抄袭行为构成不正当竞争行为。而当网页具有一定的知名度，积累了经营者一定程度的商誉，对这类网页的复制、抄袭不仅会损害网页所有者的利益，还会造成相关公众的混淆、误认，损害消费者的利益时，可以依据《反不正当竞争法》第 6 条的具体条款进行保护。

第四章　数字环境下商标法与反不正当竞争法适用冲突的情形与解决

第一节　竞价排名涉及的商标法与反不正当竞争法适用的冲突与解决措施

一、竞价排名与关键词搜索的界定

竞价排名，是一种搜索方式，同时也是一种目前非常盛行的互联网宣传形式，宣传的效果即为收费标准，其中的规则非常简单：支出的费用越高，排名越靠前。换句话说，就是投入的资金与后续收到的宣传效果是成正比的。在接受竞价排名服务之后，企业便会注册相应数量的关键词，只要用户在搜索引擎中输入该注册之后的关键词，企业推广信息就会以竞价费用由高到低的顺序出现在网民的搜索结果中。竞价排名的优势在于能够突出企业的重点和特色，就像“子弹”与“靶子”的关系，用户根据自己的需要在引擎中输入关键词，这个关键词就像“子弹”，而服务商所做的就是让这颗“子弹”精准地射中“靶心”，即目标企业的网站，这样节省了用户搜集信息的精力，摆脱了传统广告形式的广而告之，越发有目的性、针对性地进行产品和服务的宣传。并且与电视的黄金时段、报纸的显著版面的宣传费用相比，竞价排名的宣传费用更加低廉，成本更低，企业可以以较少的投入获得较大的回报。

但是在目前的网络搜索服务行业中，搜索引擎关键词利用他人注册商标是一种比较常见的行为，甚至成为搜索引擎公司主营业务之一。[①] 关于关键词使用他人商标行为的性质尚未有明确定论，甚至可以说现有的研究以及部分观点还停留在表层，对于仅将他人商标用作关键词的行为缺乏应有的理论分析，尚未触及最深层的部分。在现有的理论研究中，对此种行为存在商标侵权与不正当竞争的观点交锋，招致司法实践出现了左右为难的困惑。本书认为，只是将他人商标用作关键词的竞价排名行为，符合《商标法》中"售前混淆"的构成要件，构成侵犯他人注册商标权利，应属于《商标法》规制的领域。

二、竞价排名行为的法律属性之争

目前，理论界对于仅将他人商标用作关键词的竞价排名行为的认识存在两种针锋相对的观点，即上述行为构成不正当竞争与上述行为构成商标侵权的对立。

坚持不正当竞争观点的学者认为，网络交易中的商标侵权与现实生活中的商标侵权应运用相同的判断标准，是否属于商标法中的商业性使用，意味着是否造成了消费者混淆。具体到关键词的竞价排名，首先，该行为最终指向的是企业的网页地址，仅是对商标符号信息的描述性使用，未体现商标的识别功能，并未建立与特定的商品或服务的关联；其次，鉴于网络用户选择交易对象时是自由自主的，虽然网络用户可能会因在搜索关键词时使用他人商标被引流到其他的网页，但是之后的选择完全在于用户个人，网络用户完全基于个人自由意志点击进入被链网站，并且不会因此对网页内容提供的商品或服务来源产生错误的认知；最后，竞价排名的关键词其实并不属于商标法，甚至知识产权法的范畴，应属于言论自由，是公民的基本权利，而商标权人不能以禁止擅自使用商标为由限制甚至禁止他人基

① 刘润涛:《关键词推广使用他人商标的反不正当竞争法规制》，载《上海财经大学学报》2016 年第 4 期。

本权利的行使，甚至是企图控制他人的思想交流或表达观点。① 因此，仅将他人商标用作关键词的行为不属于商标侵权。但是，经营者擅自将他人已经有一定知名度的注册商标用于关键词推广，与公认的商业道德原则的要求严重相悖，故意诱导公众混淆，造成其他经营者失去交易的机会，严重损害市场秩序，属于不正当竞争行为。

坚持商标侵权观点的学者认为，首先，该行为构成商标性使用。通常认为，商标性使用，是指能够让商标发挥识别商品或服务来源的功能的使用方式，以他人注册商标为中介是搜索引擎关键词广告的显著特点，吸引在互联网环境中的潜在交易对象，因此构成商标性使用，只有这样才符合商标法立法原意，严格规制竞争者故意损害他人商誉的行为，保护商标权人利益。其次，网络用户出于对使用相关商标的产品和服务的信赖，会有针对性地以该商标为关键词进行搜索，而利用他人商标作为关键词的企业正是利用了网络用户这种品牌依附的心理，其主观上攀附他人商誉，攫取本不属于自己的商业机会的意图显而易见。再次，由于网络的即时性与网络信息多样性、复杂性，网络用户在进行关键词检索时一般注意程度较低，极易造成混淆。最后，若对此种行为视而不见，必然会引起相关网络用户的混乱，削弱商标与商标权人之间的密切联系，会造成权利人所拥有的商标运营无法得到应有的回报，增加公众搜索成本，严重侵犯商标权利人的合法权益，损害社会公众的利益。因此，将其作为商标侵权行为对待具有理论上的正当性。②

三、存在难题的司法实践

（一）竞价排名构成商标侵权

1. “罗浮宫公司与连天红公司、力天红公司竞价排名案”一审③

原告罗浮宫公司在百度搜索引擎中发现输入“罗浮宫”相关的关键词时却显

---

① 参见刘润涛：《关键词推广使用他人商标的反不正当竞争法规制》，载《上海财经大学学报》2016 年第 4 期；邓宏光、易健雄：《竞价排名的关键词何以侵害商标权——兼评我国竞价排名商标侵权案》，载《电子知识产权》2008 年第 8 期。

② 参见沈一萍：《搜索引擎竞价排名：商标侵权之殇》，载《中国发明与专利》2016 年第 8 期。

③ 参见福建省莆田市中级人民法院民事判决书，(2014) 莆民初字第 406 号。

示的是其他与之无关的公司的页面链接,即被告的公司网页。基于此,原告认为被告两公司的行为构成商标侵权。同时百度公司作为搜索引擎服务商未尽注意义务,对损害后果应承担一定责任,三者属于共同侵权。经审理,法院认为,被告之一将原告的商标设置为关键词的行为构成商标侵权,达到了混淆二者来源的程度,而另一被告因这一行为从中获利便需要承担连带责任;百度公司作为搜索服务提供者,只是提供服务的中介,并且提供相关的证据能证明在接到原告侵权通知之后及时清理了相关链接,已履行了基本的注意义务,对于原告利益的损害已经降到了最小,因此百度公司不应构成共同侵权。

2. "商机在线公司与意典美闻公司竞价排名案"二审①

在该起涉及关键词竞价排名的案件中,被告商机在线公司以"美闻比萨"作为关键词,网络用户搜索后便指向了被告经营的网站,但是该关键词已经由原告通过合法途径取得了商标专用权,因此当用户点击搜索结果进入相关网页之后,所显示的内容与原告无任何关联,均为与原告无关的推销广告等内容。主审法院认为,被告借助原告商标作为关键词以达到推广自身提供的服务目的,构成对原告的商标专用权的侵害,因为该行为可能使相关公众混淆双方所提供的服务,被告可从这种混淆中获得巨大的利益,因此被告的行为应依法承担商标侵权责任。

结合上述裁判要旨可以看出,支持商标侵权观点的法院判决认为,商标是一种商业标记,商标权是在商业活动中起标识作用的权利。判断某一与商标有关的行为是否侵犯商标专用权,应将该行为与商标的功能相结合以进行综合考量,最终需要判断该商标的使用行为是否能够指示对应的商品或服务来源。以搜索引擎为依托的关键词搜索业务虽然主要充当用户与网络之间的交流媒介,但关键词搜索并非只具有充当交流工具一种功能,对其在具体情况中发挥的具体功能应当进行个案分析,如当关键词搜索业务与企业的网络推广业务产生联系时,此时关键词发挥的便不单单是交流工具的功能。当某一商标在市场上由权利人长时间经营打造,享有较高的知名度之后,商标名称除作为简单的语言工具外,也代表了该商标之上所承载的商誉,他人将该商标作为关键词进行搜索业务,绝不是单纯

① 参见天津市高级人民法院民事判决书,(2014)津高民三终字第0011号。

地利用这种交流工具的功能，而是为了攀附权利人商誉，借此宣传自己的产品或服务。此外，被告实施的关键词搜索行为导致消费者混淆可能性增加。虽然在被告网页中没有与原告相关的任何内容，但从互联网时代的服务技术的特点来看，网络服务的多样性和复杂性在一定程度上会使消费者在选择服务时受到更大的干扰，因此权利人与商标以及所提供的服务之间的联系在网络时代越发重要。因为被告将他人商标作为关键词进行竞价排名的行为是将商标权利人与商标之间的一一对应关系分裂，构成商标侵权。①

（二）竞价排名构成不正当竞争

1. "罗浮宫公司与连天红公司、力天红公司竞价排名案"二审②

在"罗浮宫公司与连天红公司、力天红公司竞价排名案"的二审过程中，福建省高级人民法院推翻了一审法院关于商标侵权的论述，认为该行为并没有发挥商标在市场交易活动中的作用，不能称为商标性使用，因此不构成商标侵权。但该行为属于利用他人商标为自己做宣传的"搭便车"行为，违反诚信原则和公认商业道德，引诱原本要进入原告网站的普通消费者轻易进入了被告设立的网站，不合理地攫取了本属于原告的交易机会，属于不正当竞争。

2. "商机在线公司与意典美闻公司竞价排名案"二审③

该案二审法院认为，首先，原告商标的核定使用范围仅限于馅饼等食品，而被告从事的业务是商业项目推广，并且被告所有服务均在网络上进行，没有进行任何线下的食品生产经营活动。因此被告的服务与原告的商品不存在任何相同或近似。其次，被告利用原告商标在相关消费者中的口碑和知名度，将原告的商标名称作为关键词的目的是吸引网络用户眼球，以提高被告旗下"28 商机网"的关注度，为该网站中商业项目的推广服务。被告虽然利用原告的商标进行搜索业务，但目标网页中没有与原告商标相关的内容。据此，被告对"美闻比萨"文字的使用，不是为了表明其服务的来源，因此并不构成商标性使用。最后，被告主观上

① 参见北京市第一中级人民法院民事判决书，(2010)一中民终字第 2779 号。

② 参见福建省高级人民法院民事判决书，(2015)闽民终字第 1266 号。

③ 天津市高级人民法院民事判决书，(2014)津高民三终字第 0011 号。

没有引起混淆、误导公众的故意，并且其客观行为也并不能够真正使公众产生混淆。因此，被告仅是利用原告商誉进行了不正当竞争。

支持不正当竞争理论的观点综合来看主要有以下几点：首先，将他人商标作为搜索关键词使用，目的在于利用商标知名度来博人眼球，以提高自己网站的关注度，即使搜索关键词、目标网页内容中存在他人注册商标，但网站同时会标明其自身名称和性质。由此可以认定，对于他人商标的关键词推广，只是一种商业推广行为，甚至仅是一种新型技术，不属于商标使用行为。其次，竞价排名搜索推广本质上属于一种技术性的信息检索服务，而非广告发布。最后，仅将他人商标用作关键词的竞价排名行为，对于权利人的商誉和专有权利并不会产生任何损害，商标与商品或服务的一一对应关系并未被干扰，相关公众被误导进入其他网站的情况并不会发生，因此不属于商标侵权。[①] 但是，该行为由于存在攀附他人商誉的主观故意，客观上的确造成了权利人商业利益的流失，因此应当受到反不正当竞争法的规范。

四、竞价排名与售前混淆

在探讨竞价排名行为属于不正当竞争还是商标侵权之前，对于该行为的实质进行剖析至关重要。本书的观点是，仅将他人商标用作关键词竞价排名的行为构成售前混淆。

（一）售前混淆的概念

售前混淆，是1962年美国《兰哈姆法》修改提出的概念，即在修改时删除了第43条中“购买者”为混淆主体的规定，增加了“混淆可能性”的说法，潜在消费者被纳入了商标混淆的主体范围。消费者发生混淆的时机既可以是购买时，也可以是购买之前或者购买之后，这便是这次修法所产生的重大意义。基于此，售前混淆，是指由于行为人使用了与权利人商标相同或者近似的标志进行宣传，引起了消费者的注意和交易兴趣，但当消费者对该产品和服务进行深入了解之后，在决定进

---

① 东莞市以纯集团有限公司与朱邓彬侵害商标权纠纷案，参见四川省高级人民法院民事判决书，(2015)川知民终字第135号。

行交易之前,能够确切分辨该商品和服务并不同于对其的宣传。简言之,售前混淆就是在实际购买之前,消费者由于经营者使用与商标权人相同或近似商标而发生的混淆。[①] 在2004年的“花花公子案”中美国第九巡回上诉法院在判决中对初始混淆做出定义:“初始混淆是指,对于竞争者的产品消费者产生了初始兴趣的混淆,在确认购买之前虽然混淆已经不存在了,但该商标所代表的商誉被利用了,这是法律所禁止的,属于应当制止的商标侵权。”[②]

虽然售前混淆和传统商标混淆理论的关注的重点同样是消费者发生混淆,但二者仍存在明显不同。

首先,二者的混淆时间点不同。传统售中混淆发生在商品、服务的交易过程中,消费者对商品和服务的来源产生误认,即错误地把B当成A。如“大百兔”和“大白兔”、“老干妈”与“老千妈”,二者如果在包装和装潢上类似的话,一般消费者在作出购买决定时很难注意到二者的区别;而售前混淆强调消费者在购买商品或接受服务之前发生的混淆,即B冒用A的品牌勾起消费者的消费欲,或称为消费兴趣,在实际购买过程中消费者很容易分辨出二者的不同。如商店以“蒙牛”商标作为宣传吸引消费者购买乳制品,消费者进入店内后才发现实际上商家销售的是“三鹿”牌乳制品,由于二者具有可替代性,一些消费者会本着既来之则安之的心理购买该品牌。若消费者在购买过程中仍不能分辨,如以“蒙牛”为宣传而出售“蒙午”乳制品,那么该行为即属于传统的售中混淆。

其次,产生混淆的人群不同。售中混淆针对的是实际消费者,即已经参与交易活动的消费者;而售前混淆针对的消费者中也包括潜在消费者,这些消费者往往是被口碑吸引或环境影响而对某个品牌产生兴趣,想要深入了解,但由于其实际接触到的并非该品牌的商品,所以此类消费群体流失可能性较大。如某消费者经人介绍对“海尔”品牌空调产生好感,准备购买。在进入以“海尔”宣传的专卖店之后却发现店内实际销售的是“格力”空调。在店员介绍和实际体验之后该消费者决定购买“格力”空调,此即为潜在顾客的流失。

---

① 参见邓宏光:《商标混淆理论之新发展:初始兴趣混淆》,载《知识产权》2007年第3期。

② Playboy Enterprises, Inc. v. Netscape Communication Corp. ,354 F. 3d 1020 (9th Cir. 2004).

售前混淆虽然与传统混淆理论存在明显不同，但其存在的正当性、合理性有坚实的理论支撑。第一，商标的最主要功能，是能够让消费者有的放矢，交易过程中消费者所投入的搜索成本能否有效减少，最快速高效地与相关产品和服务建立联系，成为衡量商标制度是否合理的重要指标。[①] 尽管售前混淆可以使消费者的购买欲增加，更加多样化地挑选商品，但过于冗杂的无用信息反而掩埋了真正有效的信息，背离了消费者的购买初衷，明显增加了消费者的搜索成本。第二，售前混淆属于"搭便车"行为。对于售前混淆利用商标权人商誉而给商标权人造成的损害，在"布鲁克菲尔德案"[②]中美国第九巡回法院以公路指示牌做比喻以释明该理论。法院认为，虽然消费者并没有产生混淆，他们对于购买的百视达(Blockbuster)[③]的产品来源有着非常清晰的认知，同时毫无根据地认为有附属关系或赞助关系存在于这两者间，但这并不能扭转百视达借用西海岸娱乐公司的商誉推广自己的产品、非法谋取交易机会的事实。

(二)竞价排名属于售前混淆

进入网络时代以后，市场竞争者的商业活动从线下扩展到线上。在这样的网络商业环境中，企业与时俱进，在网页上使用域名、商标和商号招揽消费者，进而进行实际的交易，就成了市场主体从事商业活动的重要方式。[④] 抛开技术手段的影响，网络环境中人们所进行的一切行为只是日常活动的一种延伸，同样应受到相关法律的约束。其实，实际生活中解决该类问题的方法是重点剖析个体行为的实质再根据事实背后的真相作出合适的判断。利用他人注册商标作为关键词进行竞价排名，属于网络领域典型的售前混淆。企业利用他人享有一定知名度的注册商标作为关键词推广，是对商标权人商誉的侵犯，引导对涉案注册商标有一定依赖心理的网络用户进入该企业网站；而在大多数对该产品或服务没有具体了解的消费者心目中，普遍的认识是"网络经济即眼球经济"，网站点击量是其评价一

① 参见邓宏光：《初始兴趣混淆理论，解决网络商标侵权纠纷的基础》，载《中国知识产权报》2009年7月10日。

② Brookfield Communication Inc. v. Capece, 141 F. 3d 188(5 th Cir. 1998).

③ 美国老牌影碟租赁公司"百视达"。

④ 李明德：《美国知识产权法》(第2版)，法律出版社2014年版，第586页。

个企业产品或服务是否知名的首要因素。这种本属于商标权人的利益由于他人的售前混淆行为而被不当获取,使商标权人网络推广受到阻碍、交易机会逐渐流失,进而影响商业利益的实现。

利用他人知名商标作为关键词进行竞价排名,导致在网络中接受搜索服务的消费者"误入歧途",进入目标网站之外的网页。虽然消费者在浏览了网站内容之后能够很快分辨出该网页并不是自己搜索的目标网页,并且可以很轻易地通过点击鼠标退出该网页,但是行为人不正当利用商标权人商誉吸引顾客是不争的事实,其主观故意毋庸置疑,况且,由于行为人的行为造成本属于商标权人的交易机会白白流失,造成了一定的损害后果。

简言之,行为人未经授权在竞价排名时使用他人注册商标进行推广自己的产品或服务的行为,主观上有利用他人商誉的意图,客观上造成网络用户在购买商品或接受服务之前产生混淆的后果,理应属于商标权人的商业机会被非法谋取,因此构成售前混淆。

五、竞价排名行为的商标法规制

如前文所述,竞价排名行为实质上是售前混淆。此行为由《商标法》规制而不由《反不正当竞争法》规制,有其理论上的正当性。

(一)正当性前提——商标混淆理论的扩张

预防商标权被侵犯的关键就是避免消费者混淆商品和服务来源。随着经济生活的发展,新的商标侵权手段层出不穷,能够发生混淆的形式更是多种多样。基于此,相应的商标混淆理论也应适当扩大范围以应对纷繁复杂的实际情况。在商标制度发展的早期,由于理论尚未成熟以及侵权手段单一,一切关于商标的侵权行为都被大而化之地归类为商标混淆。随着市场经济的不断发展,对于商标混淆行为的认识不断加深使相关理论更加完善合理,商标侵权制度发展的必然趋势便是商标混淆行为和理论的具象化和广泛化;从另一个角度来说,所有的商标混淆皆会不正当地侵害商标权人的合法权益,所以所有的商标混淆的法律后果是相同的,这种行为造成了消费者混淆与特定商品和服务的特定联系,并扰乱市场竞争秩序,属于法律所不允许的行为。在司法实践中,商标侵权构成要件和行为表现形式各不相同,因此商标混淆的类型也不同,所以在应对这些行为时,先准确分辨这些不同类型的商标混淆行为可以更加合理地适用相关规则。可以说,商标侵权行为的类型正是由各类商标混淆的特点所决定的,对于这一类型的行为进行的深入研究有利于商标侵权制度的完善。①

在早期的理论研究中,"混淆",是指在商标侵权案件中由于被告商标与原告商标相同或近似,一般消费者在没有特别留意的情况下,很容易误认为被告商标所指示的商品或服务源于原告,或认为双方之间存在一定的商业关系,如赞助、许可之类的关系。随着市场竞争的不断深入,竞争越发充分多样,商标侵权的表现形式纷繁复杂,商标混淆的类型和样态呈现多样化的态势。② 商标指示功能的发挥具有持续性,不仅能在消费者购物时起到指示商品和服务来源的作用,而且在购物之前和购物之后,该功能仍然能发挥应有的作用。在消费者购物时,商标类似于商场的指示牌,在购物前商标就宛如一位导购员,竭力推销自己的产品,一旦购物完成就变成了购买此商品的消费者身份和地位的象征。③ 纵观历史发展,商标侵权的标准也经历了一个逐渐合理化的过程。起初,欺诈是判定商标侵权的标准,对购买者的欺骗也就是使用与他人相同或近似的商标。随着历史的发展,关于欺诈这一标准逐渐暴露出弊端,于是对于商标侵权的判定标准逐渐演变为消费者混淆的可能性,甚至该主体范围扩大到消费者之外的群体。例如,1905 年美国《商标法》规定,在商标侵权诉讼中,商标所有人应当说明被告在相关商品上使用的商标,与自己的商标具有导致混淆的相似性。售前混淆正是基于这样的背景,从而逐渐被混淆理论所接纳的。

有观点认为,我国商标法上的混淆可能性的含义因售前混淆理论的产生而被不正当地扩展了,是对法条进行了扩大解释,严重与商标法基本理论的核心要义背道而驰,本书认为此观点有一定的局限性,也与商标法的现行规定相冲突。④ 首

① 参见彭学龙:《商标混淆类型分析与我国商标侵权制度的完善》,载《法学》2008 年第 5 期。

② 参见彭学龙:《商标混淆类型分析与我国商标侵权制度的完善》,载《法学》2008 年第 5 期。

③ 参见邓宏光:《商标混淆理论的扩张》,载《电子知识产权》2007 年第 10 期。

④ 刘润涛:《关键词推广使用他人商标的反不正当竞争法规制》,载《上海财经大学学报》2016 年第 4 期。

先,考察古今中外商标法的发展历史后不难发现:混淆理论的扩张是必然趋势。在市场经济迅速发展的时代背景之下,商标与商品或服务之间的关系也发生了巨大变化,不再局限于简单的向购买者指示商品或服务的来源。相应的,商标不仅具有"指示"的功能,而且具有了"关联""认可"的功能。同时,混淆的对象不仅包括商品或者服务的购买者,而且涉及广泛的消费者或者社会公众。我国立法及司法实践也在积极探索,主动呼应这一趋势。其次,售前混淆理论是商标法促进市场竞争、保护商标权人和消费者利益的完美体现,能够实现促进市场经济发展的最终目的。尽管《商标法》具有私法性质,维护商标权人的利益,但是《商标法》保护的法益,还包含了消费者和社会公众的利益。因此,《商标法》的立足点在于防止一切切断商标与商品或服务联系的干扰出现,以及因此而对消费者产生欺骗的可能性。售前混淆是利用他人的商誉,从这个角度来说,不正当地吸引了消费者对他人的商标的注意力,属于使消费者产生混淆的一种形式,此时,尽管存在消费者没有发生混淆的可能性,从《商标法》的立足点出发也应予以规制。最后,将售前混淆作为商标侵权在我国司法实践中已有在先案例可供参考。在"贵州茅台酒厂诉荣和烧坊公司侵犯商标权案"中①,一审法院在判决中指出:尽管相关消费者在仔细分辨的情况下可以区分二者属于不同的生产商,但是仍无法排除因外观与贵州茅台酒的整体基本相似,而存在使消费者在购买时混淆二者的可能性,因此存在不正当利用知名商品贵州茅台酒厂商誉的故意,因此认定构成侵权。该案与网络竞价排名行为在本质上都属于售前混淆,判决构成商标侵权对解决关键词竞价排名问题具有重要的实践指导意义。

(二)正当性基础——竞价排名行为特征与《商标法》调整的契合

《商标法》具备私法的特性,私法强调个体的意志,强调平等,由此推之《商标法》的立法目的也应包含调整平等主体之间的法律关系、维护个人利益等。从侵犯的权利主体、客体等考察来看,以他人注册商标进行竞价排名的行为能够落入《商标法》的调整范围。

---

① 中国贵州茅台酒厂有限责任公司与贵州荣和烧坊酒业有限公司侵害商标权纠纷案,北京市丰台区人民法院民事判决书,(2012)丰民初字第22098号。

首先，竞价排名行为侵犯的权利主体是商标权人。行为人通过网站发布竞价排名信息，利用商标权人辛苦创建并经营的商标进行广告宣传，推广自己的业务，明显是在攀附商标权利凝聚在商业标识之中的商誉，不仅掠夺了他人的交易机会，同时不正当地攫取了权利人应得的资源。尽管消费者尚未决定是否购买，但行为人借他人的商誉之便为自己推销产品的行为本身就是对权利人获利可能性的一种损害。更何况，网络经济就是眼球经济，普通消费者在网络上搜索信息时基本上都以信息所处位置以及点击量作为参考标准。基于此，未经授权关键词中出现他人商标的行为对商标权人的损害远在实体经济之上，亟需法律进行规范。竞价排名与传统的售中混淆相比，只是产生混淆的时间不同。因此，对于两种混淆行为，《商标法》不应区别对待。

其次，竞价排名侵犯的客体是商标权，而不是法益。竞价排名行为一定程度上割裂了商标的识别功能，同时，利用他人注册商标宣传自己的产品或服务，在一定程度上缩小了权利人使用该注册商标的影响范围，侵犯了权利人从商标中获取利益的权利，这种权利即为商标权。商标权具有排他性，他人不得擅自使用，尤其是在竞价排名行为中，任何人使用他人的注册商标都应取得授权。行为人一般以他人注册商标相同的文字进行推广，属于典型的侵犯商标权人权利的行为。对于这种典型行为，理应由《商标法》进行规范。

最后，在判定商标侵权时不考虑行为人的主观意图，更有利于权利人捍卫自身权利。在利用他人商标进行竞价排名行为中，部分商标只是在一定地域范围或特定人群中有较大影响力，并非驰名商标。譬如，本书在关于司法实践的探讨引用的案例中，一些商标虽有一定商誉积累，但仍未达到驰名商标的高度。此时若不适用《商标法》进行规范而寻求其他法律的话，侵权人就能够以其并不知晓该商标，即其主观上并不存在过错进行抗辩，商标权利人就要证明其存在主观过错，这在实践中的操作是比较困难的，不利于保护商标权人的利益。利用《商标法》规范竞价排名行为则无须考虑侵权人的主观过错，使权利人能够更加有效地维护自身权利，符合法律公平正义的价值理念。

（三）《反不正当竞争法》调整竞价排名行为存在的问题

首先，从立法本意来看，《反不正当竞争法》立足于把控大局的角度，维护市场竞争秩序，世界知识产权组织在《示范条款》的规定中体现了其保护竞争者的利益的价值取向，同时也保护其他市场参与者、消费者和公众的利益。因此，不正当竞争的适格原告应当是多元的、广泛的。[①] 在竞价排名行为中，受到损害的主要是商标权人利益，其他网络竞争者因不享有商标权利，没有利益分享，因此不存在利益受损的情况。

其次，《反不正当竞争法》与《商标法》是平行保护关系。《商标法》的立法本源在于维护一种国家对权利确认的有序秩序，即对于注册商标已经确认的专有排他权利的公信力的维护。对于利用他人商标作为关键词的竞价排名行为，注册商标基于《商标法》取得商标权，在《商标法》能够进行妥善保护的前提下，无须《反不正当竞争法》喧宾夺主，提前进行保护。

再次，反不正当竞争具有浓厚的商业伦理色彩。[②] 正当竞争与不正当竞争的界限是模糊的，是随着市场竞争的扩大、商业道德的而不断进化充分的。竞价排名行为是否落入不正当竞争的范围是由《商标法》的保护范围决定的。在前文的论述中，已经确定了竞价排名行为的商标侵权的本质。此外，《反不正当竞争法》在认定竞争者是否从事不正当竞争时，需要考虑其主观状态。只有竞争者在主观上具有“不正当竞争的故意”时，《反不正当竞争法》才会介入，这样才有利于权利人维护其权利。

最后，过度引用《反不正当竞争法》一般条款进行裁判会导致“法官造法”现象的泛滥。商业道德是《反不正当竞争法》的立身之本，亦是对于竞争行业内部所形成的一种默认规则的维护。由于我国《反不正当竞争法》制定于 20 世纪 90 年代，其规定的不正当竞争类型难以解决社会发展面临的全新问题。因此，法院在援引《反不正当竞争法》进行裁判时，遇到法条中列举的不正当竞争行为难以涵盖的新型不正当竞争时，往往适用《反不正当竞争法》第 2 条的规定。不可否认，该一般条款增加了法律的灵活性以及实现个案正义时所起到的重要作用。尽管法官拥

---

① 《示范条款》第 1 条规定，“在工商业活动中违反诚实惯例的任何行为，应构成不正当竞争行为，受到不正当竞争行为损害或者可能受到损害的任何自然人或法人，应有权获得救济”。

② 参见李明德：《美国知识产权法》（第 2 版），法律出版社 2014 年版，第 620 页。

有自由裁量权,但在裁判时对于一般条款的适用理应有一定的限度。由于每个法官个人业务素质、法律知识各有不同,因此会造成“法官造法”现象的发生,继续下去就得不偿失了。

利用权利人的商标上已有的商誉,攫取权利人原本的交易机会,未经授权将他人注册商标作为竞价排名关键词,并且导致消费者在购买商品或接受服务之前对于商品或服务来源混淆的行为,实质上是一种售前混淆行为,属于商标侵权的一种表现。这种侵权行为背后所反映的是网络技术的飞速发展对于现有理论的冲击,但由于混淆理论的扩张以及《商标法》的私法属性,使该行为能够落入《商标法》的控制范围。现行《商标法》并没有关于互联网环境下售前混淆行为的相关规定,尽管现行《商标法》在实质上贯彻了混淆理论,其所指的混淆也仅限于传统的出处混淆,对于规制售前混淆,尤其是互联网环境下的新型商标侵权方式仍没有获得法定的地位。而这些新型混淆也同样会损害商标所有人和消费者的利益。无法制止此类商标侵权行为,商标法就不能发挥应有的保护商标专用权以及维护市场竞争秩序的功能。本书认为,应当于《商标法》中增加关于售前混淆作为一种侵权情形的规定,使其获得法定的地位。商标权具有排他性,他人不得擅自使用,尤其是在竞价排名行为中,任何人使用他人的注册商标都应取得授权。

行为人以他人注册商标相同的文字进行推广,属于典型的侵犯商标权人权利的行为。对于这种典型行为,理应由《商标法》进行规范。在增加了关于售前混淆的规定之后,规制互联网环境中频繁出现的竞价排名行为便有法可依,这样做既符合《商标法》的立法目的,又能够在一定程度上缓解裁判中法官向《反不正当竞争法》一般条款规避而导致的“法官造法”现象。

第二节　网络域名与商标的法律适用的冲突及其解决措施

随着我国电子商务的深入发展,经营者为了将自己在实体世界已经建立起来的商标的商誉延伸至网络空间,会将自己商标的文字部分注册为域名。然而如果商标权人以外的经营者将他人的商标注册为域名,这可能会导致域名与商标之间的冲突。发生于2015年的"广州欧珀移动通信有限公司诉东莞市欧珀皮具有限公司计算机网络域名侵害商标权及不正当竞争纠纷案"①(以下简称"欧珀移动诉欧珀皮具商标侵权及不正当竞争案")就属于域名使用他人注册商标而引发的商标侵权及不正当竞争纠纷。该案中,原告广东欧珀移动通信公司是全球知名的企业,生产"oppo"手机,是"oppo"商标的注册人。被告欧珀皮具公司注册"oppo. so"域名,并在其主办的网站上大量销售带有"oppo"标识的皮包。原告主张被告依附其市场声誉,使其商业利益受到损害,因此认为被告的行为构成商标侵权和不正当竞争。最终,法院认为,该案被告域名使用原告商标的行为足以使相关公众将被告的网站与原告的网站混淆,构成商标侵权。而由于二者不具有市场竞争关系,因而不构成不正当竞争。②

本节将围绕该案所提出的问题,即在不相同或不相类似的商品或服务上将他人注册商标作为域名使用是否侵犯权利人的注册商标专用权,以及在不侵犯商标权时,是否构成不正当竞争展开深入讨论。

一、网络域名与商标的理论基础

域名是计算机在因特网上使用的网络地址,用于识别不同网站的主页。③ 域名有助于计算机地址的固定和记忆,方便计算机之间相互识别。随着我国电子商务的快速发展,域名逐渐成为企业的一种有巨大价值的标识。④

---

① 参见广州知识产权法院民事判决书,(2015)粤知法商民初字第4号。

② 参见广州知识产权法院民事判决书,(2015)粤知法商民初字第4号。法院认为,"被告明知原告的注册商标仍将其商标作为域名使用,具有商业性目的,并足以造成相关公众将该域名与原告的网站混淆,误导用户访问其网站。被告的行为属于利用原告商标的知名度吸引用户访问其网站,主观上具有恶意,侵害了原告的商标权专用权。因原告注册商标核定使用范围与被告经营范围不属于同一类别,二者不存在市场竞争关系,故不构成不正当竞争"。

③ 参见黄海:《域名与商标的权利冲突及解决》,载《经济与法》2015年第12期。

④ 参见毛宁:《域名与商标权法律权利冲突相关问题浅析》,载《山东社会科学》2016年第6期。

(一)域名的特征

域名具有地址性和识别性的双重功能[①],而域名的地址性和标识性决定了域名有以下法律特征:

1. 识别性。域名的作用在于区分互联网上不同的组织和机构,方便用户查找网络地址并进行信息传输。在互联网上,域名代表企业本身。事实上,域名的使用具有很强的商标效应,一个突出的域名更容易被消费者记住和识别。目前,域名已经成为企业在网络空间中的形象代表,吸引消费者的注意力,消费者可以凭借域名来识别商品或服务的来源,这给企业带来了无限商机。因此,域名因其强大的识别性特征而被誉为“网上商标”[②]。

2. 独特性。在国际互联网体系之内,特定的域名与特定的计算机 IP 地址相互对应。因此,这就要求域名在全球范围内必须是唯一的、独特的。在传统的商业环境中,当经营者所处的行业不同时,经营不同的商品或服务的经营者也可以拥有相同的商标。但在电子商务环境下,行业、商品或服务不同的经营者不得拥有相同的域名,即同一个域名只能由一个经营者占有[③]。也正因如此,域名才具有巨大的商业价值。[④]

3. 排他性。互联网是全球使用的,且一个域名只能被一个经营者占有。因此,这就要求域名必须是在全球范围内具有排他性。也就是说,一个域名的注册,就会在全球范围内排斥相同域名注册的行为。

(二)网络域名与商标权利冲突的原因

随着电子商务的繁荣,域名背后所隐藏的商业价值日益受到关注。域名与商标都具有外部标识性的功能,两者都可以识别商品或服务的来源,在一定程度上都可以代表企业的形象,都与特定的商誉相联系,但两者也存在诸多差异,这些相

---

① 北京市高级人民法院办公室2000年8月发布的《关于审理域名注册、使用而引起的知识产权民事纠纷案件的若干指导意见》指出,“域名是因特网上用户在网络中的名称和地址,域名具有技术性和识别性两方面的功能,技术功能是指域名注册人在网络上的地址;识别功能是指域名注册人在因特网上代表自己的标志”。

② 参见郑世保:《域名纠纷在线解决机制研究》,法律出版社2014年版,第22页。

③ 参见郑世保:《域名纠纷在线解决机制研究》,法律出版社2014年版,第13页。

④ 参见李艳:《网络法》(第2版),中国政法大学出版社2017年版,第98页。

同点与不同之处共同造就了域名与商标的权利冲突。

1. 域名与商标的排他性要求不同

商标的作用在于区别商品或服务的来源。因此，只要商品或服务的范围不相同，即便是完全相同的商标也有可能获得注册。这就造成了现实生活中同一个商标被多个不同的经营者拥有的局面。[①] 相反的，域名具有唯一性，一个域名获得注册以后，对于全球范围内的不相同的商品或服务都具有排斥效力。这便意味着，如果多个拥有相同注册商标的经营者想要将自己的商标注册为域名，则只有一个主体可以成功地获得域名注册。因此，商标与域名对排他性的不同要求造成了域名与商标的冲突。

2. 二者的显著性要求不同

虽然域名和商标都可以指示商品或服务的商业来源，都属于重要的商业标识，但域名对显著性的要求明显低于商标。商标的作用在于区分商品或服务的不同提供者，对标志的显著性具有较高的要求，相同商品不得注册相同或近似商标；而域名是为了计算机之间相互识别而设计的，代码之间即便是数字的排列顺序不同这样的细微差异也足以使计算机轻易地将两个域名区分开来，也就是说，域名对显著性程度的要求低，域名之间只要存在细微差异就可以获得注册。正因为域名注册不具有太多限制，与他人域名稍有差异即可获得注册，这使域名获得注册具有较低门槛，更进一步刺激了域名所有人将他人注册商标注册为域名。

3. 域名注册制度与商标注册制度之间缺乏有效的沟通

在国际上，域名以“先到先得”的方式注册，域名注册机构并不对域名是否侵犯商标权进行实质审查。这无疑会促使域名所有人将他人具有一定影响力的商标、商号、企业名称等具有标识性的标志注册为域名。

目前我国网络上有多个域名注册网站，如京东云、腾讯云、万网、凡科网等，经营者越早占有好的域名资源，在商业竞争上越具有优势。[②] 如前所述，域名具有巨大的商业价值，但域名注册程序简单，且价格低廉，将他人具有良好商誉的商标注

---

① 参见李艳：《网络法》（第2版），中国政法大学出版社2017年版，第105页。

② 参见郑世保：《域名纠纷在线解决机制研究》，法律出版社2014年版，第34页。

册为域名,就可以以较低的成本轻易地吸引消费者访问其网站,从而获取商业交易机会,取得竞争优势。这就进一步刺激域名所有人铤而走险将他人商标注册为域名。

一般而言,域名所有人将他人商标注册为域名的方式主要包括两种:一是在其网站上经营的商品或服务与商标权人的商品或服务为相同种类的情况下,将他人商标注册为域名;二是在所经营的商品或服务为不同种类的情况下,将他人商标用作域名。

在第一种情形下,域名所有人为达到其商业目的,将他人已经使用并且具有一定影响力的商标用作域名注册在相同或类似种类的商品或服务上。根据我国现行《商标法》第56条及最高人民法院《关于审理涉及计算机网络域名民事纠纷案件适用法律若干问题的解释》(以下简称《域名司法解释》)第4条和第5条的规定,①这种行为属于恶意的域名抢注,构成商标侵权。②

但在第二种情形下,域名所有人网站上所提供商品或服务与商标权人的商品或服务属于不同种类,在域名上使用他人注册商标是为了吸引消费者访问其网站。对于这一种使用情形,是商标侵权行为,还是不正当竞争行为,抑或属于正常的市场自由竞争行为,目前司法实践中及学理上均存在较大争议。因此,本节接下来将重点探讨第二种域名使用他人注册商标的情形。

二、网络域名与商标法律适用冲突的表现

深入考察网络环境下域名所有人将他人注册商标用作域名的行为,其中或者是直接将他人注册商标作为自己域名的可识别部分使用,或者是在他人商标的基础上添加一些其他字符后作为域名使用,目的都是以他人注册商标为“诱饵”,利

---

① 《域名司法解释》第4条规定:“人民法院审理域名纠纷案件,对符合以下各项条件的,应当认定被告注册、使用域名等行为构成侵权或不正当竞争:(一)原告请求保护的民事权益合法有效;(二)被告域名或其主要部分构成对原告驰名商标的复制、模仿、翻译或音译,或者与原告的注册商标、域名等相同或近似,足以造成相关公众的误认;(三)被告对该域名或其主要部分不享有权益,也无注册、使用该域名的正当理由;(四)被告对该域名的注册、使用具有恶意。”第5条规定:“被告的行为被证明具有下列情形之一的,人民法院应当认定其具有恶意:(一)为商业目的将他人驰名商标注册为域名的;(二)为商业目的注册、使用与原告的注册商标、域名等相同或近似的域名,故意造成与原告提供的产品、服务或者原告网站的混淆,误导网络用户访问其网站或者其他在线站点的。”

② 参见曾蓉:《论恶意域名抢注构成商标侵权行为的认定》,载《中国管理信息化》2015年第24期。

用他人商标的知名度和良好的商誉，吸引消费者访问其网站，浏览自己所提供的商品或服务，进而采取营销手段引起消费者的购买兴趣并完成交易。即使当消费者实际购买时发现此网站并非商标权人网站，但其仍然可能购买域名所有人的商品或服务。由此可见，此种行为的本质就是利用他人商标的知名度为自己赢取商业机会。

那么，将他人注册商标用作域名，这一行为应当置于商标权人的控制之下，还是属于应当予以禁止的不正当竞争行为，或者是市场所允许的自由竞争行为，对这一问题的不同回答将对域名市场的利益格局产生重大影响。对此问题，司法界及学界存在不同的观点。

第一种观点认为，域名所有人仅使用他人注册商标，其网站上提供的商品或服务与商标权人的商品或服务不相同也不相类似时，仍然构成商标侵权。理由是依据我国《商标法》第 57 条第 7 项“给他人的注册商标专用权造成其他损害”的规定和《域名司法解释》第 4 条的规定，认为域名所有人使用他人注册商标的行为，足以使相关公众将二者的网站混淆，给商标权人造成损失，因而最终认定此种行为构成商标侵权。①

第二种观点认为，此种域名使用行为不构成商标侵权，但属于对商标权人商誉的不当利用，构成不正当竞争，可以依据《反不正当竞争法》的一般条款予以禁止。② 理由是此种行为虽未造成消费者的最终混淆，但诱导消费者对其网站产生了兴趣，分散了消费者对商标权人网站的注意力，使商标权人丧失了潜在的交易机会，属于攀附他人注册商标商誉的不劳而获行为，违背了诚实信用原则，应当予以禁止。③

上述司法实践及研究现状的总结表明，当前我国存在的争议主要表现在：仅

---

① 参见广州知识产权法院民事判决书，(2015)粤知法商民初字第 4 号。法院认为：“首先，域名所有人在其设立的网站上展示自己的皮具商品最终目的是为推广、销售商品，具有商业性目的；其次，域名所有人的行为足以造成相关公众将域名与商标权人的网站混淆，误导用户访问其网站，利用商标权人商标的知名度增加自己产品的影响力；最后，域名所有人明知商标权的商标仍将其用作域名，主观上具有恶意，且给商标权人造成了损失。最终法院认定此种行为构成商标侵权。”

② 参见严哲：《当注册域名与商标权发生冲突》，载《中国知识产权报》2013 年 10 月 18 日，第 6 版。

③ 参见刘润涛：《关键词推广使用他人商标的反不正当竞争法规制》，载《上海财经大学学报》2016 年第 8 期。

将他人商标注册为域名是否属于商标性使用、是否会导致消费者混淆,进而可能构成商标侵权?如果不构成商标侵权,是否可以援引《反不正当竞争法》的相关规定进行救济?因此,本节接下来将以域名使用他人注册商标的行为性质为基础,分析此种行为的侵权问题及法律适用问题。

三、网络域名使用他人商标行为的性质分析

在与商标权人网站所提供的商品或服务属于不同种类的情况下,域名所有人将他人商标作为域名使用,使消费者将域名与商标权人的商标联系起来,引起了消费者进入域名所有人网站的兴趣,而当消费者进入网站之后便会意识到此网站并非自己原本所要访问的网站。此时,商标的识别功能是否遭到破坏、消费者是否存在混淆以及商标权人的商誉是否受到损害,本小节将予以重点分析。

(一)基于商标识别功能视角的探讨

有观点认为,域名使用注册商标的行为损害了商标的识别功能,[①]本书对此持反对意见。商标指示商品或服务的商业来源,其本质作用就在于向消费者传递某种商品或服务是由某一特定经营者提供的信息。在商标的众多功能中,识别功能是最基本的,也是首要功能,消费者依据商标获得商品的商业来源、质量等信息。某一行为是否损害商标的识别功能,主要是看该行为是否切断了商品提供者与商品之间的联系,是否阻碍或破坏了商标为消费者指示商品出处作用的发挥。在网络环境下,商标的识别功能仍然在于指示商品或服务的商业来源,在与商标权人网站所提供的商品或服务属于不同种类的情况下,域名所有人将他人商标注册为域名,并不会妨碍商标权人对其商标的控制,也不会破坏商标所传递的有关产品或服务的商业来源信息,商标的识别功能仍可正常发挥。因此,本书认为,域名使用他人注册商标的行为并不损害注册商标的识别功能。

(二)基于域名所有人使用目的的探讨

商品经营者将他人注册商标用作域名,引起消费者的注意,使消费者产生兴趣而访问域名所有人的网站,进而实现销售自己的商品的目的。当消费者进入其

---

① 参见广州知识产权法院民事判决书,(2015)粤知法商民初字第4号。

网站后,会发现网站所经营的商品或服务均与商标权人的商品或服务无关联,它可以明确地提醒消费者此商品和商标权人商品之间存在区别。因此,在消费者进入网站后,并不会将域名所有人的网站与商标权人的网站混淆或误认。由此,域名所有人使用他人商标仅是为了借助其商标知名度引起消费者访问自己网站的兴趣,并不存在利用他人商标使消费者混淆的目的。

综上所述,本书认为,将他人注册商标用于域名的行为并不会破坏商标的识别功能,也不具有引起消费者混淆或误认的目的,仅仅是利用他人商标的知名度吸引消费者的注意力。

四、网络域名与商标法律适用冲突的解决方式

经过梳理和总结,目前我国对在与商标权人网站所经营的商品或服务属于不同种类的情况下,域名所有人将他人商标注册为域名使用行为的法律规制问题也主要存在两种观点,本小节将围绕这两种观点展开分析。

(一)基于商标侵权问题的分析

依据我国现行《商标法》第57条关于"侵犯注册商标专用权"以及《域名司法解释》第4条、第5条的规定,只有在行为人的行为构成商标性使用时,且造成消费者混淆的前提下,商标才能获得法律保护。此处将围绕这两个要件进行分析:

1.商标性使用问题

商标性使用,是指将商标用于商业活动中并起到区分商品或服务来源的作用。对侵权人来说,判断其使用他人商标的行为是否构成商标侵权,通常情况下,必须判断其是否将他人商标在商业活动中作为商品或服务来源的指示标志使用。有观点认为,域名所有人将他人商标作为域名使用,尽管没有将商标直接贴附在商品上或应用在服务上,但将其用于广告宣传,作为信息交流工具,属于在商业活动中的使用,使商标发挥着指示商品提供者、传递商品相关信息的功能,[①]因此构成商标性使用。

但本书认为,在网络环境下,判断经营者使用他人商标的行为是否属于商标

① 参见广州知识产权法院民事判决书,(2015)粤知法商民初字第4号。

性使用,不能脱离使用的整体环境。将他人商标用于域名,是否属于商标使用,其判断标准并不因载体和媒介的变化而有所不同,仍应以相关公众是否认为其作为商标使用为标准来进行判断。将他人商标用作域名虽然属于为商业目的的使用,但当消费者进入域名所有人的网站后,由于网站上经营的商品或服务均与商标权人的商品或服务属于不同种类,消费者不会认为域名所有人的网站属于商标权人的网站,注册商标仍然可以正确传递商标权人产品商业来源、质量等的相关信息。因此,单纯的广告宣传并非属于将他人商标用作识别商品或服务来源的使用,他人注册商标的识别功能可以正常发挥,并未切断商标与商品之间的联系,因而此种单纯将他人商标用于域名以吸引消费者的行为并不构成商标性使用。

2. 混淆可能性问题

混淆,是指商标无法向消费者提供正确的关于商品的商业来源、质量等的信息,致使消费者无法依据商标搜寻出自己想要购买的商品。有观点认为,将他人商标用作域名的行为会使消费者认为域名所有人的网站与商标权人的网站存在关联,因而会造成消费者对商品或服务来源的混淆。①

本书认为,将他人注册商标当成宣传自己商品或服务的工具,这种行为仅是将那些商标权人商品上潜在消费者的注意力吸引到自己的网站上,由于二者的商品或服务不相同也不类似,消费者不会发生混淆。因为二者不具有相同的市场,消费者能够明确区分商标权人商品与域名所有人的商品。正如在“贵州家有在线公司诉家有购物公司域名及商标侵权纠纷案”②中,一审法院认为,贵州家有在线公司域名的主要部分使用了家有购物公司的注册商标,存在消费者误认的可能,因而认定贵州家有在线公司的域名使用行为侵犯家有购物公司的注册商标专有

① 参见广州知识产权法院民事判决书,(2015)粤知法商民初字第4号。

② 参见贵州省高级人民法院民事判决书,(2017)黔民终822号。法院认为,“家有购物公司经营农副产品、家具用品、厨卫设备、工艺品等,是‘jiayougo’商标的注册人,贵州家有在线公司主要通过网站为顾客提供销售地方农特产品、鲜活农产品、民间工艺品等经营项目,注册并使用域名‘www.jiayou9.com’,家有购物公司以域名侵犯商标侵权为由将贵州家有在线公司诉至法院。一审法院以贵州家有在线公司域名的主要部分‘jiayou9’与家有购物公司‘jiayougo’商标构成近似,足以造成相关公众混淆为由认定贵州家有在线公司的域名使用行为构成商标侵权;而二审法院认为二者所提供的服务虽属于类似服务,但‘jiayougo’注册商标本身的市场识别功能不强,认定其与其他标识构成近似的范围相对较窄,以相关用户的一般认知能力不会对二者提供的服务产生混淆,所以不构成商标侵权”。

权;而二审法院却认为,"一般情况下互联网用户在进入网页之后,其关注要素更多的是网页名称等网页版面信息,以互联网用户的一般认知能力很难使相关用户产生该网络域名对应网站的服务源于商标注册人的混淆"①,最终认定被告不构成侵权。

综上,本书认为,将他人注册商标用作域名以吸引消费者注意力的行为不属于商标性使用,不构成消费者混淆,因此不构成商标侵权,不受我国《商标法》的规制。但对于这种行为,在《商标法》明确不予保护的情况下,是否应以《反不正当竞争法》的相关规定予以规制,理论界同样存在分歧,下文将对此进行重点分析。

(二)基于不正当竞争问题的分析

有学者主张,在互联网环境下,可以依据《反不正当竞争法》的相关规定对不当攀附他人商标商誉的行为进行规制。② 而在司法实践中,在使用他人注册商标注册域名的纠纷案件中,商标权人起诉的理由也通常是商标侵权及不正当竞争。③那么,在法院已经明确域名使用他人商标的行为不侵犯商标专用权时,是否构成不正当竞争,值得探讨。

1. 基于《反不正当竞争法》具体条款的分析

本书认为,将他人注册商标用作域名的行为与现行的《反不正当竞争法》第6条第1项、第3项所规定的情形相似,④但第6条所规定内容均要求达到足以使消费者混淆的程度,而域名所有人以吸引消费者注意力为目的使用他人注册商标的行为并不会导致消费者混淆。因此,《反不正当竞争法》第6条并非判断域名使用他人注册商标行为是否构成不正当竞争的依据。同样,最高人民法院颁布的《域名司法解释》第4条与第5条的规定均要求域名使用他人商标的行为产生使消费

① 参见贵州省高级人民法院民事判决书,(2017)黔民终822号。

② 参见黄汇:《售前混淆之批判和售后混淆之证成——兼谈我国〈商标法〉的第三次修改》,载《电子知识产权》2008年第6期。

③ 参见江苏省高级人民法院民事判决书,(2015)苏知民终字第00259号。

④ 《反不正当竞争法》第6条:"经营者不得实施下列混淆行为,引人误认为是他人商品或者与他人存在特定联系:(一)擅自使用与他人有一定影响的商品名称、包装、装潢等相同或近似的标识;(二)擅自使用他人有一定影响的企业名称(包括简称、字号等)、社会组织名称(包括简称等)、姓名(包括笔名、艺名、译名等);(三)擅自使用他人有一定影响的域名主体部分、网站名称、网页等;(四)其他足以误认为是他人商品或者与他人存在特定联系的混淆行为。"

者无法依据商标获得产品商业来源等信息的后果，①而本书所讨论的情形是商标的信息传递功能并未受到破坏，消费者并不会对二者网站商品的商业来源产生混淆。因此，也不能依据《域名司法解释》第 4 条、第 5 条的规定来认定此种域名使用商标行为的正当性。

总之，本书认为，不能依据现行《反不正当竞争法》第 6 条及《域名司法解释》的相关规定来判断仅将他人注册商标用作域名以吸引消费者注意力的行为是否正当。那么，能否依据《反不正当竞争法》一般条款的规定予以规制，笔者将在下文具体分析。

2. 基于《反不正当竞争法》一般条款的分析

在司法实践中，一般在判断域名使用商标行为是否具有不正当竞争性时，法院会认为，域名所有人将他人注册商标用于域名，会使网络消费者对其网站产生兴趣，此种行为致使商标权人潜在消费者的注意力发生转移，给商标权人造成利益损失，并且破坏了公平的市场竞争秩序。

有学者主张，针对在互联网环境下使用他人注册商标以引起消费者兴趣的行为，尽管消费者不会误认为该网站与商标权人存在某种关系，但域名所有人的此种行为吸引了消费者的访问，成功进行交易并获得了相应的收益，而这种收益却是建立在对商标权人利益造成损害的基础之上的，如果不予禁止，将明显不利于商标权人，因此可以依据《反不正当竞争法》一般条款的规定予以规制。②

同样，有学者指出，行为人所实施的行为不属于法律明确列举的与商标相关的不正当竞争行为，但那些明显违背诚实信用原则的行为无疑是构成不正当竞争的。③《反不正当竞争法》的一般条款在认定仅将他人注册商标用于域名以吸引消费者访问其网站行为的性质上具有独特的优势。④ 由此可见，学者们多主张以《反

① 参见《域名司法解释》，其中第 4 条规定了“域名使用他人注册商标构成商标侵权或不正当竞争”的条件；第 5 条规定了“恶意”的认定条件。

② 参见黄汇：《售前混淆之批判和售后混淆之证成——兼谈我国〈商标法〉的第三次修改》，载《电子知识产权》2008 年第 6 期。

③ 参见刘润涛：《关键词推广使用他人商标的反不正当竞争法规制》，载《上海财经大学学报》2016 年第 4 期。

④ 参见孔祥俊：《商标与不正当竞争法——原理和判例》，法律出版社 2009 年版，第 676 页。

不正当竞争法》的一般条款①为依据来判定仅将他人注册商标用作域名以吸引消费者注意力行为的正当性,而具体主要是判定这一行为是否违背诚实信用原则及公认的商业道德。本书认为,这一主张并不足取,不能单纯依据《反不正当竞争法》一般条款来判定仅将他人注册商标用作域名行为的正当性。

(1)诚实信用和商业道德标准有别于日常生活道德

在司法实践中,法院认为,商标权人商标的知名度和美誉度均是其持续投入资金、时间和精力才得以形成的,是商标权具有竞争力的体现,应受法律保护。部分法院依据《反不正当竞争法》一般条款判断域名所有人行为的性质,即认为域名所有人明知商标权人商标的存在,仍将其注册为域名使用,并吸引潜在消费者访问其网站,使商标权人遭受损失。这种行为不当获取了商标权人凝聚在其商标上的商誉,不付出任何劳动、资金却获取了竞争优势,违背诚实信用原则及公认的商业道德,应当予以禁止。②

而本书认为,用于判定竞争行为正当性的诚实信用原则和公认的商业道德标准属于商业伦理道德,其并不等同于日常生活道德。目前,我国司法界及学理界在竞争行为正当性判定的过程中附加了一些非经济目标,更倾向强调公平、正义,而忽略了对效率的关注,不适当地扩张了诚实信用和商业道德的外延③。商业活动的"诚实信用""道德"不等同于一般的个人品德,也不等同于一般的社会公德。在仅将他人注册商标用作域名的司法实践中,如果仅仅依据"诚实信用及公认的商业道德"标准会过分关注公平、正义等非经济因素而忽略效率因素,造

---

① 参见《反不正当竞争法》第2条:"经营者在生产经营活动中,应当遵循自愿、平等、诚信的原则,遵守法律和商业道德。本法所称的不正当竞争行为,是指经营者在生产经营活动中,违反本法规定,扰乱市场竞争秩序,损害其他经营者或者消费者的权益的行为。本法所称的经营者,是指从事商品生产、经营或者提供服务的自然人、法人和非法人组织。"

② 参见山东省济南市中级人民法院民事判决书,(2006)济民三初字第221号。法院认为,该案中原告北京中科三环高技术股份有限公司主要从事稀土永磁应用产品的研究开发,拥有注册商标"中科三环",被告济南邦和物业管理有限公司从事物业管理服务、供水设备、小区绿化、中央空调的维修保养业务,注册了"www.中科三环.cn""www.中科三环.中国"等中文域名,原告中科三环公司以商标侵权及不正当竞争为由将济南邦和物业公司诉至法院。法院认为,二者所经营的范围并不相同,被告将原告商标注册为域名的行为并不会导致相关公众混淆,因此不构成商标侵权,但被告的行为违反了诚实信用原则,经营者借助原告的商标所产生的商誉,属于明显的"搭便车"行为,构成不正当竞争。

③ 参见孔祥俊:《论反不正当竞争法的竞争法取向》,载《法学评论(双月刊)》2017年第5期。

成对商标权人利益的过度保护，从而不利于其他经营者正常市场竞争行为的开展。

（2）"诚实信用原则及公认的商业道德"标准认定域名所有人行为性质存在的问题

针对部分法院主张的以《反不正当竞争法》一般条款的规定来认定仅将他人商标用作域名行为的正当性，本书对此持否定意见。本书认为，若以"诚实信用原则及公认的商业道德"为标准来认定域名所有人行为的正当性，将任何只要存在利用他人商标，即使并未造成消费者混淆的行为都一律禁止，将导致一系列问题。

第一，限制市场竞争，增加经营者的总体成本。若禁止一切使用他人商标的行为，经营者在向消费者提供自己的商品或服务的信息时，会变得异常小心，力求不涉及他人商标的任何信息。这就会导致经营者在注册域名时，要花费大量的时间、成本去了解同行业具有一定影响的注册商标，并尽最大努力回避这些注册商标，增加其经营成本，限制市场自由竞争。

第二，使商标权人怠于持续保证商品或服务的质量。正因为在市场竞争中，存在竞争者利用企业商标以吸引消费者注意力的现象，才会使企业更加努力使自己的商品更加专业、更具有辨识度，在这种情况下，这种刺激反而是好的。就像许多企业都在模仿苹果手机的功能，但消费者并不会产生混淆，原因就在于苹果手机独特的功能与外形向消费者传达着产品的质量、特征等方面的信息。而且其功能的不断更新更符合消费者的需求。所以，商标权人想要使自己的商品区别于其他竞争者的商品，就需要积极做出更新和改进，从而使自己的商品更具竞争力。因此，域名所有人利用他人商标来吸引消费者的注意力这一行为，在一定程度上反而会刺激商标权人不断改进其商品或服务的质量。但如果商标权人获得垄断性的保护，其将缺乏不断提高商品或服务的品质、提高自身品牌形象的激励。

有学者主张，判断竞争行为的正当性需要以促进市场有效竞争来衡量竞争者之间利益的得失，避免过分强调个体权利的公平与否。[①] 本书认为，判定竞争行为

① 参见周樨平：《商业标识保护中"搭便车"理论的运用——从关键词不正当竞争案件切入》，载《法学》2017年第5期。

正当性的关键在于,行为是否实质性地损害了商标权人的竞争利益以至于影响整个行业商品或服务的供给。

因此,本书认为,不应以《反不正当竞争法》一般条款的规定来判断仅将他人商标用作域名行为的正当性。正如浙江省宁波市中级人民法院在“之宝与唐锋案”①中所指出的,因为打火机与怀炉属于不同种类的商品,不足以导致相关公众误认,也不会损害“之宝”商标的显著性,因而唐锋塑料厂的域名使用行为不构成商标权侵权,然而之宝公司的注册商标已经纳入商标法的调整范围,此时应完全适用《商标法》的规定,不应再适用《反不正当竞争法》的一般条款进行救济。因此,法院最终驳回了之宝公司要求判定唐锋塑料厂违背诚实信用原则,构成不正当竞争的诉讼请求。

域名所有人将他人注册商标用作域名以吸引消费者对其网站的注意力关系消费者的利益、市场经营者的竞争利益以及商标权人的利益,商标权人潜在客户的转移与多数消费者获取更多信息和选择机会以及域名所有人正常开展的市场竞争之间,在不构成消费者混淆的情况下,域名所有人使用他人注册商标所能带来的效益明显大于成本。因此,本书认为从利益平衡的角度来看,该种域名使用他人注册商标的行为不会损害正常的市场竞争秩序,相反可以促进竞争,促使商标权人更加努力提高自己商品或服务的质量。因而不宜一概禁止,应当采取宽容的态度,为市场自由竞争留下充足的空间。

本书认为,仅单纯依据《反不正当竞争法》一般条款的“诚实信用原则及公认的商业道德”的标准来认定仅将他人注册商标用作域名行为正当性的做法并不可

① 参见宁波市中级人民法院民事判决书,(2009)浙甬知初字第269号。法院认为:“本案中原告美国之宝公司是世界著名的打火机制造商,是‘ZIPPO’注册商标的所有权人,被告慈溪市附海唐锋塑料厂生产并销售ZIPPO怀炉,并注册域名‘zippo.com.cn’,原告之宝公司以商标侵权及不正当竞争为由将慈溪市附海唐锋塑料厂诉至法院。法院认为‘ZIPPO’商标核定使用的商品是打火机,主要用于点火,而被控侵权耳朵怀炉产品则主要用于取暖,两者在功能、用途、生产部门、销售渠道、消费对象等多方面存在差异,不属于类似商品。同时之宝公司生产的打火机的相关公众是打火机产品的生产者和经营者,其销售对象以吸烟者为主,而怀炉产品则属于小型的取暖设备,其销售对象和经营者为普通日常用品的消费者和经营者,被告将原告商标用作域名的行为不会导致相关公众混淆,不构成商标侵权,但司法审判应坚持专门法的优先适用,不能以被告的行为违背诚实信用原则为由以《反不正当竞争法》的一般条款提供额外保护。”

取，这一做法是以个人道德或社会公德标准来评价域名所有人的行为，而非法律标准。市场经济的本质是自由竞争，模仿是常态，不能将所有仅仅将他人商标用作域名的行为都认定为不正当竞争。因此，在此种行为不会导致消费者混淆，不构成商标侵权时，《商标法》已经排除了对此种行为的规制，这意味着相关经营者可以以吸引消费者注意力的方式将他人注册商标用作域名，但法院却援引《反不正当竞争法》进行规制，从而引发《商标法》与《反不正当竞争法》在规制域名使用注册商标行为性质问题上的冲突。对于《商标法》明确不予保护的域名使用他人注册商标的行为，不可再另行寻求《反不正当竞争法》的救济，以避免引发利用《反不正当竞争法》扩大商标权保护范围、损害社会公众利益的风险，而应允许域名所有人以吸引消费者注意力为目的的商标使用行为，以此来促进市场自由竞争，保障商标权人、域名所有人以及消费者利益之间利益的平衡。

综上所述，互联网领域的市场竞争日趋激烈，自由竞争有利于促进创新和整体社会利益的提升。域名和商标属于注册体系不同的两类商业标识，在域名与他人注册商标相同或近似，通过该域名提供的商品或服务的类别与他人注册商标核定使用的商品或服务相同或类似的情况下，该域名使用行为构成商标性使用，且足以造成相关公众的混淆，此类将他人注册商标用作域名的行为构成商标侵权。而在域名网站所提供的商标或服务与他人注册商标核定使用的商品或服务不属于同一种类或不相类似时，则该域名使用他人注册商标的行为并不侵犯注册商标专用权。如果此种使用行为不属于《反不正当竞争法》的具体条款所规定的不正当竞争行为，那么就不应单纯依据《反不正当竞争法》一般条款的规定来判定仅将他人注册商标用作域名的行为构成不正当竞争行为，而应允许其他经营者自由使用。

在域名所有人使用他人注册商标以吸引消费者注意力的纠纷中，不应过分关注商标权人的利益，而应考虑此种使用行为给市场公平竞争所带来的是损害，还是一种创新和促进。本书认为，对于网络域名使用他人注册商标的法律适用冲突问题，应谨防《反不正当竞争法》对商标权的扩张保护，允许域名所有人与商标权人在不造成消费者混淆的前提下使用他人注册商标，不应过分强调对商标权人利益的保护，而应允许竞争者开展市场竞争，保障市场经济繁荣。

第三节 新型网络商业标识的商标法与反不正当竞争法的适用冲突与解决措施

一、新型网络商业标识的概念界定

近年来,随着互联网技术的飞速发展,电子商务产业借助互联网高效便捷的特点迅速崛起,成为现代人生活中不可或缺的一部分。在此过程中产生了许多网络商业标识,这类商业标识具备一定程度的识别功能,在使用过程中能够与其他同类商品或服务相区别,同时又具备了一定的特殊性,这类新型网络商业标识在应用的过程中出现了许多纠纷,给传统的商标法理论和司法实践带来了一定的挑战,而目前学界对于这类网络商业标识的认识尚未形成共识。本节就新型网络商业标识中较典型的两类,即 app 标识和网站名称的商标法与反不正当竞争法的法律适用进行具体分析。

目前,线上服务发展迅速,各大公司纷纷推出和他们的线下服务相应的线上 app,手机用户可以在手机 app 商店中下载安装需要的 app,从而享受其提供的服务。app 是英文"Application"的简称,中文译名为应用程序、应用软件或者应用。现实情况下是指扩充手机的功能的软件,让用户获得更好服务,丰富用户使用手机体验的一种重要手段。而 app 标识是一种由文字和图案组成的标志。比如,腾讯公司的聊天应用程序手机 QQ,其标识是由英文字母"QQ"以及企鹅图案组成,这种 app 标识无论从名称、图标还是使用形式以及位置设计来看皆具有区分商品或服务来源的作用,具有区别同一应用商店中存在的其他同类服务 app 标识的功能,因此,是网络环境下的一种新型商业标识。

网站是网站所有人在互联网上开设的一个电子服务项目,通过采集、加工、刊登、发布、转载信息等,为网民提供有偿或无偿的各类服务;网站名称,类似电视台名称,一般在网站首页,起到区别于其他网站的作用。网站所有人为使自己的网站能成为标志性的网站,最大限度地发挥其网站的作用,往往为其网站设计某种称谓(如网易、搜狐、雅虎等)来标示其网站,以与其他网站相区别,并方便广大网民及投资者记忆、识别和交流。[①]

app 标识和网站名称都具有区别于同类服务或商品的功能，该功能与商标的识别功能相类似，同时这两类标识是在互联网商业模式中孕育的，并在互联网商业中承担着重要的作用，代表着该标识背后所承载的服务质量，是一种质量保证，因此二者被称为新型网络商业标识。

二、新型网络商业标识侵权行为的特点

app 应用程序以及网站都是依托于互联网环境而出现的一种全新的运营模式，app 应用程序以及网站的运营者通过线上的方式向公众提供便捷迅速的服务。由于互联网的发展迅速，各种信息汇集，运营者同样希望消费者能够在琳琅满目的线上服务中找到运营者提供的服务。app 标识和网站名称分别代表了不同的运营商及其具体功能或其提供商品服务的内容，所以 app 标识以及网站名称的显著性就显得至关重要。也正因如此，关于 app 标识与网站名称的侵权行为也层出不穷。

互联网环境下的新型侵权方式包括关于 app 标识与网站名称的侵权行为，这种行为更多地表现为没有获得授权，故意将自己的 app 标识或网站名称与他人的注册商标一致，企图混淆二者之间的关系，这种行为方式是目前 app 标识与网站名称的侵权行为的典型表现。以"为为网案"[②]为例，基于"为为网"商标，"为为网" app 的设计开发全程由易饰嘉公司投入大量资本，一家名为沃商的公司却抢先开发同名 app 于苹果应用商店面世，基于此，易饰嘉公司将沃商公司诉至法院。与传统商标侵权相比，app 标识与网站名称的侵权行为有自身独特的特点。

一是与传统侵权行为相比，app 标识以及网站名称侵权具有行为上的隐蔽性、侵权对象的虚拟性以及侵权行为地的不确定性的特点，这也是网络环境下侵权行为的一个重要特征。由于互联网的迅猛发展，大众的日常生活也都离不开互联网，互联网的海量信息存储功能，信息也呈现爆炸式的增长。这种快节奏的生活

---

① 耿胜先、孙海龙：《论网站名称的知识产权保护》，载《网络法律评论》2006 年第 7 期。

② 参见上海高级人民法院民事判决书，(2014) 沪高民三(知)初字第 2 号。

方式带来便捷的同时,也给侵权行为的规制带来了困难,某一类侵权行为可以很好地隐藏在海量的信息中,不易察觉。以 app 标识侵权为例,权利人发现自己开发的 app 被侵权时,已经是该 app 被开发之后,准备上线之时,此时该应用商店中已存在同名的 app。同时互联网技术的发展打破了地域的界限,距离不再是障碍,一方面,这有利于一款新的 app 在更广的范围内推广,从而赚取更大的利润;但另一方面,互联网全球联通弱化了知识产权的地域性,此消彼长,知识产权侵权行为的产生也因此有了孕育的热土。同时,互联网世界对于传统商标权保护的地域性特征能否接纳,以及现行的法律制度如何适应全新的技术发展背景,仍然是目前亟待解决的问题,需要不断地深入研究和思考。①

二是对于 app 标识以及网站名称的侵权行为的法律规制的范围划分不明确,造成目前学界和司法实践对新型网络商业标识如何保护的问题看法不一。

基于 app 标识与网站名称的侵权行为有许多共性,在本书中将二者统称为新型网络商业标识侵权行为,并在文中对这类侵权行为的规制问题进行分析,以期对当前的争议解决有所裨益。

三、新型网络商业标识的商标法保护

对于 app 标识以及网站名称这类商业标识的保护,根据相关的商标理论,一个标志能否作为商标重要的要素就是显著性。简言之,能否将他人提供的商品或服务与自身提供的有所区别。在实践中,构成商标侵权行为的关键在于是否属于商标使用,而判断商标使用的标准与商标的显著性密切相关,也就是判断商品的来源。因此新型商业标识要获得《商标法》的保护,显著性以及能否获得注册便是不可回避的问题。

(一)商标法对于 app 标识的保护

如前文所述,app 本身是一种应用程序,从具体用途来看可以分为两类,一类为向相关公众提供计算机操作程序,可以将它视为一种计算机软件类商品。另一

① 参见王莲峰:《论移动互联网 App 标识的属性及商标侵权》,载《上海财经大学学报》2016 年第 1 期。

类则是向相关公众提供某种特定服务或商品的平台，相关公众下载、使用等行为是为了接受运营商提供的服务，因此 app 兼具商品和服务的双重属性。虽然 app 标识开发商在开发之初并未想到或是出于某种原因，在设计标识时对显著性的要求像商标那样强烈，然而一旦想要长久的运营，必然是需要具有一定的识别功能，由此反推，可以得出 app 标识和商标一样需要具有显著性。由于现代社会中，生产经营者在商业活动中利用商标将自己提供的商品或服务和其他生产者区别开来，并且长期在商业活动中使用，在此过程中积累了商誉。app 标识也具有类似于商标的识别功能。app 标识由文字和图案组成，不同的公司使用不同的 app 标识进行区分，这些标识，不但能够发挥类似于商标识别的功能，使消费者或相关公众因此标识而知悉该产品或服务出自谁手，也标志着产品生产者自身的服务质量和品牌定位。①

目前与 app 标识相关的注册商品类别②为第 9 类、第 38 类、第 42 类。app 是一种应用程序，然而在日常生活中，享受该 app 所提供的服务才是消费者选择一款 app 的最终目的，并非该程序。在"某平台打车案"③中，该案的争议焦点之一就在于 app 所属的服务类别。原告公司的经营范围主要在软件与互联网业务，被告所开发的 app 经营范围与原告的经营范围完全一致，即都属于第 35 类和第 38 类④，理应构成侵犯商标权的行为。法院指出，表面上看被告的服务范围与原告相重合，但在综合双方提供的现有证据情况下，并综合多种因素对被告的服务性质进行判断，最终认定其范围不属于第 35 类和第 38 类的服务类别，二者商标的核定使用服务范围并不一致，因而不存在侵权行为。⑤ 本案中，法院并没有因其采用网络

① 参见王莲峰：《论移动互联网 App 标识的属性及商标侵权》，载《上海财经大学学报》2016 年第 1 期。

② 详见《商标分类表》第 9 类（包括计算机硬件、软件等）、第 38 类（包括计算机辅助信息与图像传送、提供与全球计算机网络的电讯联接服务、提供互联网聊天室、数字文件传送、提供在线论坛等）、第 42 类（包括计算机硬件与软件的设计与开发等）。

③ 参见广州市睿驰计算机科技有限公司与北京小桔科技有限公司商标纠纷案，北京市海淀区人民法院民事判决书，(2014) 海民（知）初字第 21033 号。

④ 详见《商标分类表》第 35 类服务包括计算机网络上的在线广告、为零售目的在通讯媒体上展示商品、通过网站提供商业信息、替他人推销等；第 38 类服务类别为电信。

⑤ 参见杜颖、张建强：《App 标识的商标注册问题研究》，载《中华商标》2017 年第 9 期。

技术并运行于网络服务空间而笼统地认定其服务类别为第35类和第38类商品，而是综合多种因素评价被控侵权商标的服务范围，站在宏观的角度判断该服务类型，认为二者不构成相同或类似服务。①

app标识侵权行为是否可以认定为商标侵权，取决于它是否符合当前我国商标法以及相关法律规定的商标侵权构成要件。确定使用注册商标作为他人开发的app标识是否构成商标使用行为。本书认为，该行为属于商标使用，因为我国商标法中商标的使用主要是在商业活动中使用商标以识别商品的来源。前文已经阐述在移动网络环境下app标识是如何发挥识别功能的。举例来说，一个应用商店中有许多听音乐的app，但是每一款app都代表着不同的开发公司，"QQ音乐"属于腾讯公司，"网易云音乐"属于网易公司。从消费者的角度来说，消费者根据个人的习惯及喜好进行选择，公众选择了一款听音乐的app就是选择了这款app开发公司所提供的服务，消费者通过app标识识别它的来源，这个时候app标识已经起到了区别商品服务来源的作用，因此通过使用他人已经注册的商标作为自己开发的app标识的行为构成商标使用。

关于将app上传到app商店的行为性质，在当今的移动网络环境下，该行为已成为商标使用的一种新形式是毋庸置疑的。但这并不意味着此类行为是符合商标理论、完全合法的行为。如果app擅自使用了另一注册商标的名称，理应由《商标法》进行规制，尤其是在同类的商品或服务上使用，混淆了二者的来源，按照我国的商标理论就构成商标侵权。针对"为为网"一案的情况，本书认为，被告未经授权擅自使用他人的商标的行为构成了侵犯商标专用权。从规制注册商标侵权层面来看，1993年《反不正当竞争法》第5条的规定内容与现行《商标法》产生重合。按照该条之规定，假冒他人注册商标既是扰乱市场公平竞争的可行政处罚行为，又是侵犯商标私权的行为，一个行为同时触犯了两部法律规定，从而产生法律竞合。目前2017年《反不正当竞争法》中已将这条修改，删去了"假冒注册商标"这一项，也就意味着若构成假冒注册商标，理应适用商标法。

① 参见杜颖、张建强：《App标识的商标注册问题研究》，载《中华商标》2017年第9期。

(二)商标法对网站名称的保护

如前所述,app标识以及网站名称侵权行为都是互联网环境下的新型侵权方式,有自身独特的特点。网站名称相较于app标识,其构成相对简单,基本上都是由文字构成,但网站名称同样具有识别功能,不同的网站名称代表着不同网站所提供的不同服务类别,因此网站名称可以归为互联网环境下的新型标识。目前在我国,网站名称由工商部门备案,进行行政保护。关于网站名称能否为商标法保护,其关键点依旧是在于网站名称本身是否具有显著性,能否获得注册,而以目前我国司法实践中出现的案例来看,大多数的网站名称因其单一性、表达内容简单而难以具有显著性,因而无法获得商标法保护。

在"北京阳光绿洲旅行社诉被告北京三七二一公司、北京长城国际旅行社不正当竞争案"①中,法院的观点反映出目前我国对于网站名称保护的现状。本案中,原告北京阳光绿洲旅行社认为,其公司在北京市通信管理局的批准下设立"北京旅游网"网站,取得"北京旅游网"的专有权。被告北京三七二一公司未经原告同意,擅自将"北京旅游网"提供给被告北京长城国际旅行社使用,该行为已然构成侵权。法院经审理认为,北京市通信管理局审批行为并不属于核准注册网站名称的行为,也不产生原告由此取得网站名称权利的法律效力。并且,从原告"北京旅游网"的名称构成来看皆是一些通用名称或公共领域的内容,其名称不存在固有显著性。另外,法院认为,原告所提供的证据尚不足以证明涉案网站名称因原告的经营和宣传活动在相关公众之间产生了知名度,这种知名度能够给该名称带来后天的显著性。综上,法院认为,原告对"北京旅游网"名称不应享有独占、排他性的权利。

该案反映出我国法官在判断网站名称这类标识的法律属性时的审慎的态度。在我国现行的知识产权法律制度下,并没有任何法律、法规授予"网站名称"以权利,网站名称要获得保护,同样需要具备识别性。网站名称必须为该网站所特有,并非通用名称。从现实情况考虑,网络上存在大量的以通用名称命名的网站,如"音乐网""某某小说网""某某信息网"等,这些网站名称组成非常简单,几乎不具

---

① 参见北京市第二中级人民法院民事判决书,(2005)二中民初字第00083号。

有固有显著性,但有些网站名称可以通过连续使用宣传获得第二含义,可以产生与注册商标相同的功能。目前我国的商标法依旧以注册取得为主,尽管近年修订商标法时有意在纠正这种倾向,但并未根本改变注册取得制的重要地位。因此对于网站名称来说,要获得保护的第一要务仍是让自己的标识具有显著性,能够获得注册,从而得到排他性的专有保护。

四、新型网络商业标识的反不正当竞争法的保护

反不正当竞争法的立法本源在于维护市场竞争秩序,建立公平信任的市场氛围,保护合法经营者的利益。不可否认的是,《商标法》与《反不正当竞争法》是两部非常重要的法律。

在我国,目前注册取得商标权仍旧占据着主要地位,那么对于app标识以及网站名称这类商业标识,想要获得商标法的保护,其核心问题便是这类新型商业标识是否具有显著性,能否获得注册。而对于部分无法得到商标法专有保护的行为,这些行为如若不进行规制,往往存在巨大的隐患,扰乱市场竞争秩序,严重损害消费者权益。所以我国法律提供了另一种救济渠道,由《反不正当竞争法》保护,这类行为包括将他人注册商标用在包装、装潢等方面。app标识以及网站名称是一种新型商业标识,并且在具有一定显著性之后可以获得注册,从而在商标法上获得商标专用权的保护,而在未注册为商标的新型网络商业标识被侵权却无法获得商标法救济时,《反不正当竞争法》就有可能为其提供保护。但对于这类情况如何适用《反不正当竞争法》,同样是需要回应的问题。

在"开心网商标侵权及反不正当竞争案"①中,原告经营"开心网"网站,合法拥有"开心"商标的完整权利。在判决书中,法院明确指出,虽然被告在其网站上使用了"开心网"标识,但是综合本案的证据所涉"开心"注册商标核准的服务类别为第42类餐饮类服务。换言之,被告并不是在餐饮类服务上使用该商标,并且网站类服务与原告的服务类别大相径庭,不构成相同或类似类型的服务,故不存在侵权行为。法院指出,原告在长期运作期间提供的服务是一项众所周知的服务,

---

① 参见北京市高级人民法院民事判决书,(2011)高民终字第846号。

在大众中已经拥有了一定的口碑，因此原告网站的名称构成了知名服务的具体名称，网络用户一定程度上可以通过该名称准确辨认该网站与其他竞争者网站的不同，因此原告可以根据《反不正当竞争法》受到保护。被告在明确知晓原告提供的服务构成知名服务，该知名服务的具体名称被作为网站名称，在社交网络上和同一行业、同一领域的竞争者向公众提供服务，从而使消费者混淆了两个服务来源，构成不正当竞争。

"开心网商标侵权及反不正当竞争案"更深层次地体现出《反不正当竞争法》对于网站名称保护的标准。在司法实践中，由于商标侵权行为有严格的判断标准，尤其是在商业环境下，一行为不构成商标侵权时很可能会适用反不正当竞争法进行兜底保护。但是在适用反不正当竞争法保护新型商业标识时，也遇到了适用方面的难题。

五、反不正当竞争法保护新型商业标识之问题

（一）现行具体条款无法保护新型商业标识

2019 年《反不正当竞争法》规制包括一般性不正当竞争行为在内的 5 种行为类型。其中，《反不正当竞争法》第 6 条规定的"混淆性行为"与商标侵权行为的联系最紧密。有学者认为，该条规定的本质为未注册商标保护制度，其与商标法共同构成了我国的商标保护制度。① 从商标法与反不正当竞争法的同源性来看，有学者认为，商标法是反不正当竞争法的组成部分，无论商标是否注册，是否是一个传统商标，只要有可能发生不当的使用或误解，它就应该被作为一个整体来对待。② 商业标识，是指在商业活动中具有识别功能的各种标记。对于商业标识的保护，我国《商标法》主要是保护注册商标和驰名商标，《反不正当竞争法》保护企业名称、域名等广义商业标识。商业标识的基本功能在于识别商品及服务的来源，因此《商标法》和《反不正当竞争法》都以制止混淆作为商业标识保护的基本理念。通过注册，划定《商标法》与《反不正当竞争法》的保护边界，具言之，注册商标

① 参见王太平：《反不正当竞争法的商业标识保护制度之评析》，载《知识产权》2018 年第 5 期。

② 参见卢海君：《反不正当竞争法视野下的商标法·上》，载《电子知识产权》2017 年第 4 期。

应由《商标法》规范,未注册商标和其他标识在一定条件下可以由《反不正当竞争法》规范,但并非注册商标之外的所有其他符号都由《反不正当竞争法》调整。[①]而这一点在2017年《反不正当竞争法》修改时也得到了澄清,通过删除关于“假冒他人的注册商标”的内容,将保护商业标识作了一种相对壁垒分明的划分。也即,构成侵犯注册商标专用权的行为,将不再适用《反不正当竞争法》,而只适用《商标法》关于假冒他人注册商标的条款。

在互联网环境下,关于未注册标识的混淆行为应首先适用《反不正当竞争法》第6条关于“混淆行为”的规定,[②]《反不正当竞争法》第6条列举的商业标识包括包装装潢、名称、域名、网页等,从其范围中可以看到该条并未对app标识这类新型网络标识进行规定,在适用时出现了一定的空白。2019年《反不正当竞争法》中增加的互联网条款虽然是针对互联网环境下的不正当竞争行为,但因其适用范围有限,同样难以规制关于新型商业标识的侵权行为。由此看出,新型网络商业标识适用《反不正当竞争法》第6条具体条款进行规制时,由于其规定的适用范围有限,网络环境中的竞争行为多种多样,演化迅速,与法律的稳定性相冲突,《反不正当竞争法》第6条以及新增的“互联网条款”在内容的规定上过于具体,无形中限制了适用范围,在实践中难以规制越来越多的与网络相关的不正当竞争行为。

(二)一般条款缺乏针对性

有观点认为,《反不正当竞争法》的一般条款,即第2条一般条款的规定,作为类型化条款的补充,在类型化不正当竞争行为难以应对目前实践中出现的新型商业标识相关的行为时,一般条款能弥补类型化条款规定的不全面之处,为竞争行为提供基本的道德标准和价值判断以及增强《反不正当竞争法》的灵活性,[③]司法

---

① 参见李士林:《商业标识的反不正当竞争法规整——兼评〈反不正当竞争法〉第6条》,载《法律科学》2019年第6期。

② 《反不正当竞争法》第6条规定:“经营者不得实施下列混淆行为,引人误认为是他人商品或者与他人存在特定联系:(一)擅自使用与他人有一定影响的商品名称、包装、装潢等相同或者近似的标识;(二)擅自使用他人有一定影响的企业名称(包括简称、字号等)、社会组织名称(包括简称等)、姓名(包括笔名、艺名、译名等);(三)擅自使用他人有一定影响的域名主体部分、网站名称、网页等;(四)其他足以引人误认为是他人商品或者与他人存在特定联系的混淆行为。”

③ 参见曹丽萍、张璇:《网络不正当竞争纠纷相关问题研究——〈反不正当竞争法〉类型化条款与一般条款适用难点探析》,载《法律适用》2017年第1期。

实践中也会出现法院适用一般条款审理新型商业标识的情况。例如，在“伊思情感案”中①，一审、二审法院在同一问题上的不同看法值得深入探讨。争议焦点在于，被告将原告的“伊思情感”商标设置为搜索关键词，并在自己经营的网站中设置同名的专栏，这一系列行为如何定性。原告方主张，被告侵犯了商标权。在一审过程中，法院并未支持原告的诉讼请求。法院对比了被告的“珍爱网”与原告的“伊思情感”的知名度，认为虽然被告珍爱网信息公司将“伊思情感”作为网站栏目名称使用，但是以较小的字体在网页的位置栏的使用程度并不足以发挥出商标的功能。换言之，在网页的一部分甚至是一小部分使用了原告的商标无法使相关公众在选择的过程中混淆二者，因此该行为不构成商标侵权也不应认定为不正当竞争。然而二审中，法院作出了与一审不同的结论。首先，二审法院认定，珍爱网信息公司在珍爱网提供的服务与伊思公司“伊思情感”商标核准注册的服务类别是一致的。其次，一审、二审法院也对于被告的行为难以纳入商标法规制范围持肯定态度。最后，针对该行为能否以反不正当竞争法规制是一审、二审法院结论的不同之处。争议双方系存在竞争关系的经营者，由于原告大力推广和宣传“伊思情感”商标，“伊思情感”商标在其特定板块已然具有了相应的知名度和市场影响力。基于这种情况，被告珍爱网信息公司将原告有一定知名度的商标作为搜索关键词，相关公众搜索“伊思情感”时会误认为“伊思情感”与珍爱网信息公司存在联系。基于此，法院认为，被告珍爱网信息公司利用原告“伊思情感”市场影响力，吸引相关公众，从而谋求不正当利益，存在损害原告伊思公司的商业利益的故意，违反了诚实信用原则，依据《反不正当竞争法》第 2 条的规定，二审法院判定被告珍爱网信息公司的行为构成不正当竞争。

司法实践在审理关于部分商业标识的案件时会选择适用《反不正当竞争法》的一般条款，本书认为，尽管一般条款相对具体条款普适性更高，但相应的，一般条款的针对性不足，尤其是在应对纷繁复杂的互联网商业竞争环境中出现的各种竞争行为时，而且对于一般条款在司法实践中的适用需要严格界定，不能随意适用。《涉及网络知识产权案件审理指南》认为，在不能归类到具体的反不正当竞争

① 参见四川省高级人民法院民事判决书，(2018)川民终 208 号。

行为时,才可以适用《反不正当竞争法》第2条的规定①。但是实践中适用一般条款同样存在问题,其自身规定更加模糊抽象,甚至目前在学界对于一般条款能否适用,如何适用以及适用范围,适用条件等问题尚未达成共识。而且目前学界也存在对于一般条款在司法实践中过度滥用的质疑,认为一般条款成了法官自由裁量的"避风港",久而久之,法官的权威以及法律的严谨性会被严重动摇。在这样一个互联网蓬勃发展的最好的时代,电商行业应时而起,强势进入大众生活的各个方面,新型网络商业标识也会如雨后春笋般出现。在这个互联网异常繁荣的时代,相关的纠纷随之而来,新兴网络商业标识这类案件如若不能适用《反不正当竞争法》的一般条款进行规制,久而久之必然会影响产业中各公司之间的良性竞争,这也与立法目的相违背。

六、对新型网络商业标识的法律规制路径

尽管2019年《反不正当竞争法》在立法上对于商业标识的保护范围进行了一定程度的扩大,并且增加了"其他混淆行为"这样的兜底性规定,这种笼统的规定貌似解决了商业标识的保护,但仍在商标与其他商业标识保护方面以及《商标法》和《反不正当竞争法》方面存在重复保护的重大缺陷。② 正如前文提到的关于保护app标识这类新型网络商业标识适用《反不正当竞争法》的一般条款也存在诸多的弊端。因此,本书认为,应当顺应互联网时代电商产业的发展,在《反不正当竞争法》中增加关于app标识以及网站名称这类新型网络商业标识的保护条款,针对新型网络标识侵权行为的共性进行归纳,从而统一规制。具言之,即在《反不正当竞争法》第6条第3项的规定中增加关于网络标识的侵权行为,同时严格限定该类网络商业标识的适用范围,即只能适用于网络环境下的侵权行为。同时参照关于知名商品特有名称的保护条件,即该新型网络商业标识所承载的商品或服务经过经营者一定的经营和推广,已经在市场上具有一定的知名度,已经可以构成知

---

① 《涉及网络知识产权案件审理指南》规定:"被告通过信息网络实施的被控不正当竞争行为,属于反不正当竞争法第二章规定的具体情形的,则不应再适用该法第二条的规定进行调整。"

② 参见李士林:《商业标识的反不正当竞争法规整——兼评〈反不正当竞争法〉第6条》,载《法律科学》2019年第6期。

名商品或服务，同时消费者能够通过该标识识别不同的商品或服务，他人擅自使用该标识会造成相关消费者的混淆，损害权利人的利益，此时方能用《反不正当竞争法》进行规制。这样一方面，能够规制目前网络环境中不断出现的新型标识；另一方面，在司法实践中能够减少对于一般条款的适用，避免实践中大量出现"向一般条款逃避"的现象。

而针对 app 标识的保护，其最本质的问题是注册。作为 app 开发公司，为了避免自己的 app 标识在开发后被仿冒或是陷入侵权的风险中，首先，就要在 app 标识设计上避免使用过于通俗、含义单一的词语和图案。其次，从一个企业的知识产权管理角度出发，在商标管理层面，商标注册必然是重中之重，在开发与推广之初就应该有大局观念，不应拘泥于某一个小方面，尽早取得商标的专用权，毕竟在目前注册制的环境下，商标尽早注册不仅是权利的公开证明，更可以杜绝后续一系列的纠纷，防止被他人抢先应用，防患于未然。换言之，一旦出现侵权行为，对于维权以及利益损失的减少也是百利而无一害。另外，"为为网案"也给各大应用平台敲响了警钟，应用平台对于想要在该平台上线或已经上线的 app 应当尽到一定的审查义务。[①] 规范 app 开发者与上传者的行为，各大平台应当有一定的措施处理关于自身管理平台中出现的权利纠纷，避免出现侵犯他人注册商标权利的情况，同时对于 app 的上线流程设置也应更加规范合理，不能流于形式，理应审查 app 开发者的资质以及相关的权利证明，相应调高应用商店的准入门槛，在出现纠纷时及时应对处理，以免作为共同侵权者承担连带责任。

商标法规制注册商标标识，因此在网络环境中的标识同样应先争取注册，对于未注册的新型网络商业标识则以《反不正当竞争法》进行保护。就目前而言，互联网技术的迅速演化一定会出现更多种类的新型网络商业标识，因此应根据这类行为的普遍性进行具体规定，而非适用《反不正当竞争法》一般条款的规定。

综上所述，目前飞速发展的互联网产业在给人们生活带来便捷的同时也带来了不少的问题，网络的虚拟环境使许多在现实中容易解决的问题变得复杂，这就

---

① 参见王莲峰：《论移动互联网 App 标识的属性及商标侵权》，载《上海财经大学学报》2016 年第 1 期。

需要我们从中抽丝剥茧,看到最本质的问题,从而解决问题。在商标法上,保护新型网络标识的重中之重仍旧在于注册,只有注册才能获得商标专用权的保护,注册不仅是权利的证明,更是在日后出现纠纷时的有利证据。对难以获得注册的新型商业标识,《反不正当竞争法》第 6 条在保护新型商业标识时明显不足,一般条款也因其抽象性和概括性而不应轻易地适用于具体案件之中。鉴于此,本书认为,对新型网络标识的规制需要在《反不正当竞争法》第 6 条规定中增加对网络商业标识的不正当竞争行为,严格限定该类网络商业标识的适用范围。这样既可以在司法审判中有法可依,也可以避免司法实践中过度引用一般条款的情况,引导 app 以及网站名称这类新型商业标识向良好的方向发展。

第五章 数字环境下专利法与反不正当竞争法适用冲突的典型情形与解决

第一节 网络技术创新与不正当竞争的边界

互联网的技术发展迅速与网络技术创新的关系密切，正是对网络技术创新的鼓励才使互联网繁荣蓬勃。保障网络技术创新的法律对技术创新的推动作用不言而喻，尤其是知识产权法，以及反不正当竞争法，都给予技术创新法律层面的支持与保护。但是在某些情形下，网络环境下的技术创新却可能被认定为不正当竞争行为，那么保护技术创新与禁止不正当竞争行为就会存在一定的冲突。本章试图分析网络技术创新与禁止不正当竞争行为的冲突产生的原因，试图划定网络技术创新与不正当竞争行为的边界，从而获得一个良好的网络环境。

一、网络技术创新与禁止不正当竞争的冲突

(一)鼓励技术创新是知识产权法主要的立法目的

知识产权法的主要立法目的就是促进技术创新，保护技术创新的成果。对著作权法来说，著作权保护的作品的

类型不断扩充就是技术创新的体现。例如,摄影技术的发明确定了用照相机所拍摄的照片作为摄影作品受到《著作权法》的保护。电影技术的出现产生了对影视作品保护的需求。著作权人的权利也因为技术的发展而扩展。例如,网络技术的应用,作品在网络上的传播需要受到著作权人的控制,因此,《著作权法》规定了信息网络传播权。

《专利法》在立法目的条款中规定了鼓励技术创新。首先,《专利法》第1条明确提出鼓励发明创造的目的就是提高创新能力。其次,我国《专利法》的具体条文也体现了这一立法目的,该法第22条规定专利授权的条件,即应当具备新颖性、创造性和实用性。其中新颖性和创造性的条件要求高,尤其对发明专利的条件更严格。这一条款说明发明专利必须具有创新性。在专利审查过程中,发明专利由于具有更高的创新能力的要求,因此审查程序必须经过形式审查和实质审查,审查过程更加复杂,以保证发明专利的创新性。相应地,发明专利保护期要长于实用新型专利。因此专利法的核心就是为了技术创新服务的。

(二)反不正当竞争是否也保护技术创新

反不正当竞争法的主旨与知识产权法应当是一致的,因此,反不正当竞争法也应当具有促进技术创新的作用。例如,《反不正当竞争法》对商业秘密的保护,就是对技术创新的保护,商业秘密可分为技术秘密和经营秘密两大类,其中技术秘密是经过商业秘密所有人通过自力保护的方式促进技术创新的体现。

(三)网络技术创新的保护与不正当竞争行为认定的争议

在网络环境下网络新技术的应用会对市场竞争产生冲击。受到损害的经营者认为,网络新技术的应用者构成了不正当竞争行为,应当受到法律的制裁。在我国的司法实践中发生了几例有影响的网络不正当竞争行为的认定的案件,并且引发了技术创新与认定不正当竞争行为的冲突。

在“优酷视频诉金山猎豹浏览器案”的判决中,因为猎豹浏览器是一款可以屏蔽视频网站广告的浏览器,供用户选择是否使用屏蔽的功能。法院认为,浏览器的开发商的行为会损害视频播放网站的广告加免费播放的商业模式,是一种违背商业道德的行为,因此构成不正当竞争。这种浏览器是一种技术创新,那么是否会因为侵害了视频网站的商业模式而构成不正当竞争呢?与“优酷视频诉金山猎豹浏览器案”相似的是“傲游浏览器案”。在该案中傲游浏览器是对视频广告有快进的功能。视频广告一般长达几分钟,傲游浏览器可以在用户使用傲游浏览器观看视频时,向其提供快进功能,使广告时长可以缩短至几十秒或几秒钟。

上述两个案件中涉及的两款浏览器提供的服务有所不同,猎豹浏览器是完全屏蔽了广告,而傲游浏览器只是快进了广告,有观点(注释)认为,后者的做法更温和些,不会影响到视频网站的利益,而猎豹浏览器则对视频网站的利益构成损害,因此猎豹浏览器构成不正当竞争行为,而傲游浏览器则不构成不正当竞争行为。本书不同意此种看法,因为这两种浏览器服务商的做法对于视频网站来说都会构成损害,因为广告的实质是向消费者宣传商品或服务,如果使用快进功能则消费者根本不了解广告的内容,广告的作用不能得到发挥,提供广告的视频网站受到损失是不言而喻的。另外,猎豹浏览器和傲游浏览器的服务商在提供屏蔽或快进服务时,是给浏览器用户以选择权的。所以用户选择这项服务,就应当为选择的后果负责。因此本书认为,猎豹浏览器和傲游浏览器的服务提供商的行为性质是一样的,屏蔽广告或者快进广告的浏览器,相较于未有此项功能的浏览器而言是技术的创新,而这种技术创新对于被屏蔽或者被快进的视频服务商来说是否可能会损害到他们的利益仍有争议,但视频服务商当然会认为这是一种不正当竞争行为。

同理,在“百度诉搜狗输入法不正当竞争案”中①,搜狗的输入法加搜索引擎相较于单纯的输入法或者搜索引擎而言也是一种技术进步。搜狗利用技术手段使用户在百度的搜索框内输入搜索关键词时,因输入法是使用搜狗的,搜狗自动将用户导引入搜狗的搜索引擎中,此行为是否构成不正当竞争?

上述的例证都涉及技术创新与商业模式的冲突。法院将这三种情形都认定为不正当竞争行为,似乎网络技术创新与禁止不正当竞争行为的理念发生了冲突。法院的做法与前文论述的观点出现相悖之处,因为,一般来说,知识产权法鼓励技术创新,而反不正当竞争法也应当是鼓励技术创新的,但是在司法实践中却出现了技术创新导致的不正当竞争的判决,原因将在下文中进行分析。

---

① 北京市海淀区人民法院民事判决书,(2015)海民知(初字)第4135号。

二、网络技术创新与禁止不正当竞争冲突的原因

网络技术创新随着互联网的发展在不断地变化,技术创新的速度也十分惊人,往往一种技术才应用不久,就很有可能被新技术所替代。例如,P2P网络传输技术的发展就日新月异,从开始需要存储的平台发展为不需要平台作为传输的中介,直接可以在两台电脑之间实现资源的传输。网络服务商利用新技术往往在网络市场的竞争中能占据优势的竞争地位,对竞争对手进行压制并从中获利。对竞争对手来说,这种新技术带来的冲击巨大,对其网络经营的损失也较大。为了弥补损失,该经营者认为,竞争对手带来的新技术违背了商业道德,用不正当手段损害了其经济利益,故将竞争对手告上法庭,提出不正当竞争之诉。但是,问题在于,由于技术创新带来的新技术的使用是否构成不正当竞争并没有在《反不正当竞争法》中有明确的规定。在《反不正当竞争法》规定的11种不正当竞争行为中没有网络不正当竞争行为的规定,涉及技术创新引发的不正当竞争行为在这11种行为中也没有可参照的类型。法院一般适用的是《反不正当竞争法》第2条的一般条款。根据《反不正当竞争法》第2条的规定判定,技术创新引发的网络不正当竞争行为有不当之处,理由有以下几点:第一,一般条款是对具体的11种情形的概括,而非可以直接适用的,因为根据条文的表述,一般条款指代的是这11种情形。第二,即使直接适用一般条款,仍然有障碍,因为依据该法第2条中规定的商业道德和诚实信用原则过于原则化,这些是民法的基本原则在反不正当竞争法中的强调。因为民法的基本原则只是宣示性的,必须只能适用体现民法基本原则的具体条款,对于基本原则不能直接适用。同理,对于《反不正当竞争法》第2条所指的诚实信用和商业道德也是宣示性的,必须在具体条款中体现。第三,我国2004年修订《反不正当竞争法》时,相较于1909年德国《反不正当竞争法》,其一般条款的地位下降了,在具体界定不正当竞争行为时,以具体条款的规定为准。因此,法院在判决由于技术创新引发的不正当竞争的案件时,技术创新与网络不正当竞争的行为边界是不清楚的,而且也是难以界定的,因为网络不正当竞争行为本身没有具体的条款可以援引,若引用《反不正当竞争法》第2条则正如前文所指出的,会有很多的不确定性。

三、对技术创新与知识产权法的关系处理情形

在知识产权法领域，技术创新与知识产权保护也会发生冲突，尤其是在版权领域，美国法院通过几个典型的案件表明了如何处理技术创新与版权保护的关系，而且这种处理方式的态度也发生了较大的变化，对于这种变化应持何种态度，是应该肯定还是否定，以下将作具体分析。

（一）"索尼案"[①]

"索尼案"确立了非实质不侵权原则。在该案中，索尼出产的录像机增加了录制功能，家庭主妇不能在电视上观看的电视剧可以通过录像机录制下来，方便主妇有空时再观看。电视节目的版权人起诉索尼公司著作权侵权。法院认为，录像机的功能不仅能录制侵权节目也可以录制非侵权节目，这就是著名的非实质不侵权原则，也被称为技术中立原则。该案确定的意义重大，对以后的判例起着重要的影响。该案反映了技术创新与版权的关系：技术创新在著作权侵权判定中不作为侵权的要素判定，即保持技术的中立，不因为利用新技术制造的产品能带来侵权而直接对认定该技术成为侵权认定的要素予以否定。尽管有学者[②]对"索尼案"提出的非实质侵权原则提出异议，认为应当以间接侵权的构成要件为逻辑起点，当直接侵权构成时，就要考虑间接侵权是否构成，而"索尼案"显然没有对此进行分析。但是本书则认为"索尼案"讨论的并非单独的著作权侵权问题，而是技术创新对于版权影响的态度，因此不应引入间接侵权判定此案，而非实质不侵权的原则的判定对于界定技术创新与版权法的关系则具有重要的意义。

（二）"美国网通公司案"[③]

该案继承了"索尼案"的原则，即"在版权侵权间接责任认定中如果网络服务商对于使用其服务进行侵犯版权的行为没有提供主动帮助行为的话，将不对此承

---

① Sony Corp. of America v. Universal City Studios, Inc. ,464. U. S. 417(1984).

② 张今：《版权法上的"技术中立"反思与评析》，载《知识产权》2008 年第 1 期。

③ Religious Technology Center v. Netcom Communication Services, Inc. 907F. Supp. 1361(ND Cal. 1995).

担间接侵权责任"①。美国网通公司提供的是网上信息通道服务,当用户埃里克将他人具有版权的作品上传到美国网通公司提供的公告版上后,其他用户下载这部作品时,美国网通公司的系统自动生成复制件供用户下载。法院认为,系统的自动生成服务不是美国网通公司主动参与的,按照版权间接侵权理论,只有当第三者实质性参与了侵权时才会认定为间接侵权,而美国网通公司并未参与,因此不承担间接侵权责任。

(三)"纳普斯特公司案"②

该案是对版权法上的通知删除程序的发展,认为服务商知道侵权行为的存在,所以应当承担间接侵权责任。在该案中,纳普斯特公司经营的音乐共享平台采用P2P技术,使用户共享的音乐资源只保存在用户自己的电脑硬盘中,并未存在纳普斯特公司自己的平台中,因此不能进行实质性审查。但是作为原告的唱片公司起诉认为,纳普斯特公司通过在平台上发布可以使用户找到需要的音乐这样的广告证明纳普斯特公司知道用户侵犯了原告对音乐享有的版权。法院支持原告的主张,认为纳普斯特公司作为平台服务商知道用户使用P2P方式下载的音乐是侵权的,因此纳普斯特公司应当承担间接侵权责任。

(四)"格罗斯克公司案"③

该案的意义在于引入引诱侵权的原则。在该案中,格罗斯克公司是二代P2P服务商,二代P2P技术无须通过中介平台的中转服务,用户在各自的计算机用P2P软件即可实现资源的共享,因此格罗斯克公司作为服务商,只提供了P2P软件的下载而对用户的共享文件不能实现审查和筛选。格罗斯克公司被28家影视公司起诉帮助侵权,在一审、二审判决中,法院援引"索尼案"的非实质不侵权原则判定被告格罗斯克公司不侵权,但是联邦法院则认为,被告提供产品的目的在于帮助他人侵权,因此不能适用"索尼案"所确定的原则,而以诱导侵权理论判定被告构成引诱侵权。

---

① 武万芳:《论技术中立原则》,中南民族大学2015年硕士学位论文,第36页。

② A&M Records,Inc. v. Napster Inc. 239F. 3d1004(2001).

③ MGM Studios,Inc. v. Grosker,Ltd. 545 U. S. 913(2005).

(五)对于美国关于技术创新与版权保护发展的思考

上述的几个案件反映了美国对技术中立的态度的演变,从“索尼案”来看,美国法院提出了非实质不侵权原则,认为技术中立应是判定是否构成版权侵权的要素,当所生产的产品没有专门用于侵权时,该产品的生产者不构成版权侵权。“美国网通公司案”坚持了这一原则,提出的实质性参与原则认为,当网络服务平台没有实质性参与版权侵权时,不构成侵权。但是其后的“纳普斯特公司案”和“格罗斯克公司案”都将网络服务平台认定为帮助或者引诱侵权,尤其“格罗斯克公司案”与“索尼案”最相似,格罗斯克公司只是提供了 P2P 下载软件,对共享文件不具有审查的条件,仍然被认为引诱用户侵权。该案是对“索尼案”提出的非实质不侵权原则的全盘否定,说明美国法院从对技术创新者的保护逐渐倾向于对版权人的保护。技术创新与版权保护在美国法院的判决中同样出现冲突。本书的观点认为,应当坚持适用“索尼案”所建立的技术中立原则,对新技术的使用尤其是对网络新技术的使用持宽容的态度。原因如下:

第一,起诉服务商损害技术创新。P2P 文件共享技术也是一种技术创新,但是当 P2P 不需通过平台直接使用户之间传输文件时,即使传输的文件有未经授权的作品例如影视作品,P2P 平台也不应承担作品的间接侵权责任。但是,这种情形在美国未被纳入避风港规则中免责的情形,P2P 平台仍有可能承担间接侵权责任。

起诉服务商对技术创新有损害,就技术创新的本质而言,这种损害难以量化。但是这种损害肯定是存在的,允许起诉服务商无疑会加重这种损害。如果直接禁止计算机程序的销售就会限制创新,会带来技术创新社会价值的减少。如果法院认为 P2P 技术本身违法,社会收益的损失不仅包括使用 P2P 技术还包括未来可预期的潜在成本。经济学分析的结果表明这种预期收益,即溢出效应比新技术刚适用时获得的利益多。VCR 技术刚开始被版权人要求禁止使用时,因其损害了版权人的利益,但后来以出人预料的方式迅速发展,带给版权人巨大的经济利益。收音机早期的使用历史也说明这一点。如果起诉服务商,就会打击程序编写者,会使他们担心程序的使用被诉侵权。尽管起诉直接侵权人会延长诉讼时间,但是不会对创新造成实质性负面影响。如果起诉服务商就会使对创新的威胁更系统化,因此法院应该看到创新带来的优势,即使创新会带来侵权。

第二,新技术无力及时应对法律的变化。一方面,新技术还不能确定创新带来的最后的价值是什么,如 VCR 的使用;另一方面,新技术不会对现有技术带来实质性的损害性影响,当法院否定新技术时,实际从表面上看来并不觉得失去了什么。传统的版权法处理有可能损害技术的危险的方式与专利法一样,版权人可以起诉技术的发明者。“索尼案”确定了处理这类诉讼的比较明确的标准,即使技术的销售者是共同侵权人,只有当技术不具有实质性的非侵权用途时,法院才能禁止这种技术。近来的发展却损害了这一原则。《数字千年版权法》(Digital Millennium Copyright Act,DMCA)反技术措施条款为了给予版权人更大的保护,明确拒绝了这种实质性非侵权用途的判定标准。“纳普斯特公司案”否定了“索尼案”确定的标准。结果是在很多数字版权案件中法院毫不犹豫地禁止了有些社会价值的技术。

第三,对于版权的过度保护,有可能对新技术带来致命打击。网盘存储作为一种新技术,在存储的内容涉及版权人的利益时,对于存储服务商课以过重的法律责任,无疑会对新技术的发展造成不良影响。网盘存储服务带来了信息存储的革命性变化,因为网盘存储的信息量可以构成海量信息,大数据分析与网盘存储的技术发展也具有密切关系,因为只有实现了信息的海量存储才能做到对信息的技术性分析,即大数据分析。因此网盘存储对于网络技术发展影响巨大。但是网络存储带来了权利保护问题,在用户使用网盘存储时会上传没有获得版权的作品,网盘服务商是否为此承担侵权责任,承担多大的侵权责任仍然是具有争议的问题。对网络服务商追究过重的法律责任会带来对技术创新的阻碍作用。

四、划定不正当竞争与技术创新的合理边界

(一)不能机械地保护商业模式

商业模式在互联网的应用广泛,成为互联网经济增长的主要形式。但是商业模式是市场竞争的产物,在网络环境下亦是如此。既然是竞争,就应当符合市场竞争的规律,即优胜劣汰的法则,这样的市场才有活力。在网络环境下的“广告+免费”的商业模式固然是现在互联网经济中的主要商业模式,大约占互联网经济的60%,但是这样的商业模式也不是一成不变的,如果因为担心新技术对这种商

业模式的冲击,会导致这种商业模式的使用者的生存困境,就有些杞人忧天了。因为,当一种商业模式由于新技术的介入不再适合市场,商业模式的使用者自然地会选择其他商业模式,这样才会促进竞争,保持企业竞争的活力。例如,现在需要视频网站从“广告+免费”的商业模式转化为会员收费制。例如,在优酷视频热播的脱口秀节目“奇葩说”即采用新节目刚播出的一两天内采用会员收费制,然后采用“广告+免费”的商业模式。因此将新技术的使用而对商业模式造成损害的行为认定为不正当竞争行为有悖于市场公平竞争的理念,且对消费者保护也不利。对消费者来说如果只能接受越来越长的广告,就会降低观看视频节目的热情,这样对视频运营商长远利益而言也会有损害。

因此,通常情形下,法律不应介入商业模式的市场竞争中,只在特殊情形下,如商业模式本身就违法时才应当介入,如传销,或者商业模式对公共利益造成损害,如倾销。由于技术进步带来的商业模式的损害不应在法律的调整范围之内。

(二)技术问题由技术和市场解决,法律不应轻易定性

在处理技术创新与不正当竞争的边界问题时,要建立技术问题由技术解决,市场问题由市场解决的理念,法律不宜轻易介入。例如,广告免费的问题,是技术进步的成果,随着互联网时代的到来,边际成本越来越低,几乎为零。考虑用户的需求是互联网的一个显著的特点。因此免费的商业模式并非单纯的法律问题,还涉及经济学和管理学。法院在处理这类案件时,也应遵循这样的理念,以考虑消费者的需求为出发点。例如,在美国某法院审理的“卡巴斯基案”①中,卡巴斯基因为使用了屏蔽功能使视频播放时屏蔽了广告,被某公司起诉并要求发布临时诉前禁令。法院裁决认为,应该让消费者决定选择屏蔽功能与否,这样如果消费者认为不应当屏蔽,就可以不再使用卡巴斯基软件另选其他软件,法院在此没有直接评判屏蔽技术的优劣,认为技术问题应由市场作出决定,驳回了诉前禁令的申请。法院在对待技术问题时,不作直接评判而采用迂回的方式交由消费者选择,不将技术创新行为直接认定为不正当竞争行为是一种比较合适的做法。在德国法院

① 参见黄武双:《网络技术创新用户权益维护与不正当竞争的边界》,载黄武双主编:《知识产权法研究》第13卷,知识产权出版社2016年版。

遇到同类案件时采用的态度也是技术问题，由技术专家分析或者由于技术引发的市场问题由市场解决。

（三）坚持技术中立原则，不对新技术的应用做出法律评价

由“索尼案”提出的技术中立原则，在处理技术创新与不正当竞争的关系时仍有重要的意义。“索尼案”提出的技术中立的实质在于非实质不侵权原则，即一项具有新技术的产品的主要作用并非为了侵权生产，还有更普遍的非侵权的用途，那么这项新技术不应被认定为侵权。技术中立应用到反不正当竞争法的领域，即如果一项技术带来的后果可能对其他经营者造成损害，这项技术研发的目的是改进互联网技术，因此不应直接将对新技术的应用定性为不正当竞争行为，而应给予技术发展的空间，法律特别是反不正当竞争法不应过分介入调节技术创新带来的发展给予市场的冲击。

上文提到的“优酷视频诉金山猎豹浏览器案”、“傲游浏览器案”和“百度诉搜狗输入法不正当竞争案”说明，网络环境下技术创新与不正当竞争的界定产生冲突，就应当坚持技术中立，还是应当认定为不正当竞争的问题发生争议。针对“优酷视频诉金山猎豹浏览器案”，有学者的观点认为，视频网站的商业模式并非商业惯例或者商业道德的范畴，认为浏览器开发商不构成对视频网站的不正当竞争。[①]本书赞成该观点。正当的商业竞争也会构成一方对另一方利益的损害，这是市场经济优胜劣汰的结果。同理，傲游浏览器也不应当构成不正当竞争行为。

在“百度诉搜狗输入法不正当竞争案”中，搜狗方的技术创新值得保护，搜狗利用新的输入法与搜索引擎结合的技术，将百度搜索转入搜狗搜索引擎中的做法，笔者认为，法律不应当介入评价。这种新技术带来的问题应该是将其交由技术本身的发展，即百度可以研制反制搜狗输入法的转入技术，从而通过技术的超越解决竞争对手带来的经营利益的损失。法律不介入是对技术创新持宽容的态度，法院裁决对于技术创新会带来负面的影响，而宽泛的不正当竞争行为的认定对于互联网技术的创新和竞争也会造成不利的后果。

---

① 参见黄武双：《网络技术创新用户权益维护与不正当竞争的边界》，载黄武双主编：《知识产权法研究》第13卷，知识产权出版社2016年版。

本书的观点是技术创新应优先得到保护，尤其是在互联网技术下，技术创新带来经营模式的变化，不能仅因为损害了一方的经营利益而被认定为不正当竞争。

在数字环境下，由于新技术的应用会影响网络商业竞争，进而可能导致技术创新与不正当竞争的边界不清，引发应当保护技术创新还是作为不正当竞争予以制止的争议。本书认为，应以保护技术创新为首要，对于网络不正当竞争行为的认定不应过早下结论，而应当交由技术的发展和市场处理这类行为，给予技术创新更多的空间。《反不正当竞争法》不应对网络不正当竞争行为作出规定，因为网络技术发展会使这种认定很快失去作用。法院也不应当直接根据《反不正当竞争法》第 2 条的一般条款认定技术创新行为为不正当竞争行为。总之，技术的归技术，市场的归市场，《反不正当竞争法》不应直接介入判定技术创新行为为网络不正当竞争行为。

第二节　电子产品用户界面的法律适用的冲突与解决

2012 年，在"苹果公司诉三星外观设计专利侵权案"中，美国加州地区法庭认为，三星仿冒了苹果 3 项与用户界面有关的外观设计专利，判决其赔偿各项损失共 10.5 亿美元。[①] 这一事件的发生，引发了人们对电子产品用户界面的深入思考：何谓电子产品用户界面？是否应当对其进行知识产权保护？国内外现状以及我国在冲突中如何更好保护自身的电子产品用户界面？目前，我国在电子产品用户界面方面已逐步尝试适用《著作权法》、《专利法》，以及《商标法》进行规制，本节试图寻找出一条适合电子产品用户界面法律保护的新路径，解决其法律适用冲突。

一、电子产品用户界面的概念界定

电子产品用户界面（User Interface，UI），是指对电子软件的人机交互、操作步

---

① 刘娟：《浅谈图形用户界面的知识产权保护》，载《电子制作》2014 年第 14 期。

骤、界面美观的整体设计。互联网上的 UI 设计是虚拟 UI,其适用范围十分广泛,既可以适用于电脑、电视等固定设备,也可以适用于便携式电话、蓝牙手表、播放器、手机等各种移动设备,使软件变得有个性、操作简单自由,方便用户使用。UI 设计当中最突出的部分莫过于图形用户界面(Graphical User Interface,GUI),是指电子产品通电后在电子屏幕上显示的、供用户操作使用户能够与该电子设备进行通讯交流的图像设计,其主要通过计算机中的程序实现,一般由软件与硬件共同组成。①

早期的 UI 关注焦点在于功能性,程序命令界面复杂,在具体的软件设计中并没有受到较高关注,因此对 UI 保护并未受到重视。随着现代计算机技术的突破发展,UI 在设计中开始进行大量有创造性内容的活动,开发企业在此投入了巨大的研发成本,如今的 UI 对用户来说更简便快捷,其不再需要单纯地依赖死记硬背大量的公式和算法进行操作,只需要通过点击窗口、菜单、按键等快捷方式便可以达到预期目标,极大方便了专业和非专业用户的使用,但是与此相关的伪造、仿冒、窃取等侵权行为频繁发生,开发企业的利益无法得到全面有效的保护。UI 是企业付出大量人力、财力才得到的成果,具有极大的经济和社会价值,如果得不到保护极易造成市场混乱。②

目前,许多科技水平较发达的国家和地区已逐步开始加强对 UI 的规范,并且认可了 GUI 可以作为外观设计权保护的客体得到外观设计的保护。为指导审查员对外观设计进行审查,明确外观设计的定位,1996 年美国发布《专利审查指南》,专门增加了“计算机生成图标的外观设计”,该指南在 2006 年 7 月修订后明确增加“可变的计算机生成图标”,要求对计算机产品的外观设计进行保护。20 世纪 80 年代,日本政府专门出台《审查指南》,明确规定将注册外观设计调整范围扩大到一部分图形用户界面,而后在 2006 年直接说明《意匠权》(也就是外观设计)包括图形用户界面,纳入专利权的调整范围。韩国在其《外观设计审查标准实施》中也明确表示,要对显像设计的一部分,即图形用户界面,用外观设计专利权保护。

① 秦朝:《论电子产品用户界面的知识产权保护》,载《公民与法(法学版)》2013 年第 8 期。
② 付京章:《浅析软件用户界面的专利权保护》,载《知识经济》2013 年第 5 期。

在我国,有关用户界面法律保护的立法道路上取得了一定成果。例如,电子产品和软件上的背景界面是否应受外观设计专利权保护?2006 年我国《专利审查指南》在修改时增加了与 GUI 关联的条款,明确规定产品通电后显示的图案不应由外观设计专利权进行保护。[①] 后来由于信息技术的飞速发展,关于保护计算机相关内容的呼声日益高涨,2014 年 5 月 1 日,国家知识产权局发布了《国家知识产权局关于修改(专利审查指南)的决定》,文件中详细规定外观设计专利的保护范围包括图形用户界面的产品外观设计。[②] 由此观之,我国对于 UI 知识产权法律规制在不断发展和进步。UI 是开发企业智慧的结晶,发展潜力巨大,近年来移动智能设备的 GUI 设计逐渐成为企业经营和行业良性发展的战略核心,如果不在意用户界面的保护,任由他人复制和盗版,将极大损害开发者的利益,打击设计者的创作性和积极性,从而引发市场混乱,因此,本书认为,UI 知识产权法律保护是大势所趋。

二、著作权法保护模式下的 UI

UI 是由软硬件和人共同作用组成的整体系统。在 UI 的发展历程中,与其最相关的当属计算机软件。UI 通过软件运行来实现,其中的界面支持软件可以看作表达程序,而且其具有一些编程技巧,源代码、程序以及相关文档符合《著作权法》中作品的一些保护条件,因此《著作权法》成为我国早期探索 UI 知识产权保护的主流模式。

计算机 UI 属于 UI 系统的组成部分。长期以来,规制侵犯他人用户界面的违法行为主要依据《计算机软件保护条例》,该条例规定计算机软件的内涵包括计算机程序及其相关的文档,同一计算机程序的源程序和目标程序为同一作品。[③] 由此可知,计算机软件属于本条例保护范围,但实际上该条例规定较模糊,并未明确规定 UI 是否属于计算机程序中的一部分,也没有关于“程序”和“文档”的具体说

① 谭彦闻、胡强:《论图形用户界面的外观设计专利保护》,载《中国知识产权报》2013 年第 5 期。
② 林婧弘:《浅谈图形用户界面的外观设计专利保护》,载《中国知识产权报》2014 年第 3 期。
③ 《计算机软件保护条例》第一章第 2 条、第 3 条。

明,而按照通常的理解,UI 是“程序”实现的结果,它与“程序”和记录程序的“文档”是有本质区别的。而且,虽然我国《著作权法》第 3 条明确将计算机软件单列为一类特殊客体,但是《著作权法实施条例》尚未明确规定 UI 属于我国《著作权法》中的“作品”,而且根据《计算机软件保护条例》第 6 条的规定,即使 UI 可能具备《著作权法》所要求的“独创性”,构成“作品”,但是在界面软件代码不一致的情形下,UI 的操作行为及操作结果明显有别于程序的本质属性,其是否属于“表达”,是否具备独创性、可版权性,成为我们司法实践的关注焦点。

自《著作权法》实施以来,版权法中“思想与表达的划分”二者间的争议接连不断,其关系到国民社会中的根本经济法律问题。一般来说,一种 UI 被设计出来需要受到很多因素的制约,比如,要受到科技水平的限制,要综合考量用户的操作习惯、多方面需求等,这在一定程度上限制了用户界面在公众面前表达的方式,这些表达可能不具有独创性,对其进行法律保护并不合适。① 而且若忽略了用户界面中的创新要素,则非常不利于促进创新、推动产业升级改造。无论是在著作权法理论还是在司法实践中,如何明确区分思想与表达的界限,众多学者认识不一。具体到 UI 来说,构成 UI 的各要素究竟应属于哪一种,多国司法实践中存在不同的做法,有的法院认为,UI 不属于表达,其只是一种操作方法,因此不应对其进行规制;而有的法院认为,即使 UI 应归于操作方法,但是仍可以在使用抽象过滤法进行分析时认定其不属于思想从而获得版权法保护。另外,UI 设计中有时不仅体现了部分独创性,其还可能包含部分公共需求(如用户共同的操作习惯等),如果这两者掺杂在一起,如何在具有基础功能性的 UI 设计中寻找出其独创性,这在判断版权法中的独创性要件时极其困难。而且,判断 UI 是否具备独创性是否可以适用现有的《著作权法》独创性标准,这也是一个问题。《欧盟软件指令》明确规定,在判断 UI 是否具备独创性时不应将计算机软件程序的性质和审美价值作为衡量标准,性质和审美只是参考因素。在我国,理论和司法实务中对独创性标准都没有具体明确的规定,也缺乏统一标准,因而使法院在裁判中主观能动性更强。

---

① 参见陈霞:《计算机用户界面知识产权保护模式的评价与构建》,载《暨南学报(哲学社会科学版)》2014 年第 7 期。

比如,即便在通常较低的独创性标准下 UI 也可能因为过于简单或大众化而得不到著作权法保护。在“北京久其软件股份有限公司诉上海天臣计算机软件有限公司用户界面著作权侵权纠纷”的判决结果中,①我们可以得知,即使适用《著作权法》对 UI 进行保护,虽然《著作权法》本身要求最低限度的独创性,但是一些值得保护的 UI 本身独创性更低,因此这部分 UI 无法得到相应保护。UI 自从出现以来,其目标在于最大化地方便用户操作,因此在设计时难免会受到一些限制和要求,如必须要考虑用户的操作习惯、大众消费习惯等,故不可能像创作小说、音乐等那般自由,这些限制和要求极大束缚了成果产出的质量和数量,因而也就达不到《著作权法》所保护的“作品”的要求。

本书认为,著作权法无法阻止通过许多不同方式生成相同的 UI 设计,其本身具有较多不足之处。例如,UI 是否满足著作权法所要求的“表达”“独创性”要件往往是难以判断的,因此,UI 设计不宜用《著作权法》进行保护,否则会严重阻碍 UI 技术的创新,影响整体产业的发展。

三、专利法保护模式下的 UI

UI 是电子产品软件人机交互、图形设计、算法操作的综合体现,可以为用户提供各种操作选择,若同时具有独有的特征和美感,其就具备了《专利法》要求的创造性和新颖性要素。若同时将具备实用性、创造性和新颖性的 UI 适用于工业产品上,则在《专利法》范畴内讨论其保护问题极为必要。目前,我国《专利法》在探索 UI 的保护问题上虽有一些成就,但是仍面临很多困难。

起初,我国《专利审查指南》②及其修订稿中明确指出,我国不准备在外观设计专利中对 GUI 进行保护,因为 GUI 与专利无关,其不属于外观设计专利权的保护客体。我国现行《专利法》对外观设计专利权的保护范围进行了较大修改,《专利法》第 2 条明确表明外观设计保护的并不是产品本身,外观设计依附于产品而

---

① 崔国斌:《著作权法原理与案例》,北京出版社 2014 年版,第 105 页。

② 《专利审查指南》第九章引言第 2 款,2006 年 5 月 24 日国家知识产权局公布。

存在。①

欧盟在《欧盟外观设计条例》中明确指出,外观设计权利受保护必须具有外观特征,且该外观特征必须要能为人所感知。在立法与实际操作中,欧盟把重心放在了产品的设计上,而不是产品本身,如欧盟通常认为,对于外观设计本身含义的解释通常与其附着的产品没有很密切的联系,因此不同的产品甚至可以拥有同一种外观设计。专利审查部门更是明确认为,外观设计不保护产品说明,产品说明不属于保护对象。这表明若是保护了一项外观设计,那么对包含该外观设计的产品都可以给予保护。在欧盟,产品的地位仅在于其是外观设计的物质载体,其功能是帮助审查外观设计、进行区分等。目前,欧盟对产品的概念主张进行扩张解释,这表明其更加明确外观设计产品保护的客体对象是设计,不是产品本身。对于 UI 来说,UI 设计中的 UI 与传统的外观设计有很大不同,它能够不依赖于产品客体而存在,《欧盟外观设计条例》扩大了对产品外观设计的保护范围。

UI 本身不同于传统的外观设计,其是一种抽象的设计,特点就在于没有固定的形态,依托的载体也并不确定。近年来,随着用户对电子产品的需求越来越高,应用 UI 的产品也越来越多,GUI 日益受到重视,具体表现为一些主要工业国家纷纷通过立法予以保护。我国国家知识产权局 2014 年正式用外观设计权对图形用户界面进行保护。②这表明国家对图形用户界面 GUI 这类特殊界面授予外观设计专利权保护,这对 GUI 这类新型权利来说是一个重大利好消息,同时也更符合《专利法》中有关外观设计的内涵。

目前,我国规定对 UI 设计中的 GUI 进行外观设计专利保护。GUI 设计具备了外观设计专利权权利保护要求的新颖性、实用性要求,符合外观设计专利权的保护要件,合乎法理,且对其进行专利保护具有极大的现实意义,为 GUI 产业发展打造了良好的法律环境。与此同时,又有一个困扰问题出现,即 UI 设计中的 GUI 确定由外观设计专利权进行保护,但是对于那些现行《专利法》和《专利审查指南》

---

① 《专利法》第 2 条规定:"外观设计,是指对产品的整体或者局部的形状、图案或者其结合以及色彩与形状、图案的结合所作出的富有美感并适于工业应用的新设计。"

② 林婧弘:《浅谈图形用户界面的外观设计专利保护》,载《中国知识产权报》2014 年第 3 期。

尚未规定的除GUI以外的UI产品该如何进行规制。对于除GUI以外的UI设计产品,本书认为,在现行法尚未进行规定的情况下,在考虑适用《专利法》进行保护时,应从《专利法》的立法基础与宗旨进行考量,若其具备了《专利法》的新颖性、创造性、实用性三重要素,则毫无疑问应由《专利法》来进行规制,这样不仅有利于对UI本身进行完整保护,明晰其权利范围,而且有助于完善我国专利法立法体系。但是,若UI不具备《专利法》授予条件是否可以主张用《反不正当竞争法》进行保护?

四、UI的《专利法》与《反不正当竞争法》的适用冲突与解决措施

UI随着计算机等电子产品的发展而发展,是窗口、桌面、图标、菜单与用户等各种要素的组合,不同商家的UI体现不同的风格,蕴藏巨大的经济利益,是生产者扩张市场、自由竞争的利器。UI依托电子产品的出现而出现,依赖电子产品的发展而发展,但是其又具备一定的独立性。目前,纵观《反不正当竞争法》,该法中没有体现UI的任何规定,故无法主张对UI进行保护。关于《反不正当竞争法》与《知识产权法》的关系,有学者主张,二者相互排斥;有学者认为,《反不正当竞争法》是保护知识产权的特别法律。比如,吴汉东教授认为,目前在法律没有明确UI保护方式的情况下,《反不正当竞争法》实际上可以起到补充保护作用。[①] 本书认为,《反不正当竞争法》是与《著作权法》《专利法》《商标法》处于同位阶同等级的法律制度。[②] 具体对于UI来说,如果《专利法》对UI规定保护措施的条件下,用《专利法》来进行规制无疑是最恰当的,不必涉及《反不正当竞争法》;目前我国《反不正当竞争法》条文中没有对UI保护具体的具体条款,对那些不符合外观设计专利授予条件(如新颖性)的UI设计,我们是否可以依据《反不正当竞争法》一般条款对UI设计来进行规制?

(一)基于《反不正当竞争法》一般条款的探讨

我国现行《反不正当竞争法》第2条为不正当竞争设立了抽象的行为标准,通

---

① 吴汉东:《知识产权基本问题研究》,中国人民大学出版社2009年版,第155页。

② 魏大、李高雅:《私权视野下在先使用未注册商标权益的合理保护》,载《知识产权》2013年第11期。

常被称为“一般条款”,在司法实践中,法院也往往援引该条文作为一般条款的司法判决。然而,本书认为,在《专利法》对UI设计不予保护的情况下,也不宜采用《反不正当竞争法》一般条款对UI进行扩展保护,主要理由如下:

1.《反不正当竞争法》一般条款导致裁判标准的“道德化”

《反不正当竞争法》一般条款在对UI进行保护时,往往只能从对该条的“道德解读”出发,①将其解读为特定商业领域中市场参与人的伦理标准或者行业内公认的“商业惯例”,但这些都太过抽象,不可避免地给不正当竞争行为的界定带来一定的不确定性。

2.《反不正当竞争法》一般条款引发适用上的不可预见性

“商业道德”本身具有极大的抽象性,在对竞争行为的正当性进行道德评判时,由于难以形成或尚未形成统一的道德评判标准,在被告使用他人UI的行为是否违反商业道德的问题上,不同法院基于不同的评判标准完全可能得出完全相反的结论。这使当事人,即相关公众都对裁判结果丧失预见性,加剧法律适用上的不稳定性。

基于以上论述,本书认为,在专利法对UI设计不予保护的情况下,不应再依据《反不正当竞争法》的一般条款对这一行为进行规制。

---

① 我国《反不正当竞争法》第2条第1款规定了竞争应遵守的基本原则,要求“经营者在市场交易中,应当遵循自愿、平等、公平、诚实信用的原则,遵守公认的商业道德”;第2款将不正当竞争行为界定为“经营者违反本法规定,损害其他经营者合法权益,扰乱社会经济秩序的行为”。

第六章 数字环境下知识产权法与反不正当竞争法适用冲突的总体协调措施

第一节 数字环境下知识产权法与反不正当竞争法适用冲突的原因及总体的协调原则

前文分章具体研究了数字环境下3部知识产权单行法与《反不正当竞争法》在适用方面的冲突与解决措施,即《著作权法》与《反不正当竞争法》的冲突及解决措施;《商标法》与《反不正当竞争法》的冲突及解决措施以及《专利法》与《反不正当竞争法》的冲突及解决措施。本书在具体分析每部单行法与《反不正当竞争法》的关系时,着重考察了数字环境带来的新的技术问题所涉及的《著作权法》、《商标法》、《专利法》与《反不正当竞争法》的适用冲突。例如,在《著作权法》与《反不正当竞争法》的冲突与解决措施中,具体分析了聚合链接、电子竞技游戏赛事直播画面、体育赛事网络转播,以及网页复制这些数字技术应用时所涉及的《著作权法》与《反不正当竞争法》的适用问题。在《商标法》与《反不正当竞争法》的适用冲突与解决措施中,具体分析了域名与商标、竞价排名、新型网络商业标志等涉及的《商标法》与《反不正当竞争法》的适用问题;在《专利法》与《反不正当竞争法》的适用冲突与解决措施中,具体分析了网络技术创新与不正当竞争的边界以及电子产品用户界面所涉及的《专利法》与《反不正当竞争法》的冲突适用问题。本章以上述具体阐述为基础,试图探寻数字环境下知识产权法与反不正当竞争法冲突的主要原因,总结数字环境下整体的知识产权法与反不正当竞争法法律适用的协调措施,概括知识产权法与反不正当竞争法在数字环境下协调适用冲突的前提条件,明确具体的协调措施,以及解决知识产权法与反不正当竞争法冲突的基本原则。前文论述中已经论及每种具体的情形有其特殊性,在总结整体的知识产权法与反不正当竞争法的适用情形时也要考虑这种特殊性,尽可能地采用提取公因式的方式概括。如果某种特殊性影响了对解决措施的概括,应当作为例外情形。在此特别要说明的是,概括的结果可能具有原则性,而且是对已经出现的数字环境下的冲突的具体情形的解决,还未出现但是有可能出现的情形,本书在第七章知识产权法与反不正当竞争法关系的发展趋势的展望中再作阐述。

一、数字环境下知识产权法与反不正当竞争法适用冲突的原因

数字环境下知识产权法与反不正当竞争法冲突的原因有以下几点:

第一,知识产权法与反不正当竞争法有着天然的联系,从知识产权国际公约的角度看,无论 1967 年《建立世界知识产权组织国际公约》、《巴黎公约》还是 TRIPs 中都规定了不正当竞争条款;广义的知识产权含义中包含了不正当竞争有关的内容。从西方发达国家的知识产权法与反不正当竞争法发展历程来看,如英美国家的商标法就是从最早的仿冒法(反不正当竞争法)发展而来。这种天然联系造成理论层面上知识产权法与反不正当竞争法的关系非常复杂,产生了对阐释这两者关系的各种理论观点,如一般法与特殊法关系说、补充说等,这些学说重点在知识产权法与反不正当竞争法的联系上,却忽视了知识产权法与反不正当竞争法的不同之处,造成了理论方面的认知偏差。对于知识产权法明确不保护,用反不正当竞争法作为补充保护。

第二,司法实践中对《反不正当竞争法》第 2 条一般条款的过度适用造成了知

识产权法与反不正当竞争法的适用冲突。由于理论上知识产权法与反不正当竞争法关系的复杂性,且由于对这两者关系的认识不清,导致在司法实践中在处理知识产权法与反不正当竞争法的关系时,对于知识产权法不予保护的内容,应用《反不正当竞争法》一般条款给予保护,造成了实际上的冲突局面。

第三,数字技术使知识产权法与反不正当竞争法的冲突问题更加凸显。从传统知识产权法与反不正当竞争法的关系来看,主要体现的是商标法与反不正当竞争法的关系。从英美国家的发展历史来看,商标法是从反不正当竞争法中发展而来的。但是随着数字技术的发展,在数字环境下,《著作权法》与《反不正当竞争法》的适用冲突的问题在司法实践中日益凸显,产生两者适用冲突的现象表现得非常明显,需要解决的迫切性增强。例如,前文讨论的聚合链接、电子竞技游戏直播、体育赛事的网络转播,网页的复制等涉及的《著作权法》与《反不正当竞争法》的适用冲突问题,都体现在了著作权法领域,由于《知识产权法》与《反不正当竞争法》应是补充保护的关系的观点和普通法与一般法关系的观点在理论界占据主流,导致在司法实践中适用《反不正当竞争法》第 2 条一般条款,产生比较多的冲突现象。

综上所述,理论层面上造成的认识上的偏差导致司法实践中知识产权单行法与《反不正当竞争法》在适用方面的冲突,《反不正当竞争法》第 2 条被过度使用成为造成这种冲突的主要原因;而在数字环境下,知识产权单行法与反不正当竞争法的冲突问题表现更加突出,也更迫切需要解决这种冲突问题。在这种情形下,如果采用知识产权法与反不正当竞争法的平行保护说,就可以首先从理念上厘清这两者的关系,就不会造成知识产权单行法与反不正当竞争法的适用冲突问题。在坚持知识产权法与反不正当竞争法平行说的基础上,采用以下的措施,可以解决知识产权单行法与反不正当竞争法的适用冲突问题。

二、协调的前提条件:界定清楚数字环境下的技术问题的实质

本书在第二章论述了数字技术给知识产权法与反不正竞争法的适用冲突的解决带来了挑战,因此在提出数字环境下的知识产权法与反不正当竞争法的冲突解决措施之前,首先需要弄清楚冲突产生的技术背景,对这种新技术的应用所产

生的法律纠纷是否在原有的知识产权法与不正当竞争法的法律适用框架之内。如果原有的法律规则不能解决,才需要相应的新的措施解决新的问题。总结前文已经论述的新的数字技术带来的或者因为新技术引发的法律问题,在定性这些法律问题之前首先要解决的障碍就是弄清楚这些新技术带来的法律问题的实质是什么,能否以现有的法律解决它还是应当创设新的制度适应这种技术带来的问题。根据前文已经论述的数字技术带来的法律问题,本书将这些技术问题划分为以下几种类型:

第一种类型是传统的内容在网络环境下的适用,技术性不强。如新型网络商业标志,网络商业标志如 app 名称,网站名称等虽然在网络上应用,但是作为一种商业标志。如果受到《商标法》的保护必须符合《商标法》对商业标志的要素要求,达到商标注册的条件。达不到商标注册条件的新型商业标志,是否能够受到《反不正当竞争法》的保护,需要根据具体的情形判断。因此网络新型商业标志是传统环境下的商业标志在网络环境下的延伸。

第二种类型是这类技术只在互联网上应用,技术问题不是太复杂,但是应用广泛,如体育赛事网络转播,网页、域名等。体育赛事通常通过电视台转播,涉及体育赛事的网络转播重点在于理解网络转播的技术问题。网页涉及的技术就是网页的类型,每种网页类型所包括的内容。关于域名则需要了解域名的基本概念,域名的特点,域名的应用方式,在此基础上讨论域名与商标的关系。这类技术问题虽然不是很复杂,但是因为应用广泛,纠纷频繁发生,因此研究的重点在应用层面带来的法律问题。

第三种类型的技术在互联网上应用,技术比较复杂,理解难度大,直接影响法律定性,如聚合链接,用户电子界面等。例如,对于聚合链接来说,涉及网络传输方式,由于对深层链接技术理解的不同,影响了对其的法律定性。由此出现了“服务器说”“用户感知说”“实质呈现标准说”等法律定性的争议。再如,用户电子界面。对于用户电子界面的特点的理解导致法律的定性在《著作权法》保护、《专利法》保护以及《反不正当竞争法》保护之间徘徊。从上述的分类可知,就数字技术而言,其带来的法律问题的难点不同,技术理解的难度有不同,上述 3 类的技术难度程度不同,尤其是第三类,首先克服的障碍就是对数字技术的比较准确的理解和认知，在此基础之上才会涉及法律的适用问题。

上述第一类和第二类虽然技术问题比较好把握，但是由于实践中应用广泛，纠纷频繁，在法律适用方面也会呈现不同的判决，因此追本溯源，从法律的层面理解是研究的重点。综上，法律问题解决的前提是对技术的本质的理解。

三、明确协调冲突的基本措施

就数字环境下知识产权法与反不正当竞争法的适用冲突而言，从上述冲突的现象来看，二者具有一些共同的特点，因此冲突的协调措施可以从以下几个方面考虑。总结起来，有一个先后的顺序问题，按照顺序在立法的具体条款中体现，才可以从根本上解决数字环境下知识产权法与反不正当竞争法适用冲突的问题。

（一）首先在知识产权法范围内解决问题

根据知识产权法与反不正当竞争法平行说的理论，虽然知识产权法与反不正当竞争法都保护知识产品，但是知识产权法（3 部单行法）与《反不正当竞争法》是各自相互独立的，不是主从关系，也不是特别法与一般法的关系。知识产权法本身的问题应当在知识产权法的范围内解决。就上述研究的内容来看，在有些情形下，之所以产生知识产权法与反不正当竞争法的适用冲突，主要是因为知识产权法的立法不能迅速应变数字技术带来的新的问题，只能借助《反不正当竞争法》解决问题，但是这种处理方式会带来不利的后果，将本不属于反不正当竞争法处理的情形被勉强适用《反不正当竞争法》，从而将问题复杂化，知识产权法与反不正当竞争法的关系则变得不稳定，《反不正当竞争法》成为一个箩筐，只要知识产权法不能给予的保护或者规制，都可以通过《反不正当竞争法》来规制。无形之中，增加了《反不正当竞争法》的职能，使知识产权法的作用不能充分发挥出来。知识产权法因为无法适应新的技术发展带来严重的滞后性，不能通过适用《反不正当竞争法》解决问题。正确的做法应当是及时修订知识产权法的单行法，在知识产权法的范围内解决问题。通过上述具体冲突情形的分析可知，这种方式可以从根本上解决冲突问题。如前文论述的聚合链接问题，对该问题争议的焦点在于对通过信息网络向公众提供作品的理解。在当初 WCT、《世界知识产权组织表演和录音制品条约》（WIPO Performances and Phonograms Treaty，WPPT）制定之时，网络传输技术处于初级阶段，对提供作品的行为，在当时就是将作品置于服务器中，而其后出现的聚合链接虽然作品仍在原服务器中，但是由于通过视频聚合平台在被呈现的页面使公众获取作品，这种展示作品的行为不能被原服务器提供者所控制，带来的后果是视频聚合平台使用了原作品，损害了作品著作权人的利益，但是在著作权法的层面上却不能通过这种侵权赔偿的方式获得救济。因此在这种情形下，虽然2020年《著作权法》对于信息网络传播权的定义作出了改变，仍然需要在《著作权法实施条例》中，对"提供行为"进行扩大解释，将聚合链接这种行为也包括在侵犯作品的著作权的行为之中，而不必再通过反不正当竞争法来规制这种行为。

(二)不宜直接适用《反不正当竞争法》第2条

根据《反不正当竞争法》第2条的内容来看，该条主要起到宣示条款的作用，也可以理解为民法的基本原则在《反不正当竞争法》中的重申，因为反不正当竞争法属于民事实体法的一部分。前文分别论述了知识产权单行法(《商标法》《专利法》《著作权法》)与《反不正当竞争法》在数字环境下的冲突情形，从每一种情形适用上来看，都不宜适用《反不正当竞争法》第2条来规制知识产权单行法不予保护的内容。综合原因主要有以下几点：

第一，《反不正当竞争法》第2条中所谓的商业道德，在数字环境下未形成明确的标准。数字环境下技术的发展带来了复杂的法律问题需要处理，法律上并未明确何为商业道德。有些行为看似侵害了其他竞争对手的利益，但是是否构成不正当竞争行为仍然是悬而未决的情形。例如，在"优酷视频诉金山猎豹浏览器案"中，北京知识产权法院判定的是猎豹浏览器所在的公司侵害了优酷视频的广告收益，构成不正当竞争行为。此案引起的争议点在于猎豹浏览器屏蔽优酷视频广告的行为是否违背了商业道德。从表面上看，优酷视频的广告收益确实是因为猎豹浏览器屏蔽行为受到了损害。但是案件争议点就在于，这种行为未必违背了商业道德，原因是优酷在播放视频之前的播放广告的行为不是构成商业道德范畴的商业模式，也就是说对优酷的广告的屏蔽行为是正当的，也并不违背商业道德。消费者在使用猎豹浏览器之前是有选择的权利的。因此，在数字环境下的商业道德与传统的商业道德的标准有所不同，是否违背商业道德不能一概而论，而应当在司法实践中积累案例,明确不正当竞争行为的类型,通过新增加的网络不正当竞争行为的方式间接说明数字环境下的商业道德的范畴。

第二,没有具体的条款作指引,《反不正当竞争法》第 2 条不宜作为兜底条款将不宜保护的内容纳入反不正当竞争法的保护范畴;《反不正当竞争法》第 2 条是一般条款,是否对一般条款适用规制具体的不正当竞争行为在理论界争议较大。在处理数字环境下知识产权法与反不正当竞争法适用冲突时,需要明确《反不正当竞争法》与知识产权法不是一般法与特别法的关系,①因此我国《反不正当竞争法》第 2 条也不是知识产权法的兜底条款,将知识产权法不保护的内容统统通过第 2 条纳入我国《反不正当竞争法》的规制范畴是极为不妥的。只有通过规定具体的不正当竞争行为类型,当知识产权法不保护的内容在我国《反不正当竞争法》的具体不正当竞争行为条款中有规定时,可以适用我国《反不正当竞争法》。从这点来看,《反不正当竞争法》独立保护知识产品。相反如果适用我国《反不正当竞争法》第 2 条会将其他具体不正当竞争行为架空。如果法院可以轻易地适用我国《反不正当竞争法》第 2 条,那么我国《反不正当竞争法》的具体条款就没有发展必要和空间,适用我国《反不正当竞争法》第 2 条带来的法律的不确定性和法院的自由裁量权过大的弊端就会逐渐显现出来。因此在处理数字环境下知识产权法与反不正当竞争法的冲突时,不应该直接适用《反不正当竞争法》第 2 条,而应当通过实践总结数字环境下新型的不正当竞争行为,通过《反不正当竞争法》的修订补充。

第三,宣示性条款不适合判定是否构成不正当竞争行为。《反不正当竞争法》第 2 条是宣示性条款,可以说是对于民法基本原则的重申,也就是说在商业领域中依然要遵守诚实信用原则,具备商业道德。在民事诉讼中,法院在审理民事案件时都是依照民事法律中的具体的条款判定,不可能直接依据民法的诚实信用原则,公序良俗原则直接判案。同理,我国《反不正当竞争法》也不应将一般条款作为判案的依据。

---

① 韦之:《论不正当竞争法与知识产权法的关系》,载《北京大学学报(哲学社会科学版)》1999 年第 6 期。

(三)增加数字环境下不正当竞争行为的具体类型

从前文分析可知,针对知识产权法不予保护的内容,《反不正当竞争法》第2条的规制会带来很多问题,不适合采用一般条款,不应对知识产权法不予保护的知识成果进行兜底保护。可行的方式在对数字环境下的产生的法律适用问题进行分析后,认为《反不正当竞争法》有必要规制的,可在《反不正当竞争法》中增加专门条款进行规制。

目前,网上使用的app、网站名称等这些在网络上新出现的标志,前文已经分析同样具有商标的作用,但是这些标识在没有获得商标注册的情况下,可以适用《反不正当竞争法》规制。因为这些标记已经起到了区分商品或者服务来源的作用,具有商誉,产生了商业价值。从商标法与反不正当竞争的起源和发展历程可知,《反不正当竞争法》可以对这类标志给予保护。目前的《反不正当竞争法》中未予以规定,建议在《反不正当竞争法》修订时增加一款"网络上App等商业标记,在使用时有可能造成混淆,造成消费者误认的,构成不正当竞争行为"。本书在第一章分析商标法与反不正当竞争法的起源是相同的,换句话说,商标法从反不正当竞争法脱离出来,因此,《商标法》与《反不正当竞争法》对于商标标志的保护标准基本一致。不同在于《商标法》重点在通过注册获得更强的公示效力,而《反不正当竞争法》必须通过个案证明原告的商誉受到了损害。从本质上而言,这两部法的适用没有根本冲突,当商标不能注册时,应当寻求不正当竞争法的保护。但是之所以会造成冲突,是因为数字环境产生了新的商业标志,这些标志的规制在《反不正当竞争法》中还未来得及规定,因此在适用上就带来了问题。因此,如何在《反不正当竞争法》中规定新类型标志的具体适用条款,就可以解决《商标法》与《反不正当竞争法》在数字环境下的冲突问题。但是,对于数字环境下,《著作权法》与《反不正当竞争法》的适用冲突时,以及《专利法》与《反不正当竞争法》的适用冲突的具体论述中,本书认为,当《反不正当竞争法》不能提炼出具体条款规制时,在著作权法和专利法保护之外的智力成果应当归于公共领域。

四、给予公共领域的适用空间

前文论述了在数字环境下知识产权法与反不正当竞争法适用的冲突点主要

在于数字环境下知识产权法(包括《著作权法》《商标法》《专利法》)不予保护的内容,反不正当竞争法是否需要保护,尤其针对新技术带来的法律问题。前文论述了在知识产权法对某种数字技术产生的法律问题的应对措施,提出如果是知识产权法由于立法滞后性没有规定新技术的保护时,应该通过修法解决,无须《反不正当竞争法》的介入。如果知识产权法没有规定,但是在《反不正当竞争法》的具体类型化条款中规定的是不正当竞争行为,则适用《反不正当竞争法》中的具体条款,不宜适用《反不正当竞争法》的一般条款解决,具体的理由已经在前文阐述。因此,在知识产权法不予保护的领域,并非都是《反不正当竞争法》所兜底保护的领域。因为在知识产权法保护的范围之外,还应当给予公共领域的空间。对于任何法律制度和法律规则来说,最重要的就是公私领域的区分。对于知识产权法领域里的立法、司法决策和学术研究来说,公共领域和私人利益的平衡问题一直是个不变的主题。在知识产权法领域,公共领域和私人利益之间的界限的划定变得越来越复杂,因为法律不仅要定义私权的范围,还需要在没有有形边界的情况下,构建和定义相关客体本身。此外,当价值的产生是与以前认为的权利范围相关联的时候,对从关联中产生的价值的权益要求赋予权利也是法律的一项重要任务。

(一)公共领域的界定

公共领域来自英文“public domain”,是与私有相对的概念,[①]是指人类共同享有的对知识成果的自由的使用的区域,是人类文化文明的总体积累,任何(世界或国家)公民得以自由、免费使用,而不受到任何限制。[②] 所谓私有,主要指获得财产权利的知识成果,换言之,是被知识产权法所赋予财产权的知识成果,如《著作权法》中的“作品”,《专利法》中的发明创造,《商标法》中附着在商标上的商誉等智力成果。人类的智力成果从人类进入文明社会以来就处于公共领域。而知识产权作为财产权只有几百年的历史。处于公共领域的知识成果仍然比作为私有财产的知识产权保护的知识成果要广泛得多,换句话说,公共领域的范围要比私有

---

① 参见黄汇:《版权法上的公共领域研究》(第1版),法律出版社2014年版,第12页。

② 参见刘孔中:《解构知识产权法及其与竞争法的冲突与调和》,中国法制出版社2015年版,第13页。

领域(知识产权)要大得多。

在《著作权法》的背景下,公共领域被认为是保证素材使作者创作出作品的主要法律保障。也就是说,公共领域就是对私人权利要求设置了限制,从而对私人权利设置了边界。在知识产权的其他类型中,公共领域作为资源库这一隐喻发挥着作用,在这一资源库中,可能会为了公众的利益而保留创造性的作品,创新性的想法,符号和标识,拒绝私人的权利要求。虽然公共领域这个概念本身有很多争议,对公共领域的概念的许多功能也有不同的解释,但似乎存在一种共识,即某些客体,如科学的数学原理,想法,概念和理论,话语、姓名和数字、符号、信息、事实、数据和到期的或者无人认领的权利等,都属于公共领域的范畴。

法律在公共领域和私有领域的区别主要有两个方面。首先,法律可以保护私人领域里的表达,标志,图像和信息,以防公众利益的不当入侵所造成的伤害。尽管有其他可以利用的规则和保护方式,如合同和技术方面的自立自救措施,但是当这些措施不能起到保护作用的时候,法律也能提供一张安全的保护网。其次,不是所有从无形资源中产生的价值都可以归结为权利,知识产权法界定了私有产权的界限。如此一来,知识产权法不仅明确了私有财产在使用无形资产时产生的价值方面的权益要求,也维护和保护了公众的利益。具体而言,知识产权法中关于受保护的客体分类的原则和对权利范围的限制起着保障公众利益和私人利益平衡的作用。

当公权的行使者和私权的持有者之间的博弈对被视为属于公共领域的知识资源产生价值的时候,从法律的角度保护公共利益就显得尤为重要。目前一个普遍的趋势是更多的价值被附加在标志、图像和信息上,导致更多的保护要求。有人指出,相应的,排他权也正在萌芽,它可能是一种类似知识产权的新形式的权利,也可能是现有权利的扩展或者是涵盖各种符号、图像和信息的特殊权利。在法律保护不确定或者不明确的情况下,私人权利所有人越来越多地会寻求合同自救措施,以保护他们在使用有价值的图像和信息时的利益不被模仿。这些措施的普遍性和基于这些措施提出的索赔要求对法院和法律制定者作出的决定提出了挑战,即法院是否以及在多大程度上应赋予这些保护措施意义。

将公共领域的概念纳入知识产权的范畴是知识产权法的原则,该原则的运作方式与知识产权的特殊类型相似,例如,定义知识产权保护期,客体的排除领域,以及权力的范围和允许使用的规则。由于著作权和专利权都有保护期的限制,公共领域是一个常常与权利时限紧密相关的概念。权利到期的所有作品和发明都将进入公共领域,原则上将在公共领域对公众开放。在《反不正当竞争法》等更多以行为为导向的法律下,法律中损害的定义最终是由公众利益的基本概念和诚信的商业实践活动决定的,因此从某种意义上说,尽管损害行为的定义如此,但法律中仍然反映出了对公共领域的关注。相反,根据《商标法》,权利不一定要受保护期的限制,通过对权利保护和要求的限制原则,如标志的概念以及商标使用原则,以公共领域为代表的公众利益变得具有可操作性。在此背景下,公共领域的作用是作为确保知识产权保护不妨碍对发挥民主至关重要的基本的言论和交流自由的一种工具。

相反的,在其他情况下,比如,未被权利主张的作为权利的客体,在公共领域被简单地看作客体的集合,这些客体可能成为以后财产要求的对象。有个很好的例证就是,一种标志被认为本质上不具备显著性,但如果他们能通过与某种商品或服务的联系中的使用而获得显著性,也可能会作为商标而受保护。此类标志在使用前被认为是属于公共领域,然而在使用后并获得显著性,开始作为商标来源的标志时,就开始受商标私人权利主张的管制了。

公共领域通过公共政策和道德的概念表现出来,有时这些概念的作用是限制某些知识产权涉案产品的商业和任意使用。TRIPs 就是一个很好的例子,它允许成员国将"发明排除在专利性之外,而在其境内防止这些发明的商业使用是保护公共秩序或道德规范所必需的"①。这些被排除在外的客体原则上被认为属于公共领域,但在这里,概念的作用不是鼓励使用客体,而是作为防止这些客体在社会上被不正当利用的一种方法。

(二)划定公共领域范围的动因

1. 知识成果的创造基础是人类共同享有的知识

知识领域有一句名言,即"公共领域是原则,知识产权是例外",表明自古以

① TRIPs 第 27 条第 2 款。

来，知识成果的创造并非一蹴而就的，往往是在前人创新的基础上的创造。尤其是发明创造，每一种改进发明都是利用了前人的智慧的结晶。因此对于知识成果来说，必须符合一定的条件才可以受到知识产权法的保护，例如，《著作权法》中的作品，需要具备独创性才可以享有著作权；《商标法》中的商标也要具有显著性才可以注册，享有商标权。对于不能达到上述各法中要求的条件的智力创造成果则不受知识产权法的保护，通常应当进入公共领域。智力成果一旦处于公共领域，则人人可以无偿地自由使用。这种自由使用没有成本，对于人们进行再创造提供了坚实的基础。因此公共领域的存在对于智力创造是必要的，而且公共领域的范围也会远远大于知识产权对智力成果所保护的范围。

2. 技术的进步与公共领域的范围密切相关

在数字环境下，技术进步是飞速的，新技术如果尚未获得知识产权法的保护或者没有达到知识产权法保护的水平，是否应当使其进入公共领域还是以其他方式保护，例如，以《反不正当竞争法》的形式给予保护。这种方式是有助于促进技术进步还是阻碍技术进步？本书认为，保持公共领域的合理的范围有助于促进技术进步。首先，技术的发展的前提是具有可自由使用的知识成果，基于这种知识成果的使用才能进行再创造，因此，在《专利法》中即使给予专利权人垄断性极强的专利权，也仍然规定对专利技术的使用如果是基于科学研究和教学的目的也是不需要专利权人许可的。专利法给予专利的保护期也比较短，这样专利所涉及的技术进入公共领域，为公众的使用包括创造提供便利。其次，技术的发展不以获得专利权等垄断性权利为必要条件。技术的发展与生产力的发展密切相关，发展技术的原动力是为了解决生产力的发展速度慢的问题。而生产力的发展是一个延续的长期的过程，依赖于技术的发展，公共领域中的技术尤其是促进生产力发展的基础。

3. 公共领域的繁荣是创造和创新的必要条件

公共领域的繁荣是创造和创新的必要条件，尤其是在知识产权法范围内，公共领域作为一种手段，允许在商业和非商业语境中使用某些有价值的标识、标志、图像和信息。作为明确限制法律原则和学说的公共领域，在法律没有保护、权利可能没有赋予的地方也起到了限制的作用。从这个意义上说，公共领域的概念被用来作为平衡言论自由和保护知识产权基本权利的一种方式。

4. 公共领域维护公共利益

公共领域作为学术概念,往往被认为具有维护公众利益的功能,因此公共领域作为发明和创新必备的基础仍然可用,而且不受私人权利主张的约束。例如,科学原理和数学方程,概念、理论、发现等都被视为属于公共领域的范畴。因为这些客体都被视为发明和创新大厦的根基,或者是商业的基本工具。这里的公共领域被认为是不保护这些客体的,因为对于社会来说,这些资源的内在价值太大,不能让他们受私人权利主张的约束。

(三)知识产权、不正当竞争与公共领域的合理划分

前文论述了数字环境下基于数字技术出现的法律问题首先应当在知识产权法的范围内解决,因为知识产权法是应对数字技术出现的法律问题的首选法律,这些法律问题多数是知识产权法问题。例如,电子竞技游戏的直播画面的法律规制就是《著作权法》的问题。依据《著作权法》的基本原理,如果符合作品的条件,具备独创性就有可能构成著作权法中对作品获得保护。因为构成思想的内容应当是公共领域的范畴。不应当再以构成对思想使用的不正当竞争行为为由,再以《不正当竞争法》的方式保护。也就是说知识产权法(《著作权法》《商标法》《专利法》)与《反不正当竞争法》之间还有一块公共领域的空间相隔。通常情况下,知识产权法明确保护的内容,《反不正当竞争法》不应再涉及。如果知识产权法本身由于法律的滞后性,如前文提到的体育赛事的网络转播,深层链接等情形,可以通过修订知识产权法的几部单行法的方式,从知识产权法自身予以完善。否则,没有达到知识产权法保护条件的智力成果就应进入公共领域。除非在《反不正当竞争法》中以具体的类型化条款规定了这种对智力成果的应用构成不正当竞争行为。例如,在我国的《反不正当竞争法》中规定对域名的非法使用构成不正当竞争行为。而不宜笼统地适用《反不正当竞争法》第 2 条的一般条款将本应属于公共领域的智力成果变相受到《反不正当竞争法》的保护。只有这样才能解决在数字环境下,知识产权法与反不正当竞争法所带来的适用方面的冲突,使这两部法协调一致地保护智力创造成果,并为公共领域留有合理的空间。

第二节　立法的具体协调措施

数字环境下知识产权法与反不正当竞争法的冲突的解决主要从立法上解决几个层面的问题，第一，从知识产权的3部单行法本身着手，补充因为技术发展带来的立法滞后的问题；第二，在不正当竞争法中增加条款明确知识产权法与反不正当竞争法的适用原则；第三，在《反不正当竞争法》中规定具体的不正当竞争行为，独立保护知识产品。

一、修订知识产权法应对数字环境下的新问题

前文具体论述了知识产权法领域立法规定的滞后造成了知识产权法与反不正当竞争法适用带来的冲突，对于这部分在知识产权法领域范围内解决。

（一）聚合链接

将聚合链接行为纳入信息网络传播权的控制范围，从而受著作权人专有权利的控制。应当对"信息网络传播权"中的"提供行为"作扩大解释，以使著作权人可以控制一切向公众"展示作品"的行为。2020年《著作权法》对"信息网络传播权"的修改为将"向公众提供，使公众可以在选定的时间和地点获得作品"的行为纳入著作权人的控制范围。可以在将要修订的《著作权法实施条例》中作明确的解释。对该条款中的"提供行为"可以进行扩大解释，即其并不仅限于在网页上或客户端软件界面上传或分享作品的行为，而应包含一切可以"展示作品"的行为。因此，未经许可的聚合链接行为构成"信息网络传播权"直接侵权，可以依据《著作权法》对著作权人的利益进行保护。而此时应以《著作权法》的独占适用为原则，由《著作权法》直接规制这类新兴的技术如聚合行为，将这类行为归入侵犯信息网络传播权的行为可以平衡著作权人、聚合平台、被链网站等各方主体的利益，实现对各方主体利益的合理维护。

（二）电子竞技游戏赛事的直播画面

本书认为，应该将网络游戏与电竞游戏区分对待，网络游戏的连续动态画面可能因表达出了某种思想情感、展示了文艺美感，或者是传达出了一定量的信息

而具有独创性，符合作品的构成要件，因此，可以通过对“类电影作品”构成要件的完善而将网络游戏作品纳入保护范围，如删去“摄制在一定介质上”以及“借助适当装置放映或者以其他方式传播”的要求。在2020年《著作权法》中，将“类电影作品”修改为“视听作品”，删去了“摄制”和“借助适当装置放映”的要求，①这一修改方式完全可以将符合作品构成要件的网络游戏直播画面纳入“视听作品”的范畴而给予《著作权法》保护。而电竞游戏的主要目的在于对抗与竞技，其连续的动态画面无法表达任何的思想情感、展示美感或传达一定量的信息，因而不能构成作品，既不受狭义著作权的保护，也不受邻接权的保护。

（三）竞价排名

竞价排名实质上是“售前混淆”，行为人通过网站发布竞价排名信息，借助商标权人的商誉推销自己的商品或服务，使消费者在购买前产生混淆误认；不仅掠夺了权利人的交易机会，还攫取了权利人应得的资源，损害商标权人的利益，属于典型的侵犯商标权人权利的行为。而我国现行《商标法》并未将“售前混淆”纳入商标侵权行为中，因此，本书建议将“售前混淆”行为纳入《商标法》的调整范围，即当经营者在自己的商品上使用其他经营者的相同或者相似的商标，使消费者产生了购买商品的原始兴趣，即使消费者在实际购买时已经发现该商品并非引发其兴趣的商品，仍有可能购买该商品时，该经营者的行为构成商标侵权，受到《商标法》的规制。

二、《反不正当竞争法》中的规定

（一）对于知识产权法明确不保护的内容的规定

在处理知识产权法与反不正当竞争法的关系时，一个基本原则是，首先在知

---

① 2020年《著作权法（修正案）》第3条第1款规定：“本法所称的作品，是指文学、艺术和科学领域内具有独创性并能以一定形式表现的智力成果，包括：（一）文字作品；（二）口述作品；（三）音乐、戏剧、曲艺、舞蹈、杂技艺术作品；（四）美术、建筑作品；（五）摄影作品；（六）视听作品……”另有学者指出，“视听作品”是指“由一系列有伴音或者无伴音的连续画面组成，并且能够借助技术设备被感知的作品，包括电影、电视剧以及类似制作电影的方法创作的作品”。参见杨幸芳、李伟民：《视听作品的定义与分类研究——兼评我国〈著作权法〉第三次修订中“视听作品”的修改》，载《中国政法大学学报》2020年第3期。

识产权3部单行法的范围内解决问题，优先适用知识产权法，在知识产权法明确排除保护的内容，《反不正当竞争法》则不予再介入。例如，域名和商标属于注册体系不同的两类商业标识，在域名与他人注册商标相同或近似，通过该域名提供的商品或服务的类别与他人注册商标核定使用的商品或服务相同或类似的情况下，该域名使用行为构成商标性使用，且足以造成相关公众的混淆，可以通过《商标法》第57条第2款第7项的规定[①]予以规制。而在域名网站所提供的商标或服务与他人注册商标核定使用的商品或服务不属于同一种类或不相类似时，则该域名使用他人注册商标的行为并不侵犯注册商标专用权。如果此种使用行为不属于《反不正当竞争法》的具体条款所规定的不正当竞争行为，那么就不应单纯依据《反不正当竞争法》一般条款来判定仅将他人注册商标用作域名行为的正当性，而应允许其他经营者自由使用。在《反不正当竞争法》中应该明确规定："反不正当竞争法应规定，知识产权法明确不保护的内容，除非有具体条款的规定，否则直接进入公共领域的范畴。"

（二）不适用《反不正当竞争法》第2条解决数字环境下知识产权法与反不正当竞争法的适用冲突

前文已经论述了《反不正当竞争法》第2条不适合直接适用，那么在数字环境下不能依据这一条解决知识产权法与反不正当竞争法的冲突。因此应该在《反不正当竞争法》中规定《反不正当竞争法》第2条的地位。在第2条中增加一款，即"本条第一款所指出的违背诚实信用原则和违法商业道德的行为具体以本法规定的具体条款判定，不能以此条第一款直接判定不正当竞争行为"。

（三）《反不正当竞争法》中规定具体条款

在某些情形下，尤其是《商标法》与《不正当竞争法》的关系中，因为《商标法》

---

① 《商标法》第57条规定："有下列行为之一的，均属侵犯注册商标专用权：（一）未经商标注册人的许可，在同一种商品上使用与其注册商标相同的商标的；（二）未经商标注册人的许可，在同一种商品上使用与其注册商标近似的商标，或者在类似商品上使用与其注册商标相同或者近似的商标，容易导致混淆的；（三）销售侵犯注册商标专用权的商品的；（四）伪造、擅自制造他人注册商标标识或者销售伪造、擅自制造的注册商标标识的；（五）未经商标注册人同意，更换其注册商标并将该更换商标的商品又投入市场的；（六）故意为侵犯他人商标专用权行为提供便利条件，帮助他人实施侵犯商标专用权行为的；（七）给他人的注册商标专用权造成其他损害的。"

规制的主要是注册商标，而现实中存在大量未注册的商业标志则需要《反不正当竞争法》予以保护。尤其在数字环境下会出现一些新型的商业标志，对这些商业标志应该提供保护。而这些商业标志，如域名、app、网站名称等不宜或者不能注册的商业标志，则可以在《反不正当竞争法》中规定具体的条款，归纳出新型网络标识侵权行为的共性并统一规制，因此建议在《反不正当竞争法》中增加一条，即“对网络应用商店的名称（App）和网站名称等新型的网络商业标识的使用会造成公众混淆误认的构成不正当竞争行为”。与此同时，应当严格限定该类网络商业标识的适用范围，即只能适用于网络环境下的侵权行为。同时，参照关于知名商品特有名称的保护条件，即该新型网络商业标识所承载的商品或服务经过经营者一定的经营和推广，已经在市场上具有一定的知名度，已经可以构成知名商品或服务，同时消费者能够通过该标识识别出不同的商品或服务，他人擅自使用该标识会造成相关消费者的混淆，同时损害权利人的利益，此时方能适用《反不正当竞争法》增加的这一条进行规制。

数字环境下技术进步带来了法律适用的新问题，使知识产权法与反不正当竞争法的冲突问题的处理显得更复杂。本章总结了解决数字环境下知识产权法与反不正当竞争法适用冲突的几项原则，着重从立法的完善方面解决冲突，使在司法中在对知识产权法与《反不正当竞争法》选择适用时有可以遵循的具体条款。更重要的是明确在数字环境下处理知识产权法与《反不正当竞争法》关系的原则。尤其在司法实践中要明确在知识产权法与反不正当竞争法的适用发生冲突时，在知识产权法的范畴内解决问题，给予公共领域适用的空间。在适用《反不正当竞争法》时不应适用一般条款，而是应当适用《反不正当竞争法》规定的不正当竞争行为的具体条款。当然法院适用这些原则的前提是相应的知识产权法的单行法（如《著作权法》《商标法》《专利法》）以及《反不正当竞争法》得以修订，解决目前存在的数字环境下知识产权法与反不正当竞争法的冲突问题。

第七章　数字环境下知识产权法与反不正当竞争法关系的未来发展展望

随着数字技术不断发展,知识产权法与反不正当竞争法的关系也随之变化,二者在适用方面的冲突是会更激烈,还是缓和,抑或不会产生冲突,目前尚难以下定论。本章从数字技术的发展趋势出发分析新的数字技术是否会影响知识产权法与反不正当竞争法的关系。值得一提的是,数字技术可能不会直接影响知识产权法与反不正当竞争法的关系,而是首先看数字技术是否对知识产权法所调控的范围产生影响,如果新技术促使知识产权的保护力度增强了,知识产权法与反不正当竞争法的冲突或许会加强;反之,如果知识产权的保护减弱或者趋向不保护知识产权,那么就难以再产生知识产权法与反不正当竞争法的适用冲突的问题了。本章的论述以对数字技术未来发展趋势所产生的法律问题的分析为基础,进一步预测其是否会对知识产权法与反不正当竞争法的关系产生影响。

第一节　数字技术的未来发展趋势

互联网技术引发的新技术的应用在近几年虽然初现端倪,但是早已表现出惊人的力量,未来的技术发展将在数字技术中占据重要的地位。这些方面主要体现在3D打印、合成生物学、物联网,人工智能等领域,意味着"新技术开始对各种实体物品乃至服务产生互联网曾对信息产生的影响"①。3D打印技术可以将数字化的物品打印出来,互联网上已经出现了各种各样的3D打印的物品。大型的商业打印机只要具备原料和电就可以打印出很多不可思议的东西——小到奶油蛋糕,大到房屋、火箭、发动机,甚至还可以打印出人体器官。当然,目前受制于尺寸和材料,有些物品还不能打印,但是不排除未来的发展几乎可以打印任何物品的可能性。合成生物学的作用则不可思议地既可以将现有的基因序列的复制品自动地复制出来,也能根据用户的要求自动制造基因序列。人工智能提供的技术将取代人类提供的很多服务。人工智能通过程序的设定要求机器人完成很多复杂的功能。这些新技术现在处于发展的初期,但是这些技术与互联网的结合会给经济发展带来巨大的影响,因为上述技术将物品的信息与制造分离开来,造成成本的极大降低,甚至被称为"零成本社会"。杰里米·里夫金(Jeremy Rifkin)预言未来社会的场景是,"数以百万计的产消者可以在社会共享中免费地进行相互协作,创造新的信息技术和软件、新形式的娱乐,新的3D打印成品、新的对等健康研究方案以及新的非营利社会创业企业,使用开源法律协议从知识产权的束缚中解脱出来"②。

一、3D打印的未来发展趋势

"3D打印技术是数字技术应用的典型,所谓3D打印是将数字化的信息通过

① [美]杰里米·里夫金:《零边际成本社会》,赛迪研究院专家组译,中信出版社2014年版,第21页。

② [美]杰里米·里夫金:《零边际成本社会》,赛迪研究院专家组译,中信出版社2014年版,第21页。

数字技术变为物理实体。”①与电脑打印出来的二维平面不同,3D 打印的是三位一体的物理实体。3D 打印就是先将实物的图纸输入与 3D 打印机相连的电脑,然后在 3D 打印机内放入挤压的塑料材料,设置完毕后,3D 打印机中就可以陆续打印出所输入的图纸上的物理实体。

3D 打印技术目前虽然打印的产品范围是有限的,但是可以预见其未来的发展不可估量。3D 打印机的发展趋势与电脑的发展相似——电脑从一部庞大但价格高昂的机器逐渐地发展为尺寸小的家用电脑,不仅使用方便且价格较便宜。3D 打印的范围在被不断地扩大,甚至可以打印房屋,也有人发明出打印食物的 3D 打印机。随着 3D 打印机的商业化发展,需求量的增多,规模经济要求成本进一步降低。3D 打印机甚至可以打印打印机自身的零部件,因此,3D 打印机发展成为方便、便宜的家用机的时代是可以被预见的。

3D 打印带来了巨大的技术变革的同时,也带来了生产方式的大的改变。与互联网相似,3D 打印的制造流程与信息化内容分离。由于需要的东西可以通过 3D 打印获得,产品的发行成本就不存在了。由于 3D 打印的成本只需要原材料和电,因此制造的成本也大大降低了。如果实现按需打印产品,那么,将不再需要大规模地生产制造产品,产品制造通过 3D 打印变得容易,不再具有稀缺性。3D 打印有可能会影响到与实物的制造关系密切的实用新型和外观设计专利权人的利益。

二、合成生物学技术的未来发展趋势

合成生物学作为一种新兴的生物学科方兴未艾,但是未来会展现出强大的应用能力。合成生物学这门新兴学科有望完成一种工艺,即将两种不同物种的基因碎片组合生成转基因生物,并使之成为真正的工程学科。② 合成生物学是在传统的生物技术的基础上发展出来的。科学家们的最初构想是在考察现存基因的特

① Daniel H. Brean, *Asserting Patents to Combat Infringement via 3D Printing: It's No "Use"*, Fordham Intell. Prop., Media & Ent. LJ, Vol. 23, p. 771 (2013).

② 赵国屏:《合成生物学:开启生命科学“会聚”研究新时代》,载《中国科学院院刊》2018 年第 11 期。

点的基础上，从一种生物中提取基因碎片，与另一种生物的基因碎片进行拼接，从而获得兼具两种生物特点的一种新的生物体。例如，研制出抗病菌的农作物，从细菌中培养人类的生长激素。这种研究尚在初期阶段，尤其是在利用基因改变治疗疾病方面，成功的案例较少。

合成生物学的更重要的意义在于，其不仅仅能够对现有基因碎片进行组合，而且能够创造出一种新的生物体，特别是合成生物学能够创造出具有新特征的基因组。① 从目前的研究成果来看已经取得一定的突破。例如，科学家已经可以对大肠杆菌进行基因改变，通过输入“如果……那么”的指令，促使细菌可以根据是否繁殖产生不同的气味，这一研究成果可以用于医疗诊断领域，例如，通过观察尿液或者粪便的颜色和气味推测可能具有的疾病和健康风险，对人们的健康起到提前预警的作用。

上述的新技术是一种完全不同的生物制造技术。所有新合成生物的基础是基因组装器。基因组装器类似基因 3D 打印机，对由构成所有基因物质的 4 个碱基对(As,Cs,Gs,Ts)进行编辑使之成为一个新的合成的基因物质。具体操作方式是编写基因代码，通过组装器将碱基对配对组合。目前，基因组装器已经存在并且成本大幅下降。如果需要任何基因，都可以通过组装器和 4 种碱基对实现。

基因组装器也能如 3D 打印机那样做到设计与制造分离，可以由普通大众完成制造。生物体的设计就是将带有基因密码的信息存储在可以自由下载的开源数据库中。然后将这类信息与简单的原材料加入基因组装器中就可以制作成生物的基本部件。生物科学家开发一种新生物体是很困难的事情，成本也很高。但是，可以用一种简便的方法将信息与产品分离。科学家只需要开发出单个的分子材料，其他人可以将这些材料组装成具有不同功能的生物体。合成生物学家正在开发生物部件的集合，由于这些部件是信息，所以可以被分享和重新组合。

合成生物部件结合的技术可以和 3D 打印技术结合产生意想不到的效果。这两项技术结合可以完成生物打印，例如，生成基因物质的活细胞。生物打印已经

---

① 吴晓燕、胡雅敏、陈方：《基于专利共类的技术融合分析框架研究——以合成生物学领域为例》，载《情报理论与实践》2021 年第 10 期。

制作出人类的软骨组织,可以植入人体内。未来的发展预示着生物打印技术的成本会下降,可以被应用于家庭和其他社会领域。将来医院可能会定制基因,延缓衰老。对于这些通过合成生物学创作出的生物体和基因序列,只要不是从自然中提取的,就可以被授予专利权。但是这些专利是针对基因的信息化内容,专利的所有者将会面临其专利在互联网上被侵权的风险。

三、物联网的未来发展趋势

物联网是在互联网的基础上的延伸拓展应用的一种形式。物联网,是指把所有物品通过射频识别(Radio Frequency Identification,RFID)、红外感应装置、全球定位系统、激光扫描器等信息传感设备与互联网连接起来,进行信息交换和通信,实现智能化识别、定位、跟踪、监控和管理。其实质是以 RFID 系统为基础,结合已有的网络技术、数据库技术等,构筑一个由大量联网的阅读器和无数移动的标签组成的庞大网络,它是互联网向实物世界的延伸和拓展,能实现物品信息的互联和共享。[①] 物联网的技术构造有 3 个部分,采集端、网络层(以"云端"为核心)和应用端。采集端是采集信息的系统;网络层负责信息的传输处理;应用端是实现物联网效果的实现系统,满足用户需求的平台。

物联网随着技术的发展进步,物联网能够做到全面感知物体,准确传递信息,智能化地处理物与物之间的连接关系。"物联网正一步步作为日常生活中的重要科技手段融入人们的生活。"[②]未来物联网的应用手段将是多样的,主要利用传感器、无线传感网、传统的 RFID 等感知手段,利用海洋资源、卫星资源,对高速传输的数据进行立体化的分析。"未来物联网将在智能物流、智能交通、绿色建筑、个人医疗等多种领域有着广泛的发展前景。"[③]未来在科幻影片中出现的情景,随着物联网技术的应用最终会变为现实。

物联网的终极目标是形成覆盖全球的物与物之间、人与物之间互联的理想状

---

① 梁启星:《物联网基本法律问题探略》,载《重庆邮电大学学报(社会科学版)》2013 年第 6 期。

② 姜艳:《物联网的发展趋势及应用前景》,载《企业改革与管理》2017 年第 11 期。

③ 梁启星:《物联网基本法律问题探略》,载《重庆邮电大学学报(社会科学版)》2013 年第 6 期。

态，[①]最后，其产业链几乎可以包含目前信息技术及其产业相关的各个领域。通过物联网可以提高生活、物流的自动化程度和便利性。“物联网作为历史上首次智能基础设施革命，新兴的物联网很可能会推动生产力的巨大飞跃。”[②]物联网将建立一个包括通信互联网、能源互联网、物流互联网在内的一个整体的智能网络，通过智能传感器期望达到连接智能网络中的每个用户、每辆车、每台机器。预计到2030年，将会有100万亿个传感器被连接到物联网，其中包括空中传感技术、软件日志、射频识别阅读器，以及无线传感网络等在内的其他传感设备将协助人们收集更广泛的数据。[③] 物联网涉及的知识产权问题主要在专利。例如，物联网商业模式是否会得到专利保护；标准化中涉及专利权的滥用问题。

四、人工智能的未来发展趋势

数字技术的发展，促进人工智能的进步。而人工智能的知识产权保护导致知识产权法与反不正当竞争法的关系发生巨变。人工智能不仅是知识产权法也是反不正当竞争法所涉及的领域。近几年，人工智能的飞速发展给服务业带来同等程度的变革。机器人已经在诸多领域代替人类做重复性的劳动。例如，扫地智能机器人已经进入千家万户代替人工清扫。机器人不断地升级接受数量更多、更复杂的任务。机器人在工厂取代工人操作流水线的工作，在家庭里可以帮助清洁、做饭。升级换代的机器人还可以完成传统观念认为不可能的判断学习的工作，例如，Google无人驾驶系统证明机器人可以通过学习承担更加复杂和困难的工作。一般的机器人只能完成一项功能，如扫地机器人负责打扫房间地板，安装部件机器人只负责机器零部件的安装等。但是未来发展的人工智能可以通过编程实现多项用途，这类通用机器人通过人类设定的程序，可以自己下载程序学习，实现深度的学习应用和自我功能的升级。

相比于传统的单一功能的机器人，通用机器人的优点主要体现在两点。第

---

① 钱琳：《试谈物联网的应用前景及发展趋势》，载《电脑编程技巧与维护》2016年第13期。

② 张为志：《非现场经济与智慧共享体系简论》，载《人民论坛·学术前沿》2015年第18期。

③ ［美］杰里米·里夫金：《零边际成本社会》，赛迪研究院专家组译，中信出版社2014年版，第71页。

一，多功能的通用机器人更能满足消费者和小企业的要求，更有助于进入消费者和零售市场。第二，多功能的通用机器人是通过软件的更新达到升级的目的，因此，消费者和小企业不需要购买新机器，只要通过软件的更新就可以安装新功能，修复系统的漏洞。未来作为消费者也可以开发软件工具，设计出自己专有的机器人。

人工智能与互联网及3D打印技术结合后，多功能通用机器人运行的软件设计与设计的物理安装在未来有可能分离。如果这种技术得以实现，工厂配送中心所承担的安装、配送服务就可以由家用机器人提供，因为许多服务只需要将互联网上的数据设置在原有的机器人上就可以了，安装服务的成本几乎为零。服务也和农产品、生物制品一样，可以完全满足人们的需要，不再具有稀缺性。

人工智能技术涉及诸多版权、专利权等知识产权的问题。机器人的硬件仍需要通过制造来实现，但是软件可以通过下载数据实现更新换代。通用机器人由于可能替代许多用途工具，则会涉及版权保护和方法专利的保护问题，可以说人工智能的发展对于现有的知识产权制度冲击最大。同时，人工智能对于出租行业、建筑行业及医疗行业也会带来极大的挑战。

第二节　新技术发展对知识产权法与反不正当竞争法关系的影响

数字技术的发展带来的问题是数字技术的发展是否会影响知识产权法律制度在新技术中所起到的作用。将来知识产权会如何发展？在国际上，目前有对未来知识产权发展趋势的预测，但是观点不同。主要有两种比较有代表性的观点，分别是知识产权弱化论和知识产权存续论。主张知识产权弱化论①观点的主要理由是，随着数字技术的发展，知识共享将成为主流。软件会开源共享，作品的著作权人会放弃版权，达成知识共享协议。未来世界的领域在对知识成果的使用方面

---

① Mark A. Lemley, *IP in a World Without Scarcity*, New York University Law Review, Vol. 90, p. 460(2008).

将会以开放、共享为主流。作为垄断性排他性的知识产权将会淡化，直至消亡。主张知识产权存续论①的观点认为，在数字环境下知识产权作为财产权的属性没有削弱，还会长久存续下去。当然知识产权在数字环境下的财产权的特点会有所变化。上述这两种观点会影响在数字环境下的知识产权法与反不正当竞争法的关系。在未来数字技术发展过程中，这两者在法律适用方面是不会再产生冲突，还是仍然有冲突存在？本书首先分析这两种观点的主要内容，然后进一步对未来数字环境下知识产权法与反不正当竞争法的关系作出预测。

一、知识产权弱化论

知识产权弱化论者②认为，在数字环境下，知识产权的未来发展不是强化而是会弱化。主要有以下几点理由：

（一）技术发展成本的降低会削弱知识产权的力度

1. 数字技术的兴起使创作行为与创作产品的生产和发行相分离。从著作权的理论上分析，受著作权法保护的作品与其包含作品的载体（如纸质书、唱片）在观念上是相分离的。但是传统的作品通常需要附着在载体上，因此这类作品的复制、发行需要较高的成本。但是随着数字技术的发展，作品完全以信息的形式被创造出来。例如，最典型的文字作品，往往在电脑中以信息的形式呈现。同样，音乐、电影这类作品也可以以数字化的形式呈现，无须附着在碟片或胶卷这类载体上。

2. 数字技术促使发行方式大众化。由于作品可以以完全数字化的方式呈现，对作品的复制就无须印刷厂进行复制，也不需要运输车和书店发行。因为作品通过网络传输，所以作品的质量不受影响且几乎没有任何成本。任何人都可以在网络上以数字形式发行作品。上述两点变化改变了创意产业的经济模式，推动由传统的大的创意公司垄断的发行领域转变为人人可以复制发行的草根经济模式。

---

① Robert P. Merges, *The Concept of Property in the Digital Era*, 45 Hous. L. Review 1239(2008).

② Mark A. Lemley, *IP in a World Without Scarcity*, 90 New York University Law Review 460 (2008).

这种转变对创作者来说具有极大的好处,他们无须再将多数的作品的收益分给唱片公司这类创意产业公司,以获得这些公司为其生产包含其作品的数以万计的光盘向全国的音像店销售。如今,他们只需要通过简单的操作向网络上传其数字化作品,就可以使作品在全国乃至全球被大众知晓。复制与发行的大众化使向他人传播内容变得前所未有的容易。

(二)传统知识产权正当性理论在数字环境下受到质疑

知识产权背后的理念通常是指知识产权的作用是鼓励创新,即以给人类的“天才之火”添加“利益之薪”。但是,有对这种激励理论提出质疑的争议开始出现,并提出证据怀疑知识产权与创作之间的关系是否密切相关。这是因为人们创作大部分是内在驱动的或者是为了解决问题的,人们产生灵感后由这种内在动机驱使进行创作。

有证据表明,对于个人来说,物质奖励并不能鼓励个人创作,相反的,可能对创作有阻碍作用。为了钱而创作往往会对创作的内在驱动力产生不良的作用,出于对报酬的需要而创作的作品没有为反映创作者内在驱动力的创造性强。

对于企业来说,鼓励企业创新的是充分的竞争而非垄断。在数字环境下,互联网上产生了各类作品的创作。由于数字技术降低了创作的成本,更多的人即使没有获得任何物质回报仍然愿意参与创作。只要他们能够创作作品并在网上发表就可以了。因此,对于互联网上日益广泛的作品创作来说,由于降低了作品发行的成本,所以对知识产权的需求便不是那么迫切了。

知识产权的作用能否只是为了鼓励创造物的生产与发行而不是为了鼓励创造?答案是否定的。因为无论是互联网、3D 打印,还是物联网,都提供了低成本的技术,这种新的数字技术发展将创作与生产、发行分开,生产发行的成本在数字环境下几乎为零。知识产权只是为商业服务的,这一观点只有在传统环境下才可以行得通。例如,一本书的创作成本不高,但是书的印刷,销售的成本却很高,需要知识产权进行保护。总之,传统观念认为的知识产权服务的目的是鼓励发行而非创作的观点在数字化环境下缺乏说服力,因为如果复制和发行费用较高的话则需要知识产权制度鼓励,但是在复制发行无须花费成本的互联网环境下,就没有那么重要了。

数字技术无疑削弱了知识产权作为一种商业激励手段的传统逻辑，从而破坏了知识产权是一种创造激励手段的这一经典理论。如果创造的成本变得很低，知识产权的激励作用就难以发挥。总之，知识产权在未来将会存在，但是作为创新驱动器的重要性可能降低。

（三）在没有知识产权的刺激下仍然能够创作丰富的内容

1. 可能对于知识产权侵权的复制和发行的成本较低。在传统环境中，作品的创作发行的成本主要不是为创作者付费，而是作品的复制和发行的成本较高。而在数字环境下，这种复制和发行的成本几乎为零。内容的所有者虽然在网上收取的费用要比传统的环境下低得多，但是仍然可以盈利。例如，制作电子书的成本比纸质书低很多，电子书的价格就比纸质书低得多。因此，即使存在知识产权侵权行为，内容所有者仍然可以盈利。

2. 数字技术还降低了创作的成本。利用数字技术制作在线传播的音乐作品的成本只是原有传统唱片录制方式的一小部分。创作短视频等录像制品只需要手机就可以完成，而不再是专业技术才可以完成的。数字技术也降低了摄影的成本。在互联网上，以博客或其他创作形式产生原创作品变得比较容易。在创作成本和发行成本都降低的情形下，对于知识产权的需求就没有那么强烈了。

3. 互联网也有自身的盈利方式。互联网催生了粉丝经济。即使网上传播的作品没有要求付费，也会有人主动付费。原因可能是支持喜欢的偶像，也可能是因为喜欢作品。以音乐作品为例，即便可以以侵犯版权的方式获得作品，仍然有一部分人为自己喜欢的音乐付费。也就是说即使存在侵权的情形，作品的创作者仍然可以获得一定的经济回报。另外，创作者还可以通过举办现场演出，创作网络连载小说等方式向他人免费提供作品，使更多的人接触他们的作品，扩大消费者的数量，达到最终的营利目的。

4. 创作复制发行成本的降低为新人的创作开辟了一条便利之路。在互联网上，虽然传统的专业人员的创作动力有所下降，但是互联网却催生了业余的或者半专业的创作者在网络上进行创作。专业研究表明，专业音乐人的收入多数与版权无关。数字技术促使创作大众化。虽然知识产权的目标就是鼓励新的创作，但是在互联网上即使没有知识产权，由于成本降低和准入门槛的降低，为新的创作者提供了便利的方式，同样起到了激励新的创作的作用。同时，为新创作者提供便利，也会反过来鼓励已有创作者进行创作。因为新创作者产生的创意会对原有创作者产生积极的影响，创造一个很好的创意氛围，促使已有创作者创作出更多的作品。

（四）知识共享协议的影响

知识共享协议运动，是指在互联网上发动的鼓励知识共享的运动。"实现创作共享和使用共享"的项目，即CC运动。CC成立于2001年，是一个"为创意作品提供灵活版权"的非营利性组织。[①] CC许可协议是由CC发布的一系列向公众免费提供的作品使用许可授权声明。通过CC所提供的许可协议，权利人可自由选择其作品对公众开放的程度，即在保留部分权利的情况下授权他人按照CC许可条款使用其作品，从而避开侵犯著作权之嫌而获得更多的创作素材。[②] 网上的知识共享组织提出，权利人对知识产权放弃行使权利，共同签订知识共享协议，即在网络上使用处于共享中的作品，无论是歌曲还是电影或者小说都可以自由使用，因为签订CC许可协议的版权人已经放弃对相关作品的版权，在网络上使用这些作品不需要征得权利人许可，也不需要支付费用。根据知识共享组织的意愿，网络上使用作品不会受到著作权人的约束，不受著作权法制约，当然就不会与反不正当竞争法有关联了。知识共享协议的提出也基于互联网技术的发展，创作发表作品在网上能轻易实现，创作的成本几乎为零。而在传统环境下出版或者发表作品，出版者要得到更高的利润，对创作者来说发表的成本很高，因此需要较强的著作权保护机制，但在数字环境下，作品发表过程中的上述限制都不复存在了。作品的创作者可以直接将作品发表到网上，作为回报，可以放弃对作品的控制权。目前，在网络上仍然存在这种知识共享组织，也有一些作者愿意加入知识共享协议。这种发展趋势对著作权的保护是一种弱化。加入知识共享协议的作品意味着不再享有排他权利，从而归入公共领域的范畴。从某种程度上说，CC运动将被

① 参见邓朝霞：《网络版权的公共领域研究——以知识共享协议为例》，载《电子知识产权》2018年第12期。

② 参见邓朝霞：《网络版权的公共领域研究——以知识共享协议为例》，载《电子知识产权》2018年第12期。

视为对数字版权侵权的积极回应，它通过在源头上消除对复制和分发的限制，从而提高用户对数字技术的规范期待。“CC 通过更加灵活宽松的条款赋予权利人选择权，使其自主决定他人如何利用自己的作品，从而服务于创作者、创造性作品的使用者以及从创造性材料中获益的社会公众的利益。”①CC 许可协议本质上属于许可使用，是版权人通过合同明确放弃其部分权能，允许他人在特定条件下使用自己的作品。②

数字技术的发展，尤其是互联网技术的发展，带来了许多未知的变化，预示着新事物的层出不穷，也预示着新技术使创作与生产、销售相分离，降低了三者的成本。这些技术的变化给知识产权体系基础带来挑战，动摇了知识产权的不可替代的根基。这些变化说明，即使没有有效的知识产权（如版权、专利，外观设计等）保护，人们的创造力在数字技术时代仍然具有强大的生命力。

二、知识产权存续论

知识产权存续论者③认为，即使适用于数字作品的创造和传播的技术普及了，知识产权仍有一个蓬勃发展的未来。主要有以下的几点理由：

（一）稳定的知识产权保护与数字媒体的繁荣并不冲突

对知识产权强劲的保护并不会与数字媒体蓬勃发展的环境相矛盾。相反的，知识产权的保护对实现这一目标至关重要。从广泛的控制和实施到促进普遍的开放性访问，知识产权促进了数字化时代广泛的有效的策略。传统意义上定义和理解的知识产权允许私有企业具有非常大的灵活性，这正是数字媒体在充满活力和挑战性的环境中所需要的。知识产权传统的严格保护鼓励权利人利用多种方式获得经济利益。综上所述，个人财产所有权的传统意义上的优点，即有自主权、权力去中心化和有灵活性，其在数字化时代并没有过时，事实上，它们和以往一样

---

① 邓朝霞：《网络版权的公共领域研究——以知识共享协议为例》，载《电子知识产权》2018 年第 12 期。

② 参见刘俊、齐爱民：《CC 许可协议的国际化争议及中国化制度兼容性解析》，载《江西财经大学学报》2016 年第 1 期。

③ Robert P. Merges, *The Concept of Property in the Digital Era*, 45 Hous. L. Review 1239(2008).

重要且有价值。

相反,知识产权是基本目标。在数字技术时代,知识产权促进广泛的有效策略包括扩大控制和实施免费访问。传统观念理解的知识产权对于个人和企业给予很大的灵活性,而这也正是数字媒体在流动的、有挑战的环境中所需要的。总结私有财产的传统特性,即自主性、去中心化、灵活性,这些特征在数字时代是绝对没有过时的。尽管为数字化作品创作和传播而产生的技术已经出现且无处不在,但财产权,尤其是知识产权,仍有一个广阔的未来。为了在日益被人所知的数字化时代保持财产权的效力,必须重视财产权的概念。数字技术的挑战促使我们考虑:哪些行业会兴起或改变,哪些用户实践会扩大,而且会思考在这个新时代财产权是否作为法律体系的核心存在。在理论层面,关键是在这个广泛传播的数字技术时代,具有知识产权意味着什么。认为知识产权仍然是法律体系的核心,处于重要的位置。知识产权是鲜活的,而且是一个核心的法律类别。现在,一旦创造了一些原创的东西,无论是个人,还是社会层面上,都面临同样多的风险,即谁将从创意中获得经济回报。

(二)知识产权不会阻碍大众创作

知识产权存续论的观点认为,大众的创作行为在网上会空前繁荣,如优酷视频,流行角色的新演绎,网络游戏新角色的开发等。但是这些创作的价值都比专业的创作和这些专业创作者依赖的知识产权的价值低。对大众而言,在数字领域中,与流动性同等重要的是,许多不同的个体都在为实现集体目标贡献出有创意的想法。典型的例子就是开放源代码的计算机程序,即许多个人程序员贡献计算机代码制造复杂的最终产品,如操作系统或服务器软件。但是现在这种模式已经扩展到了各种有趣的领域。例如,维基百科,通常称为维基,是目前最热门的例子。几十个不同的人,而且每个人都对某个特定的主题有一些有用的知识储备,将他们的贡献集中在一个不断编辑、完善和更新的在线资源中。同样共同创作的形式目前也反映在许多其他的领域,如"粉丝"网站(人们在那里贡献故事、评论、图形艺术和其他种类的与共同兴趣相关的内容,如书籍系列或电影)、食谱交流网站和各种旅游资讯网站的动态。

像这样的集体作品背后的基本逻辑当然是相当古老的:"人多力量大""三个

臭皮匠,顶个诸葛亮",还有许多俗语也证明了这一点。而且,无处不在的互联性和一种通用(数字)媒体将群体的努力推向了一个全新的层面。无论以前有过何种相似情形,它们与互联网和数字技术能实现的即时的、分布广泛和全面的聚合性相比,都显得微不足道。

存续论者认为,知识产权仍然具有法律和社会意义。持续授予知识产权和实施知识产权不会威胁到集体创造力的存续。但是消减知识产权以促进集体创造会实质性地损害个人创造的条件。由于个人创造力很重要,因此知识产权作为一种法律和社会制度仍然是有意义的。更重要的是,继续授予和行使知识产权并不威胁集体创造力的存在,但如果为了进一步促进集体创造力而严重削减知识产权,将大大破坏个人创造力的条件。

(三)内在回报机制不影响知识产权的外在激励机制

针对知识产权弱化论的观点,即大多数作者的动机主要是对内在的回报。对许多作者来说,激励机制是为了保护知识产权这个观点是不真实的,因此,现行知识产权制度下的一个支撑性观点已不存在。对这种论点的传统回应是,要么引用一些一般性陈述来说明激励机制对于特定艺术家或创作者的重要性,要么引用一些综合的实证研究来说明经济回报和创造性作品之间的宏观关联。

知识产权持续论者认为,如果在授予知识产权时,自然人或其他主体不想拥有知识产权可以放弃权利,如果有其他用途,他们则可以继续享有权利。但是如果对于知识产权制度有严重的损害,就会失去知识产权制度所具有的灵活性。应当制定一个对每个人都适合的低保护门槛。如果最大化个人的创造力,就会消除个体作者选择的可能性,造成的不利结果是可能就会消除或者缩小专业创作者创作的可能性。

(四)变革许可方式可以解决知识产权保护与个人自由之间的冲突

保护数字化创造的知识产权与个人的自由在数字化时代会产生冲突。知识产权许可制度带来的问题是许可负担的加重。产生冲突的原因是严格的知识产权制度规定中的许可方式难以适用于互联网。对于这种冲突知识产权存续论者提出的观点是改变现有的知识产权制度以适应新技术的发展。首先,许可方式的改变,可以采用自动许可的方式,即在作品发布到网络上时,可以列明许可条件,在网上的使用者只要使用作品就表明同意了许可条件。这种许可方式弥补了“一对一”许可在网上的成本过高的问题。

不可否认的是,互联网或者其他数字技术使一种新的合作式的互动的创作方式成为可能。这种方式与现有的知识产权结构不一致。旧有的知识产权理论,即知识产权由个人控制的观点阻止了这种新技术的发展。这一问题总结起来就是:无论是相信这种不可思议的新技术是否从根本上颠覆了如人性和个人利益的重要性的观念,或者认为互联网会终结了传统上的个人与集体、个体与社会的辩证关系,或许现在下结论为时尚早。

(五)集体产权的理论可以解决知识产权与数字技术特点的冲突

针对现有的知识产权结构与数字技术特点不一致的问题,知识产权存续论者提出集体产权的概念,针对网上共同创造的作品,如维基百科,其可以赋予所有的创造者一个集体知识产权,由创造者共同行使知识产权,这样与数字技术的民主化的特点相适应。

最后的结论是,首先,数字技术将在集体的互动和创造性的浪潮中否认个人的重要性的观点不能被认可。其次,数字技术虽然在很多方面都非常出色,促进了创新型集体企业,如开源代码软件和维基百科等企业的繁荣,但是并不表明人类固有的特性可以不存在。从过去的技术革命的历史(如电报、收音机、电视、原子弹、太空旅行等)可知,上述的情形并不存在。知识产权存续论者预言互联网不能改变人类的特性,但是会在整个新技术发展中留下可以区别的印记。稳定而灵活的产权将有一个长期而充满希望的未来,进入或延续整个数字时代,或进入其后的任何时代。

三、未来数字技术时代的知识产权法与反不正当竞争法关系预测与展望

(一)数字时代知识产权弱化说对知识产权法与反不正当竞争法关系的影响

知识产权弱化论主要侧重数字技术带来的知识共享,知识成果无须用知识产权作为保护的手段,这是一种理想化的手段。基于这种学说,知识产权制度逐渐退出数字技术环境,知识成果也无须知识产权法调整,那么与知识产权密切相关的反不正当竞争法也就没有适用的空间。知识产权法与反不正当竞争法的适用

不再冲突。这种学说展现的图景美好具有诱惑力。但是知识产权弱化论仍过于理想化。知识产权的弱化,意味着共享内容的增强,归入公共领域的内容增多,则不会构成不正当竞争行为,知识产权法与反不正当竞争法的适用冲突减弱甚至消失。在未来,即使数字技术发展到一个更高级的阶段,人工智能会得到极大发展,网上各种免费共享的内容也会更多。但是,作为促进技术进步的智力成果仍需要获得保护,不可能无偿使用。此种学说作为一种美好愿景,未来公共领域的范围会继续扩大,知识产权人在网络上放弃行使知识产权的情形也会越来越多,3D 打印及生物技术的发展也会对既有的知识产权制度带来挑战,知识产权在很多领域将会一定程度的被弱化,与之相应的,知识产权保护的需求的降低,对相关智力成果的应用构成不正当竞争行为的可能性也随之降低。知识产权弱化保护的结果是知识产权法与反不正当竞争法适用方面的冲突会极大地减少。

(二)知识产权延续论对知识产权法与反不正当竞争法关系的影响

知识产权延续论认为,知识产权在未来的数字化时代不会被弱化,知识产权仍将存续下去,并且会展现强有力的势头。但是知识产权制度需要改革,针对产权的理念不只是针对个人,在网络上还可能出现集体财产权的内容。知识产权与反不正当竞争法的冲突必然存在,用上文建议的原则处理,变化不大。知识产权法与反不正当竞争法之间的适用关系还会产生新的冲突方式,并需要立法和司法方面的协调。同理,对不正当竞争行为的规制仍是必须的,尤其与智力成果相关。知识产权法与反不正当竞争法之间的适用关系还会产生新的冲突方式,并需要立法和司法方面协调。

(三)未来的数字技术时代知识产权法与反不正当竞争法的关系的预测

新技术的发展是否会对知识产权法与反不正当竞争法的冲突造成影响。本书认为两种趋势各自有其合理之处。根据知识产权存续说,知识产权仍然会成为智力成果的重要的保护方式。但是知识产权弱化论认为,当然在一定的情形下,知识共享,免费使用智力成果也会存在,但是不能动摇知识产权对智力成果的基本保护地位。知识产权法与反不正当竞争法对智力成果的保护的适用仍会存在冲突的情形,需要通过立法协调这两者的关系,使知识产权法与反不正当竞争法共同保护智力成果。

每种趋势都不必然占主导地位,知识共享越来越占据主流,但是传统的知识产权法与反不正当竞争法的冲突不会激烈。人工智能的法律保护引发的讨论会继续,在处理这两部法的关系时,人工智能会有一席之地。总之,随着未来技术的发展,知识共享的普及,知识产权的扩张有收缩的趋势,但是在数字环境下,知识产权仍然是促进创造的重要方式,知识产权法与反不正当竞争法的冲突性仍会存在,如在人工智能方面、物联网应用等方面。

参考文献

一、著作

（一）中文专著

1. 王迁:《网络环境中的著作权保护研究》,法律出版社 2011 年版。

2. 王迁:《著作权法》,中国人民大学出版社 2015 年版。

3. 崔国斌:《著作权法:原理与案例》,北京大学出版社 2014 年版。

4. 祝建军:《数字时代著作权裁判逻辑》,法律出版社 2014 年版。

5. 张玉超:《中国体育知识产权保护制度研究》,知识产权出版社 2012 年版。

6. 李明德:《欧盟知识产权法》,法律出版社 2010 年版。

7. 吴汉东:《知识产权基本问题研究》,中国人民大学出版社 2009 年版。

8. 郑世保:《域名纠纷在线解决机制研究》,法律出版社 2014 年版。

9. 李艳:《网络法》(第 2 版),中国政法大学出版社

2017 年版。

10. 孔祥俊:《商标与不正当竞争法:原理和判例》,法律出版社 2009 年版。

11. 孔祥俊:《网络著作权保护法律理念与裁判方法》,中国法制出版社 2015 年版。

12. 董永森、陈际红主编:《信息网络与高新技术法律前沿》,中国民主法制出版社 2006 年版。

13. 孙琬钟主编:《反不正当竞争法实用全书》,中国法律年鉴社 1993 年版。

14. 谢晓尧:《竞争秩序的道德解读:反不正当竞争法研究》,法律出版社 2005 年版。

15. 张平:《网络知识产权及相关法律问题透析》,广州出版社 2000 年版。

16. 宿迟等主编:《网络知识产权保护热点疑难问题解析》,中国法制出版社 2016 年版。

17. [匈]米哈依 · 菲彻尔:《版权法与因特网》,郭寿康等译,中国大百科全书出版社 2009 年版。

18. [德]迪特尔 · 梅迪库斯:《德国民法总论》,邵建东译,法律出版社 2000 年版。

19. [美]威廉 · M. 兰德斯、理查德 · A. 波斯纳:《知识产权法的经济结构》(第 2 版),金海军译,北京大学出版社 2016 年版。

20. 刘孔中:《解构知识产权法及其与竞争法的冲突与调和》,中国法制出版社 2015 年版。

(二)英文专著

1. Conish & Liewelyn, *Intntellectual Property: Patents, Copyright, Trademarks and Allied Rights*, 5th ed., Thomson Sweet & Maxwell Publishing House, 2003.

2. W. R. Cornish, *Cases and materials on intellectual property*, Second ed., Sweet & Maxwell Publishing House, 1996.

3. Adam D. Moore, *Intellectual Property and Information Control*, Transaction Publishers, 2004.

4. Peter Drahos et al., *Global Intellecutl Property Rights-Knowledge, Access and*

Development, Oxfam Publishing House, 2002.

5. Julie E. Cohen et al. , Rurke, *Copyright in a global information economy*, Citic Publishing House, 2003.

6. David Vaver & Lionel Bently, *Intellectual Property in the New Millennium-Essays in Honour of William R. Cornish*, Cambridge University Press, 2004.

7. P. Bernt Hugenholtz, *Copyright And Electronic Commerce-Legal Aspects of Electronic Copyright Management*, Kluwer, 2000.

8. Chris Reed & John Angel, *Computer Law*, 4th ed. , Blackstone Press Limited, 2000.

9. Gerald R. Ferrera et al. , *Cyber Law Text and Cases*, South-Western College Publishing, 2001.

10. Clive Gringras, *The Laws of The Internet*, Reed Elsevier Ltd. , 1997.

二、报刊文献

1. 张伟君:《从“金庸诉江南”案看反不正当竞争法与知识产权法的关系》,载《知识产权》2018 年第 10 期。

2. 蒋舸:《〈反不正当竞争法〉网络条款的反思与解释——以类型化原理为中心》,载《中外法学》2019 年第 1 期。

3. 蒋舸:《〈反不正当竞争法〉一般条款在互联网领域的适用》,载《电子知识产权》2014 年第 10 期。

4. 蒋舸:《知识产权法与反不正当竞争法一般条款的关系——以图式的认知经济学为分析视角》,载《法学研究》2019 年第 2 期。

5. 蒋舸:《关于竞争行为正当性评判泛道德化之反思》,载《现代法学》2013 年第 6 期。

6. 杨红军:《反不正当竞争法过度介入知识产品保护的问题及对策》,载《武汉大学学报(哲学社会科学版)》2018 年第 4 期。

7. 王太平:《知识产权的基本理念与反不正当竞争扩展保护之限度——兼评“金庸诉江南”案》,载《知识产权》2018 年第 10 期。

8. 韦之:《论不正当竞争法与知识产权法的关系》,载《北京大学学报(哲学社会科学版)》1999 年第 6 期。

9. 张金恩:《雷池之界:正当还是不正当——"交易走势图"网站链接不正当竞争纠纷案的法律思考》,载《知识产权》2005 年第 3 期。

10. 孙丽平:《反不正当竞争法与知识产权法关系探究——兼评王老吉加多宝红罐之争法律适用》,载《知识经济》2014 年第 23 期。

11. 王太平、袁振宗:《反不正当竞争法的商业标识保护制度之评析》,载《知识产权》2018 年第 5 期。

12. 杨明:《知识产权与反不正当竞争中的利益衡量》,载《电子知识产权》2005 年第 4 期。

13. 王红霞、尹玉涵:《互联网新型不正当竞争行为的司法认定——兼论新修〈反不正当竞争法〉的适用》,载《电子知识产权》2018 年第 11 期。

14. 汉斯 - 于尔根·阿伦斯、陈戈:《德国〈反不正当竞争法〉的最新修订》,载南京大学 - 哥廷根大学中德法学研究所编:《中德法学论坛》第 3 辑,南京大学出版社 2005 年版。

15. 廖柏明:《知识产权法与反不正当竞争法的逻辑关系》,载《社会科学家》2006 年第 12 期。

16. 蔡永煌:《论知识产权法与反不正当竞争法的竞合关系》,载《知识产权》1997 年第 2 期。

17. 刘丽娟:《论知识产权法与反不正当竞争法的适用关系》,载《知识产权》2012 年第 1 期。

18. 陈曦:《论知识产权法与反不正当竞争法的关系——兼评我国〈反不正当竞争法〉的有关规定》,载《江汉大学学报(人文科学版)》2006 年第 1 期。

19. 陈谊:《论知识产权法和反不正当竞争法对模仿行为的规整——兼论"两法"的联系与区别》,载《重庆工学院学报》2004 年第 6 期。

20. 杨志敏:《论知识产权法的法技术特点——关于传统知识产权法与反不正当竞争法异同点的评析》,载《学术论坛》2003 年第 5 期。

21. 卢纯昕:《反不正当竞争法一般条款在知识产权保护中的适用定位》,载

《知识产权》2017 年第 1 期。

22. 王太平、杨峰:《知识产权法中的公共领域》,载《法学研究》2008 年第 1 期。

23. 孔祥俊:《论反不正当竞争的基本范式》,载《法学家》2018 年第 1 期。

24. 吴汉东:《论反不正当竞争中的知识产权问题》,载《现代法学》2013 年第 1 期。

25. 谢晓尧:《论反不正当竞争法对知识产权的保护》,载《中山大学学报(社会科学版)》2006 年第 3 期。

26. 包松:《反不正当竞争的经济分析》,载《浙江社会科学》1998 年第 6 期。

27. 郑友德等:《论反不正当竞争法的保护对象——兼评"公平竞争权"》,载《知识产权》2008 年第 5 期。

28. 俞晓辉:《试谈反不正当竞争法对知识产权的补充保护》,载《法学论丛》,2007 年第 3 期。

29. 崔国斌:《知识产权法官造法批判》,载《中国法学》2006 年第 1 期。

30. 崔国斌:《得形忘意的服务器标准》,载《知识产权》2016 年第 8 期。

31. 汤臣敏、王哲:《视频聚合平台的著作权直接侵权认定》,载《电信网技术》2017 年第 1 期。

32. 刘文杰:《信息网络传播行为的认定》,载《法学研究》2016 年第 3 期。

33. 王迁:《论提供"深层链接"行为的法律定性及其规制》,载《法学》2016 年第 10 期。

34. 冯晓青:《视频聚合平台盗链行为直接侵权的认定》,载《人民法院报》2016 年 8 月 3 日,第 7 版。

35. 冯刚:《涉及深度链接的侵害信息网络传播权纠纷问题研究》,载《知识产权》2016 年第 8 期。

36. 杨勇:《深度链接的法律规制探究》,载《中国版权》2015 年第 1 期。

37. 曹伟、王艾苹:《深度链接侵犯信息网络传播权标准探究》,载《中国版权》2015 年第 4 期。

38. 陈加胜:《信息网络传播权与链接的关系》,载《电子知识产权》2010 年第

2 期。

39. 张钦坤、孟洁:《搜索类新闻聚合 App 的侵权认定分析》,载《知识产权》2014 年第 4 期。

40. 杨明:《聚合链接行为定性研究》,载《知识产权》2017 年第 4 期。

41. 李芬莲:《著作权法视野下视频聚合行为法律定性的思考》,载《法学杂志》2017 年第 3 期。

42. 王艳芳:《论侵害信息网络传播权行为的认定标准》,载《中外法学》2017 年第 2 期。

43. 杨勇:《从控制角度看信息网络传播权定义的是与非》,载《知识产权》2017 年第 2 期。

44. 孔祥俊:《论信息网络传播行为》,载《人民司法》2012 年第 7 期。

45. 刘银良:《信息网络传播权框架下深层链接的法律性质探究》,载《环球法律评论》2017 年第 6 期。

46. 王迁:《论"信息网络传播权"的含义兼评"成功多媒体诉时越公司案"一审判决》,载《法律适用》2008 年第 12 期。

47. 王迁:《论广播组织转播权的扩张——兼评〈著作权法修订草案(送审稿)〉第 42 条》,载《法商研究》2016 年第 1 期。

48. 王迁:《我国〈著作权法〉中"广播权"与"信息网络传播权"的重构》,载《重庆工学院学报(社会科学版)》2008 年第 9 期。

49. 丛立先:《体育赛事直播节目的版权问题析论》,载《中国版权》2015 年第 4 期。

50. 戎朝:《互联网时代下的体育赛事转播保护——兼评"新浪诉凤凰网中超联赛著作权侵权及不正当竞争纠纷案"》,载《电子知识产权》2015 年第 9 期。

51. 阮开欣:《体育赛事的反不正当竞争法保护问题研究》,载《电子知识产权》2015 年第 9 期。

52. 王自强:《体育赛事节目著作权保护问题探讨》,载《知识产权》2015 年第 11 期。

53. 宋海燕:《论中国如何应对体育赛事转播的网络盗版问题》,载《中国专利与商标》2010 年第 2 期。

54. 张钦坤、田小军:《体育赛事网络版权生态保护探讨》,载《中国版权》2015 年第 5 期。

55. 汤辰敏:《论我国〈著作权法〉中“信息网络传播权”和“广播权”的重构——以“非交互式”网络传播为视角》,载《河南理工大学学报(社会科学版)》2012 年第 1 期。

56. 焦和平:《三网融合下广播权与网络信息传播权的重构——兼析〈著作权法(修改草案)〉前两稿的相关规定》,载《法律科学》2013 年第 1 期。

57. 祝建军等:《擅自网络实时转播体育赛事构成不正当竞争》,载《人民司法》2016 年第 2 期。

58. 管育鹰:《中日关于产品界面设计法律保护的比较研究》,载国家知识产权局条法司编:《专利法研究》2009,知识产权出版社 2010 年版。

59. 刘娟:《浅谈图形用户界面的知识产权保护》,载《电子制作》2014 年第 14 期。

60. 秦朝:《论电子产品用户界面的知识产权保护》,载《公民与法(法学版)》2013 年第 8 期。

61. 付京章:《浅析软件用户界面的专利权保护》,载《知识经济》2013 年第 14 期。

62. 马云鹏:《中欧电子产品用户界面(GUI)外观设计保护比较研究》,载《知识产权》2013 年第 5 期。

63. 谭彦闻、胡强:《论图形用户界面的外观设计专利保护》,载《中国知识产权报》2013 年第 5 期。

64. 林婧弘:《浅谈图形用户界面的外观设计专利保护》,载《中国知识产权报》2014 年第 3 期。

65. 陈霞:《计算机用户界面知识产权保护模式的评价与构建》,载《暨南学报(哲学社会科学版)》2014 年第 12 期。

66. 魏大海、李高雅:《私权视野下在先使用未注册商标权益的合理保护》,载《知识产权》2013 年第 11 期。

67. 李艳:《论日本〈不正当竞争防止法〉中的依样模仿条款》,载《电子知识产权》2013 年第 6 期。

68. 李小武:《我国电子产品用户界面的外观设计保护的法律障碍》,载《电子知识产权》2012 年第 4 期。

69. 杨越:《新时代电子竞技和电子竞技产业研究》,载《体育科学》2018 年第 4 期。

70. 王丽娜:《网络游戏直播画面是否构成作品之辨析——兼评耀宇诉斗鱼案一审判决》,载《中国版权》2016 年第 2 期。

71. 周高见等:《网络游戏直播的版权法律保护探讨》,载《中国版权》2016 年第 1 期。

72. 王迁:《电子游戏直播的著作权问题研究》,载《电子知识产权》2016 年第 2 期。

73. 李扬:《网络游戏直播中的著作权问题》,载《知识产权》2017 年第 1 期。

74. 祝建军:《网络游戏直播的著作权问题研究》,载《知识产权》2017 年第 1 期。

75. 冯晓青:《网络游戏直播画面的作品属性及其相关著作权问题研究》,载《知识产权》2017 年第 1 期。

76. 肖顺武:《网络游戏直播中不正当竞争行为的竞争法规制》,载《法商研究》2017 年第 5 期。

77. 焦和平:《网络游戏在线直播画面的作品属性再研究》,载《当代法学》2018 年第 5 期。

78. 焦和平:《类型化视角下网络游戏直播画面的著作权归属》,载《法学评论》2019 年第 5 期。

79. 张钦坤:《反不正当竞争法一般条款适用的逻辑分析——以新型互联网不正当竞争案件为例》,载《知识产权》2015 年第 3 期。

80. 叶明、陈耿华:《反不正当竞争法视野下商业道德认定的困局及破解》,载《西南政法大学学报》2017 年第 5 期。

81. 刘维:《论"商业道德"裁判的理念和范式变迁——基于互联网标杆案例的